本书由国家自然科学基金、教育部人文社会科学研究项目资助

A LIBRARY OF DOCTORAL DISSERTATIONS IN SOCIAL SCIENCES IN CHINA

中国社会科学博士论文文库

重新设计工作：
基本心理需要、内在动机与激励

Work Redesign:
Basic Psychological Needs, Intrinsic Motivation and Incentives

孟亮 著
导师 马庆国

中国社会科学出版社

图书在版编目（CIP）数据

重新设计工作：基本心理需要、内在动机与激励/孟亮著. —北京：中国社会科学出版社，2019.6
（中国社会科学博士论文文库）
ISBN 978-7-5203-4522-4

Ⅰ.①重… Ⅱ.①孟… Ⅲ.①企业管理—人力资源管理 Ⅳ.①F272.92

中国版本图书馆 CIP 数据核字（2019）第 105032 号

出 版 人	赵剑英
责任编辑	田　文
责任校对	张爱华
责任印制	李寡寡

出　　版	中国社会科学出版社
社　　址	北京鼓楼西大街甲 158 号
邮　　编	100720
网　　址	http://www.csspw.cn
发 行 部	010-84083685
门 市 部	010-84029450
经　　销	新华书店及其他书店

印　　刷	北京明恒达印务有限公司
装　　订	廊坊市广阳区广增装订厂
版　　次	2019 年 6 月第 1 版
印　　次	2019 年 6 月第 1 次印刷

开　　本	710×1000　1/16
印　　张	18
插　　页	2
字　　数	303 千字
定　　价	80.00 元

凡购买中国社会科学出版社图书，如有质量问题请与本社营销中心联系调换
电话：010-84083683
版权所有　侵权必究

《中国社会科学博士论文文库》
编辑委员会

主　　任：李铁映

副 主 任：汝　信　　江蓝生　　陈佳贵

委　　员：（按姓氏笔画为序）

　　　　　王洛林　　王家福　　王缉思
　　　　　冯广裕　　任继愈　　江蓝生
　　　　　汝　信　　刘庆柱　　刘树成
　　　　　李茂生　　李铁映　　杨　义
　　　　　何秉孟　　邹东涛　　余永定
　　　　　沈家煊　　张树相　　陈佳贵
　　　　　陈祖武　　武　寅　　郝时远
　　　　　信春鹰　　黄宝生　　黄浩涛

总 编 辑：赵剑英

学术秘书：冯广裕

总　序

在胡绳同志倡导和主持下，中国社会科学院组成编委会，从全国每年毕业并通过答辩的社会科学博士论文中遴选优秀者纳入《中国社会科学博士论文文库》，由中国社会科学出版社正式出版，这项工作已持续了12年。这12年所出版的论文，代表了这一时期中国社会科学各学科博士学位论文水平，较好地实现了本文库编辑出版的初衷。

编辑出版博士文库，既是培养社会科学各学科学术带头人的有效举措，又是一种重要的文化积累，很有意义。在到中国社会科学院之前，我就曾饶有兴趣地看过文库中的部分论文，到社科院以后，也一直关注和支持文库的出版。新旧世纪之交，原编委会主任胡绳同志仙逝，社科院希望我主持文库编委会的工作，我同意了。社会科学博士都是青年社会科学研究人员，青年是国家的未来，青年社科学者是我们社会科学的未来，我们有责任支持他们更快地成长。

每一个时代总有属于它们自己的问题，"问题就是时代的声音"（马克思语）。坚持理论联系实际，注意研究带全局性的战略问题，是我们党的优良传统。我希望包括博士在内的青年社会科学工作者继承和发扬这一优良传统，密切关注、深入研究21世纪初中国面临的重大时代问题。离开了时代性，脱离了社会潮流，社会科学研究的价值就要受到影响。我是鼓励青年人成名成家的，这是党的需要，国家的需要，人民的需要。但问题在于，什么是名呢？名，就是他的价值得到了社会的承认。如果没有得到社会、人民的承认，他的价值又表现在哪里呢？所以说，价值就在于对社会重大问题的回答和解决。一旦回答了时代性的重大问题，就必然会对社会产生巨大而深刻的影响，你也因此而实现了你的价值。在这方面年轻的博士有很大的优势：精力旺盛，思想敏捷，勤于学习，勇于创新。但青年学者要多向老一辈学者学习，博士尤其要很好地向导师学习，在导师的指导下，发挥自己的优势，研究重大问题，就有可能出好的成果，实现自己的价值。过去12年入选文库的论文，也说明了这一点。

什么是当前时代的重大问题呢？纵观当今世界，无外乎两种社会制度，一种是资本主义制度，一种是社会主义制度。所有的世界观问题、政治问题、理论问题都离不开对这两大制度的基本看法。对于社会主义，马克思主义者和资本主义世界的学者都有很多的研究和论述；对于资本主义，马克思主义者和资本主义世界的学者也有过很多研究和论述。面对这些众说纷纭的思潮和学说，我们应该如何认识？从基本倾向看，资本主义国家的学者、政治家论证的是资本主义的合理性和长期存在的"必然性"；中国的马克思主义者，中国的社会科学工作者，当然要向世界、向社会讲清楚，中国坚持走自己的路一定能实现现代化，中华民族一定能通过社会主义来实现全面的振兴。中国的问题只能由中国人用自己的理论来解决，让外国人来解决中国的问题，是行不通的。也许有的同志会说，马克思主义也是外来的。但是，要知道，马克思主义只是在中国化了以后才解决中国的问题的。如果没有马克思主义的普遍原理与中国革命和建设的实际相结合而形成的毛泽东思想、邓小平理论，马克思主义同样不能解决中国的问题。教条主义是不行的，东教条不行，西教条也不行，什么教条都不行。把学问、理论当教条，本身就是反科学的。

在21世纪，人类所面对的最重大的问题仍然是两大制度问题：这两大制度的前途、命运如何？资本主义会如何变化？社会主义怎么发展？中国特色的社会主义怎么发展？中国学者无论是研究资本主义，还是研究社会主义，最终总是要落脚到解决中国的现实与未来问题。我看中国的未来就是如何保持长期的稳定和发展。只要能长期稳定，就能长期发展；只要能长期发展，中国的社会主义现代化就能实现。

什么是21世纪的重大理论问题？我看还是马克思主义的发展问

题。我们的理论是为中国的发展服务的,绝不是相反。解决中国问题的关键,取决于我们能否更好地坚持和发展马克思主义,特别是发展马克思主义。不能发展马克思主义也就不能坚持马克思主义。一切不发展的、僵化的东西都是坚持不住的,也不可能坚持住。坚持马克思主义,就是要随着实践,随着社会、经济各方面的发展,不断地发展马克思主义。马克思主义没有穷尽真理,也没有包揽一切答案。它所提供给我们的,更多的是认识世界、改造世界的世界观、方法论、价值观,是立场,是方法。我们必须学会运用科学的世界观来认识社会的发展,在实践中不断地丰富和发展马克思主义,只有发展马克思主义才能真正坚持马克思主义。我们年轻的社会科学博士们要以坚持和发展马克思主义为己任,在这方面多出精品力作。我们将优先出版这种成果。

2001 年 8 月 8 日于北戴河

序　言

　　企业的雇员与工作任务之间其实也存在着适应与匹配程度的问题。工作设计是人力资源管理中的一项重要职能，是确定企业员工的工作内容、职责与工作关系的重要的管理活动。通过合理的工作设计，可以提升员工的工作满意度、对组织的忠诚度以及工作效率，从而在最大程度上发挥个体的主观能动性，帮助组织有效达成其设定的目标。遗憾的是，之前工作设计和激励往往被视为两项截然不同的管理职能，管理者很少将二者联系在一起。在传统观念中，管理者认为员工本身对于工作是消极对待的，他们之所以工作只是为了获取相应的物质报酬。基于这种思想，管理者认为只需采用物质手段就可以达到激励员工的目的。随着组织行为学领域研究的不断深入，学者们逐渐意识到工作本身也是具备激励作用的：一份经过科学设计的工作，事实上可以充分调动员工的内在动机。

　　时代的车轮在前进，工作设计的理念也在不断地转型升级。直到20世纪前半叶，在企业管理实践中秉持的工作设计思想主要还是泰勒提出的分工与效率，吸收工效学的观点，技术性地提高员工的工作产出和企业的生产效率。在这一阶段，人只是作为整体绩效的一个环节被考虑的，员工社会化的需求完全被忽略了。在当今的知识经济时代，人力资源已经成为企业在激烈的市场竞争中最重要的资本之一，工作设计开始在员工的激励问题中发挥举足轻重的作用。除了设置合理的薪酬体系、通过物质报酬激发员工的外在动机，管理者开始通过工作设计激发员工的内在工作动机，具体采用的举措包括工作内容的多样化、工作范围和工作关系的扩大等。需要指出的是，包括工作特征模型在内的工作设计理论更多来自对管理实践中经验的总结，较少对员工基本心理需要的满足进行理论性探讨。

　　在这一理论与现实背景下，我开展了攻读博士学位期间的学术探索，并且完成了博士学位论文《基于自我决定理论的任务设计与个体的内在动机：认知神经科学视角的实证研究》。我的博士学位论文从工作设计的视角出发，探讨应如何合理地设计工作任务的内容与性质、通过任务本身起到激发个体内在动机的作用，丰富了管理学中激励问题的研究视角。此外，这项研究建立起工作设计与自我决定理论之间的联系，采用工作设计视角、基于自我决定理论提出假设、设计实验，从而为心理学导向的工作设计提供了重要的理论解释和实证证据。最后，这项研究的一大亮点是将认知神经科学的技术手段和研究方法引入了管理学中经典的内在动机问题研究，将任务的执行过程划分为与动机水平密切相关的若干阶段，并找到一系列能够客观表征个体内在动机水平的脑电指标，从而建立起动机过程的认知加工模型。

  我的博士学位论文陆续被评为2017年"浙江省优秀博士学位论文"以及首届"管理科学与工程学会优秀博士学位论文"。来自国内管理学界专家、学者们的鼓励与认可让我倍感荣幸。我自知无以为报，唯有做好动机与激励主题的每一项研究。"中国社会科学博士论文文库"是中国社会科学出版社自20世纪80年代以来致力打造的中国哲学社会科学领域优秀博士学位论文的学术平台。此次入选"博士文库"，让我有机会在博士学位论文的主体内容基础上形成学术专著，与更多专家、学者以及对工作设计与激励问题感兴趣的企业界人士共同切磋、探讨，在此我要对中国社会科学出版社表示由衷的感谢。在对博士学位论文的内容进行校对、修订的过程中，本书增加了一个新的章节"研究展望：社会比较视角下的内在动机研究"，对于我在国家自然科学基金青年项目"基于自我决定理论的内在激励研究：社会比较视角"以及教育部人文社会科学研究青年基金项目"社会比较行为的引导与内在工作动机的激发：自我决定理论视角"中的最新研究进展，做了简明扼要的介绍。

  本书正式付印时，距离我的博士学位论文终稿提交应该已过了三个年头。这几年间，我从一名在读博士生成长为一名博士生导师，肩上的责任越来越重了，从事学术研究的初心仍不忘。本书介绍的几项研究，不可避免地存在一些瑕疵和不足，希望有机会在后续的研究中进一步完善。路漫漫其修远兮，吾将上下而求索。

孟　亮

2018年11月

摘　　要

　　工作设计和激励最初被视为两项不同的管理职能，管理者很少将二者联系起来。在知识经济时代，人力资本已经成为企业在激烈的市场竞争中最重要的资本之一，工作设计开始在员工的激励问题中发挥举足轻重的作用。除了设置合理的薪酬体系、通过物质报酬激发员工的外在工作动机，企业开始通过工作设计激发员工的内在工作动机。尽管学者们提出了工作特征模型，工作设计的理论更多来自管理实践中的经验总结，较少对员工基本心理需要进行理论探讨，而动机问题的自我决定理论恰恰可以为工作设计提供重要的理论解释和指导。根据这一理论，个体普遍具有自主、胜任、归属三种基本的心理需要，其中，自主和胜任等需要获得满足的程度将对个体的内在动机水平产生重要的影响。

　　作为一项主流的动机理论，自我决定理论已经获得国内外学界的广泛认可。2005年，组织行为学领域的顶尖期刊 *Journal of Organizational Behavior* 上 Self-determination and work motivation 一文的发表，标志着自我决定理论正式进入了管理学家的研究视野。遗憾的是，我国管理学界对这一理论还不够熟悉，较少应用这一理论开展实证研究。《重新设计工作：基本心理需要、内在动机与激励》一书建立起工作设计与自我决定理论之间的联系，从工作设计的视角出发，以自我决定理论为理论基础，通过一系列实验研究，探讨任务设计中与个体自主、胜任基本心理需要的满足密切相关的若干项任务特征（任务选择的提供、任务难度的设置、反馈机制的设计）与个体内在动机水平之间的关系。

　　目前，学术界对于个体内在动机的测量主要通过自我报告、自由选择两种常见方法。尽管两种方法都可以在一定程度上表征个体的内在动机水平，二者都不是对活动过程中个体内在动机水平的实时测度，并且测量结果难以被量化。因此，在本书包含的研究中，作者除了基于以上两种方法测度内在动机，还将探索如何通过其他方法，实现活动过程中个体内在动机水平的更为客观的表征。

2006年以来，伴随着管理学与认知神经科学、心理学等学科的交叉融合，形成了神经管理学这一全新的学科分支。应用认知神经科学的技术手段研究管理学中重要的学术问题，可以直接测度个体决策与行为过程中大脑的认知加工活动。内在动机作为一项重要的心理状态，神经管理学在这一问题的研究上可以充分发挥其优势。事件相关电位（ERP）作为神经管理学研究中的一项主流技术，具有时间精度极高的特点，依托这一技术可以将个体复杂的动机过程拆分为不同的认知加工阶段，在不同的阶段通过相应的、与个体的动机水平密切相关的脑电指标测度个体的内在动机，使得内在动机的实时、客观测度成为可能。

在工作设计中，任务选择的提供可以很好地满足个体的自主心理需要，任务难度的设置则与胜任心理需要的满足密切相关。研究一中，本书作者通过一项行为实验，探讨了任务选择、任务难度两项任务特征与个体内在动机水平之间的关系，并且关注一项重要的个体差异因素——自我决定倾向。在这一研究中，作者通过经典的行为学指标测度了个体的内在动机水平，为研究二、研究三的开展奠定了基础。

在研究一的基础上，研究二在一项认知神经科学的实验中，应用ERP技术继续探讨了任务选择与个体内在动机之间的关系。根据实验范式以及实验任务的特点，作者将动机过程划分为情景线索加工、反馈结果期待、反馈结果加工三个阶段，分别通过Cue-FRN、Outcome-SPN、d-FRN三个脑电成分测度了个体的内在动机水平。

在工作设计中，反馈机制的设计会对个体的胜任感产生重要影响。研究三中，作者应用ERP技术探讨了这一因素与个体的内在动机之间的关系。在这一研究中，作者将动机过程划分为情景线索加工、任务启动准备、任务绩效监控三个阶段，分别通过Cue-FRN、Task-SPN、ERN三个脑电成分测度个体的内在动机水平。

通过以上三项研究，本书获得了以下三项基本结论：

（1）工作设计中与个体基本心理需要满足有关的任务特征会显著影响个体的内在动机，可以通过提供任务选择、设置合理的任务难度以及设计合理的反馈机制充分激发个体的内在动机。其中，任务选择的提供除了可以直接满足个体的自主心理需要，还可以促进个体的胜任感；适中的任务难度能满足个体胜任的心理需要；反馈机制的设计则与个体的胜任感密切相关。

（2）个体的自我决定倾向会影响任务选择对个体内在动机的促进作用大小：个体的自我决定倾向越高，任务选择对个体内在动机的促进作用越大。这一结果说明在工作设计中应充分考虑个体差异因素。

（3）本书建立起了动机过程的认知加工模型，将任务过程划分为情景线索加工、任务启动准备、任务绩效监控、反馈结果期待、反馈结果加工等与个体动机水平密切相关的认知加工阶段，分别可以通过 Cue-FRN、Task-SPN、ERN、Outcome-SPN、d-FRN 五个脑电成分的波幅实时、客观地测度个体的内在动机水平。

本书包含的几项研究是应用认知神经科学方法对内在动机问题的一次探索，对管理学以及认知神经科学理论主要做出了以下几点贡献：

（1）本书从工作设计的视角出发，探讨如何合理地设计任务的内容与性质，从而起到激发个体内在动机的作用，丰富了管理学中激励问题的研究视角。

（2）建立起工作设计与自我决定理论之间的联系。本书采用工作设计的视角、基于自我决定理论提出假设、设计实验，从而为心理学导向的工作设计，特别是工作特征模型提供了重要的理论基础和实证证据。

（3）将认知神经科学的技术手段和研究方法引入了管理学中经典的内在动机问题研究，将任务执行过程划分为与动机水平密切相关的若干阶段，并且找到能实时、客观表征个体内在动机水平的脑电指标。通过认知神经科学指标测度个体的内在动机，对于自我报告、自由选择两种方法是有机的补充。本书也为个体内在动机问题的认知神经科学研究提供了一系列可以拓展延伸的实验范式。

（4）本书包含的几项研究在学界首次应用认知神经科学方法对自我决定理论进行检验，为该理论提供了来自认知神经科学的最新证据。

在本书的最后，作者在前三项研究的基础上将社会比较行为引入内在动机问题研究、建立起二者之间的直接联系，探究社会比较能起到激励作用的前提条件，特别关注社会比较的过程对于个体基本心理需要的满足。具体的，作为本书核心研究的拓展延伸，作者对"社会比较视角下的内在动机研究"进行了展望，在对研究问题进行明确界定的基础上，详细介绍了研究设计和研究方案。

关键词： 内在动机；激励；工作设计；自我决定；基本心理需要；自主；胜任；事件相关电位

Abstract

   Traditionally, work design and motivating were regarded as two different management functions, which were seldom associated with each other. In knowledge economy, competition is very fierce in the market and human capital has been widely recognized as one of the most fundamental capitals for enterprises. Consequently, work design begins to play significant roles in motivating employees. Besides designing reasonable salary and reward systems, managers of enterprises begin to elicit and sustain employees' intrinsic motivation through optimal work design. Although the Work Characteristics Model has been proposed, work design theories were established mainly by summing up managerial expertise, which lacked a solid theoretical foundation and neglected to discuss the basic psychological needs of employees. At this stage, Self-determination Theory (SDT) can provide important theoretical guidance for the managerial practice of work design. According to SDT, individuals have three innate psychological needs, which are autonomy, competence and relatedness respectively. Importantly, satisfaction of these needs, especially autonomy and competence, will have a fundamental impact on one's intrinsic motivation.

   As a mainstream motivation theory, SDT has achieved widespread recognition from scholars in various domains. In 2005, a seminal paper titled "Self-determination and work motivation" was published on *Journal of Organizational Behavior*, which is among the top-tier management journals. Since then, more and more management scholars got to learn about SDT and began to apply this theory into management studies. It is a pity that Chinese management scholars are still not familiar enough with this theory up to now, and few empirical studies have been conducted based on this theory. The book *Work Redesign*: *Basic Psychological Needs*, *Intrinsic Motivation and Incentives*, tries to establish the link between work design and SDT, which is based on SDT from the perspective of work design. In a series of experimental studies, the effects of varied work characteristics on one's intrinsic motivation are directly examined. These work characteristics, from the provision of task choice, the setting of task difficulty to the design of feedback mechanism, are all closely related to the satisfaction of one's basic psychological needs.

In existing management and psychology studies, intrinsic motivation was mainly measured through two approaches, which are free choice and self-report. Although both measurements reflect the intrinsic motivation level to a certain extent, one's intrinsic motivation in accomplishing a certain task cannot be measured or quantified in a direct and proper manner adopting these two approaches. Thus, besides measuring one's intrinsic motivation through these traditional approaches, we will probe other feasible approaches so as to measure one's intrinsic motivation in a more objective manner.

Since 2006, the interdisciplinary research field of Neuromanagement was put forward, which incorporates cognitive neuroscience and psychology perspectives into management studies. Resorting to cognitive neuroscience approaches, researchers get to inquire into cognitive mechanisms underlying one's decision making processes and the observed behaviors. As an important psychological state in management studies, intrinsic motivation allows Neuromanagement to come into full play in measuring its level. As a mainstream neuroscientific technique, Event-related Potential (ERP) has a rather high time precision. Thus, this technique can well be adopted to examine the complex motivational process. The complex motivational process can be divided into several sub-stages, and corresponding electrophysiological indicators can well be adopted to objectively measure one's intrinsic motivation during task execution.

In work design, the provision of task choice may well satisfy one's basic psychological need of autonomy. Besides, compared with superior difficulty, moderate difficulty better facilitates one's perceived competence. In Study 1, through a behavioral experiment, we examined the effects of task choice and task difficulty on one's intrinsic motivation during task execution. In addition, we paid special attention to an individual difference factor, which is one's self-determination propensity. In this study, we resorted to the two classical behavioral indicators (i. e., self-report and free choice) to measure one's intrinsic motivation level.

Based on preliminary empirical findings from Study 1, an cognitive neuroscience experiment was conducted in Study 2, and we adopted the ERP approach to further examine the effect of task choice on one's intrinsic motivation. Considering the specific experimental paradigm being developed and characteristics of the experimental task being adopted, the motivational process was divided into the cue processing stage, the outcome anticipation stage and the outcome evaluation stage. We measured one's intrinsic motivation through the three ERP components of Cue-FRN, Outcome-SPN and d-FRN, respectively.

In work design, the specific feedback mechanism being developed and adopted has a major influence on one's perceived competence. Thus, in Study 3, the role of feedback mechanism in influencing one's intrinsic motivation was examined in another cognitive neuroscience experiment. The motivational process was divided into cue processing, task preparation and performance monitoring stages, and we resorted to Cue-FRN, Task-SPN and ERN to examine one's intrinsic motivation in respective stages.

Three basic conclusions were arrived at based on empirical findings of this monograph. Firstly, work characteristics closely related to the satisfaction of one's basic psychological needs are found to significantly influence one's intrinsic motivation. Through the provision of choice, the setting of moderate difficulty and the development of a reasonable feedback mechanism, one's intrinsic motivation can be fully facilitated. Besides feeling more self-determined, one also feels more competent in completing the chosen task. Task difficulty matching one's capacity gives rise to strengthened perceived competence, while developing an appropriate feedback mechanism is fundamental in establishing and upholding one's perceived competence.

A second major conclusion is that one's self-determination propensity will influence the effect of task choice in boosting one's intrinsic motivation. For a person who actively pursuits self-determination and always acts in a self-determined manner, the positive effect of choice on intrinsic motivation would be enormous, which suggests that it is fundamental to fully consider individual differences in work design. Another major finding is that the complex motivational process can be divided into five sub-stages, and corresponding ERP components can be adopted to measure one's intrinsic motivation during task execution in a more objective manner.

In this monograph, I discuss findings of a line of exploratory studies which adopt a cognitive neuroscience approach in examining one's intrinsic motivation. Considerable contributions have been made to both management and cognitive neuroscience fields. To begin with, the current study takes a comparatively novel perspective of work design, and an important link between work design and SDT has been established. Specifically, SDT can provide fundamental theoretical foundation and empirical evidences for work design with a psychology orientation. In addition, the application of cognitive neuroscience approach to examine one's intrinsic motivation well complements classical self-report and free choice methods. A cognitive processing model of the complex motivational process was proposed, and two ERP experimental paradigms were developed, which can be adopted and extended to further examine other influencing factors of intrinsic motivation. To conclude, this is among the first neuroscientific investigations of SDT, which provides first-hand empirical evidences in support of this theory.

In the last chapter, I introduce social comparison to the study of intrinsic motivation and briefly introduce the research design of a follow-up study of the three major studies extensively discussed earlier in this monograph. This new project is also based on SDT and examines how social comparison would influence one's intrinsic motivation. To be specific, I respectively examine effects of competitiveness of the social comparison environment, matching of the reference, and autonomy of the social comparison behavior on one's intrinsic motivation. Scientifically, this project establishes a direct link between social comparison and one's intrinsic motivation and emphasizes on importance of the satisfaction of one's basic psychological needs through social comparison, which extends studies on both social comparison and intrinsic motivation. Empirically, this project provides a new perspective for the managerial practice. Through creating a non-competitive work environment, selecting the appropriate reference, and supporting employees' autonomous social comparison behaviors, the social comparison activities of employees can be optimally guided, which serve to better cultivate their intrinsic motivation in the work setting.

Key words: Intrinsic Motivation; Motivate; Work Design; Self-determination; Basic Psychological Needs; Autonomy; Competence; Event-related Potential

目 录

绪 论 ·· (1)
 一 研究背景 ·· (2)
  (一)研究的现实背景 ·· (2)
  (二)研究的理论背景 ·· (4)
 二 研究问题的提出 ·· (7)
  (一)本研究拟解决的关键问题 ···································· (7)
  (二)对神经研究范围与研究对象的界定 ························ (8)
 三 研究目的与研究意义 ·· (9)
  (一)研究目的 ·· (9)
  (二)研究意义 ··· (10)
 四 对研究相关术语的界定 ·· (12)
 五 研究方法与技术路线 ··· (13)
  (一)研究方法 ··· (13)
  (二)技术路线 ··· (17)
 六 本书框架 ·· (18)
 七 本章小结 ·· (19)

第一章 文献综述 ·· (20)
 一 工作设计理论综述 ·· (20)
  (一)对工作设计内容的界定 ······································ (20)
  (二)工作设计的四种不同导向 ··································· (22)
  (三)工作设计在组织激励中的应用 ···························· (24)
  (四)本节小结 ··· (26)
 二 内在动机及相关理论介绍 ··· (26)

（一）对内在动机的界定 …………………………………（26）
　　　（二）内在动机水平的常见测量方法 ……………………（27）
　　　（三）内在动机的相关理论 ………………………………（29）
　　　（四）对内在动机现有理论的简要评述 …………………（33）
　　　（五）本节小结 ……………………………………………（33）
　三　自我决定理论介绍 ………………………………………（34）
　　　（一）自我决定理论体系 …………………………………（34）
　　　（二）自我决定理论与个体的内在动机研究 ……………（39）
　　　（三）自我决定理论在管理领域的实证研究 ……………（40）
　　　（四）自我决定理论与工作设计 …………………………（43）
　　　（五）本节小结 ……………………………………………（45）
　四　管理学中基于认知神经科学的脑电技术的研究 ………（45）
　　　（一）神经管理学简介 ……………………………………（45）
　　　（二）动机水平相关的脑电成分 …………………………（46）
　　　（三）内在动机问题的认知神经科学研究 ………………（58）
　　　（四）本节小结 ……………………………………………（60）
　五　本章小结 …………………………………………………（61）

第二章　理论框架与研究设计 ………………………………（62）
　一　本书的理论框架 …………………………………………（62）
　二　研究一的构思与设计 ……………………………………（63）
　　　（一）设置理由及研究目标 ………………………………（63）
　　　（二）研究方法选择 ………………………………………（65）
　　　（三）研究一的主要内容 …………………………………（65）
　三　研究二的构思与设计 ……………………………………（66）
　　　（一）设置理由及研究目标 ………………………………（66）
　　　（二）研究方法选择 ………………………………………（66）
　　　（三）研究二的主要内容 …………………………………（67）
　四　研究三的构思与设计 ……………………………………（67）
　　　（一）设置理由及研究目标 ………………………………（67）
　　　（二）研究方法选择 ………………………………………（68）
　　　（三）研究三的主要内容 …………………………………（68）

五　本书的整体研究框架……………………………………（69）
　　六　本章小结…………………………………………………（70）

第三章　任务设计与个体的内在动机：探索性实验……………（72）
　　一　研究目的…………………………………………………（72）
　　二　研究假设…………………………………………………（74）
　　　　（一）有关个体内在动机水平的假设………………………（74）
　　　　（二）有关个体自我决定倾向的假设………………………（74）
　　　　（三）有关个体感知胜任水平的假设………………………（75）
　　　　（四）对于研究一假设的总结………………………………（75）
　　三　研究方法…………………………………………………（75）
　　　　（一）实验被试………………………………………………（75）
　　　　（二）实验材料………………………………………………（76）
　　　　（三）问卷采用………………………………………………（77）
　　　　（四）实验过程………………………………………………（78）
　　四　数据分析…………………………………………………（80）
　　　　（一）内在动机水平的统计分析结果………………………（80）
　　　　（二）自我决定倾向的统计分析结果………………………（83）
　　　　（三）感知胜任水平的统计分析结果………………………（84）
　　五　结论与讨论………………………………………………（85）
　　　　（一）内在动机水平的结论与讨论…………………………（86）
　　　　（二）自我决定倾向的结论与讨论…………………………（88）
　　　　（三）感知胜任水平的结论与讨论…………………………（89）
　　　　（四）综合讨论………………………………………………（90）
　　六　本章小结…………………………………………………（94）

第四章　任务设计中的任务选择与个体的内在动机……………（96）
　　一　研究目的…………………………………………………（96）
　　二　研究假设…………………………………………………（98）
　　　　（一）行为层面的假设………………………………………（98）
　　　　（二）神经层面的假设………………………………………（99）
　　　　（三）对于研究二假设的总结………………………………（101）

三　研究方法 …………………………………………… (102)
　　(一)实验被试 ………………………………………… (102)
　　(二)实验材料 ………………………………………… (103)
　　(三)实验范式 ………………………………………… (105)
　　(四)实验过程 ………………………………………… (106)
　　(五)脑电数据记录 …………………………………… (106)
四　数据分析 …………………………………………… (107)
　　(一)行为数据分析 …………………………………… (107)
　　(二)脑电数据分析 …………………………………… (108)
五　结论与讨论 ………………………………………… (121)
　　(一)行为数据的结论与讨论 ………………………… (122)
　　(二)脑电数据的结论与讨论 ………………………… (124)
　　(三)综合讨论 ………………………………………… (129)
六　本章小结 …………………………………………… (135)

第五章　任务设计中的反馈机制与个体的内在动机 ………… (137)
一　研究目的 …………………………………………… (137)
二　研究假设 …………………………………………… (138)
　　(一)行为层面的假设 ………………………………… (139)
　　(二)神经层面的假设 ………………………………… (140)
　　(三)对于研究三假设的总结 ………………………… (142)
三　研究方法 …………………………………………… (143)
　　(一)实验被试 ………………………………………… (143)
　　(二)实验材料 ………………………………………… (145)
　　(三)实验过程 ………………………………………… (145)
四　数据分析 …………………………………………… (146)
　　(一)行为数据分析 …………………………………… (146)
　　(二)脑电数据分析 …………………………………… (148)
五　结论与讨论 ………………………………………… (156)
　　(一)行为数据的结论与讨论 ………………………… (157)
　　(二)脑电数据的结论与讨论 ………………………… (160)
　　(三)综合讨论 ………………………………………… (164)

目录

　　六　本章小结 …………………………………………（175）

第六章　研究结论与讨论 ………………………………（177）
　　一　研究结论 …………………………………………（177）
　　二　理论贡献 …………………………………………（183）
　　三　对管理实践的建议 ………………………………（187）
　　四　研究的局限性 ……………………………………（189）
　　　（一）实验样本的局限性 …………………………（189）
　　　（二）实验室研究对于真实管理情景模拟的不足 ………（189）
　　五　本章小结 …………………………………………（190）

第七章　研究展望：社会比较视角下的内在动机研究 ………（191）
　　一　研究问题 …………………………………………（191）
　　　（一）研究背景 ……………………………………（192）
　　　（二）科学意义与应用前景 ………………………（194）
　　　（三）国内外研究现状评述 ………………………（195）
　　二　研究设计 …………………………………………（201）
　　　（一）研究目标 ……………………………………（201）
　　　（二）研究内容 ……………………………………（202）
　　三　研究方案 …………………………………………（210）
　　　（一）研究方法 ……………………………………（210）
　　　（二）技术路线 ……………………………………（211）
　　四　特色与创新 ………………………………………（219）
　　　（一）研究选题的特色与创新 ……………………（219）
　　　（二）研究内容的特色与创新 ……………………（219）
　　　（三）研究方法的特色与创新 ……………………（220）
　　五　本章小结 …………………………………………（220）

参考文献 …………………………………………………（221）

索　引 ……………………………………………………（251）

后　记 ……………………………………………………（253）

Contents

0　Introduction　……………………………………………………… (1)
　　0.1　Research Background　……………………………………… (2)
　　　　0.1.1　Practical Background　…………………………… (2)
　　　　0.1.2　Theoretical Background　………………………… (4)
　　0.2　Research Questions　………………………………………… (7)
　　　　0.2.1　Key Research Questions　………………………… (7)
　　　　0.2.2　Research Scope and Research Object　………… (8)
　　0.3　Research Objectives and Significance　………………… (9)
　　　　0.3.1　Research Objectives　……………………………… (9)
　　　　0.3.2　Research Significance　…………………………… (10)
　　0.4　Terminology　………………………………………………… (12)
　　0.5　Research Methods and Technical Route　……………… (13)
　　　　0.5.1　Research Methods　………………………………… (13)
　　　　0.5.2　Technical Route　…………………………………… (17)
　　0.6　Monograph Structure　……………………………………… (18)
　　0.7　Chapter Summary　………………………………………… (19)

1　Literature Review　……………………………………………… (20)
　　1.1　Work Design　………………………………………………… (20)
　　　　1.1.1　Definition of Work Design　……………………… (20)
　　　　1.1.2　Four Orientations of Work Design　……………… (22)
　　　　1.1.3　Work Design and Work Motivation　…………… (24)

   1.1.4 Section Summary ……………………………………… (26)

 1.2 Intrinsic Motivation ………………………………………… (26)

   1.2.1 Definition of Intrinsic Motivation …………………… (26)

   1.2.2 Measurement of Intrinsic Motivation ………………… (27)

   1.2.3 Intrinsic Motivation Theories ………………………… (29)

   1.2.4 Commentary on Intrinsic Motivation Theories ……… (33)

   1.2.5 Section Summary ……………………………………… (33)

 1.3 Self-determination Theory ………………………………… (34)

   1.3.1 Framework of Self-determination Theory …………… (34)

   1.3.2 Self-determination Theory and Intrinsic
      Motivation ……………………………………………… (39)

   1.3.3 Self-determination Theory in Managerial Studies …… (40)

   1.3.4 Self-determination Theory and Work Design ………… (43)

   1.3.5 Section Summary ……………………………………… (45)

 1.4 Neuroscientific Investigations in Managerial Studies ………… (45)

   1.4.1 Introduction to Neuromanagement ……………………… (45)

   1.4.2 ERP Components in Response to the
      Motivation Level ……………………………………… (46)

   1.4.3 Neuroscientific Investigations on Intrinsic
      Motivation ……………………………………………… (58)

   1.4.4 Section Summary ……………………………………… (60)

 1.5 Chapter Summary …………………………………………… (61)

2 Theoretical Framework and Research Design ………………… (62)

 2.1 Theoretical Framework ……………………………………… (62)

 2.2 Conception and Design of Study 1 ………………………… (63)

   2.2.1 Research Objectives …………………………………… (63)

   2.2.2 Research Method ……………………………………… (65)

   2.2.3 Research Contents ……………………………………… (65)

 2.3 Conception and Design of Study 2 ………………………… (66)

   2.3.1 Research Objectives …………………………………… (66)

   2.3.2 Research Method ……………………………………… (66)

  2.3.3 Research Contents .... (67)

 2.4 Conception and Design of Study 3 .... (67)

  2.4.1 Research Objectives .... (67)

  2.4.2 Research Method .... (68)

  2.4.3 Research Contents .... (68)

 2.5 Overall Research Framework .... (69)

 2.6 Chapter Summary .... (70)

3 Task Design and Intrinsic Motivation: An Exploratory Study .... (72)

 3.1 Research Objectives .... (72)

 3.2 Research Hypotheses .... (74)

  3.2.1 Hypotheses on Intrinsic Motivation .... (74)

  3.2.2 Hypotheses on Self-determination Propensity .... (74)

  3.2.3 Hypotheses on Perceived Competence .... (75)

  3.2.4 A Summary of Research Hypotheses .... (75)

 3.3 Research Method .... (75)

  3.3.1 Participants .... (75)

  3.3.2 Stimuli .... (76)

  3.3.3 Scales .... (77)

  3.3.4 Procedure .... (78)

 3.4 Data Analyses .... (80)

  3.4.1 Results of Intrinsic Motivation .... (80)

  3.4.2 Results of Self-determination Propensity .... (83)

  3.4.3 Results of Perceived Competence .... (84)

 3.5 Discussion and Conclusion .... (85)

  3.5.1 Discussion on Intrinsic Motivation .... (86)

  3.5.2 Discussion on Self-determination Propensity .... (88)

  3.5.3 Discussion on Perceived Competence .... (89)

  3.5.4 General Discussion .... (90)

 3.6 Chapter Summary .... (94)

4 The Provision of Choice and Intrinsic Motivation (96)
- 4.1 Research Objectives (96)
- 4.2 Research Hypotheses (98)
  - 4.2.1 Hypotheses at the Behavioral Level (98)
  - 4.2.2 Hypotheses at the Neural Level (99)
  - 4.2.3 A Summary of Research Hypotheses (101)
- 4.3 Research Method (102)
  - 4.3.1 Participants (102)
  - 4.3.2 Stimuli (103)
  - 4.3.3 Paradigm (105)
  - 4.3.4 Procedure (106)
  - 4.3.5 EEG Data Recordings (106)
- 4.4 Data Analyses (107)
  - 4.4.1 Behavioral Data Analyses (107)
  - 4.4.2 EEG Data Analyses (108)
- 4.5 Discussion and Conclusion (121)
  - 4.5.1 Discussion of Behavioral Results (122)
  - 4.5.2 Discussion of EEG Results (124)
  - 4.5.3 General Discussion (129)
- 4.6 Chapter Summary (135)

5 The Design of Feedback Mechanism and Intrinsic Motivation (137)
- 5.1 Research Objectives (137)
- 5.2 Research Hypotheses (138)
  - 5.2.1 Hypotheses at the Behavioral Level (139)
  - 5.2.2 Hypotheses at the Neural Level (140)
  - 5.2.3 A Summary of Research Hypotheses (142)
- 5.3 Research Method (143)
  - 5.3.1 Participants (143)
  - 5.3.2 Stimuli (145)
  - 5.3.3 Procedure (145)

Contents

- 5.4 Data Analyses .... (146)
  - 5.4.1 Behavioral Data Analyses .... (146)
  - 5.4.2 EEG Data Analyses .... (148)
- 5.5 Discussion and Conclusion .... (156)
  - 5.5.1 Discussion of Behavioral Results .... (157)
  - 5.5.2 Discussion of EEG Results .... (160)
  - 5.5.3 General Discussion .... (164)
- 5.6 Chapter Summary .... (175)

6 General Discussion and Conclusion .... (177)
- 6.1 Research Conclusions .... (177)
- 6.2 Theoretical Implications .... (183)
- 6.3 Practical Implications .... (187)
- 6.4 Research Limitations .... (189)
  - 6.4.1 Limitations of the Sample .... (189)
  - 6.4.2 Simulation of Managerial Scenarios .... (189)
- 6.5 Chapter Summary .... (190)

7 Research Prospect: Social Comparison and Intrinsic Motivation .... (191)
- 7.1 Research Question .... (191)
  - 7.1.1 Research Background .... (192)
  - 7.1.2 Research Implications .... (194)
  - 7.1.3 Literature Review .... (195)
- 7.2 Research Design .... (201)
  - 7.2.1 Research Objectives .... (201)
  - 7.2.2 Research Contents .... (202)
- 7.3 Research Programme .... (210)
  - 7.3.1 Research Method .... (210)
  - 7.3.2 Technical Route .... (211)
- 7.4 Research Innovations .... (219)
  - 7.4.1 Innovations on the Research Topic .... (219)

    7.4.2　Innovations on Research Contents ····················· (219)

    7.4.3　Innovations on Research Methods ····················· (220)

  7.5　Chapter Summary ·· (220)

References ··· (221)

Index ·· (251)

Epilogue ·· (253)

绪 论

伴随着时代的不断进步和经济的不断发展，企业的人力资源管理实践正在发生着一场巨大的变革。管理者逐渐意识到企业员工的重要价值，开始将雇员视为市场竞争中一项重要资本，即人力资本。顺应这一潮流，企业逐渐告别了传统的人事管理模式，转而进行现代人力资源管理与开发。在这一变革的过程中，企业中的人被摆在了举足轻重的位置，人力资源管理实践也受到人本主义思潮的影响，开始关注员工的内心诉求，并且根据员工的不同特点，为其设置与之相匹配的工作岗位。

在工业经济时代，企业采取的激励方式以严格的过程控制为基础，物质奖励几乎成为很多企业唯一的激励手段。然而，如果工作行为是受物质奖励所驱动的，员工事实上表现出的是外在动机。随着知识经济的不断发展，知识型员工表现出了与传统的体力劳动者不同的一些特征：比如除了通过工作获取合理的报酬，还希望在工作过程中满足自身的基本心理需要；比如除了希望获得一份高薪的工作，还希望从事一份自己真正喜欢的工作（邓玉林，王文平，2009；胡天兵，吴国英，2002；毛如琳，2007；杨从杰，杨廷钫，易贵明，2008；郑爱丽，2007）。在高层次人才的争夺战中，不同企业开出的都是十分具有吸引力的物质条件。然而，最终高层次人才选择的很可能是自己感兴趣的、能够充分发挥自身潜能的那份工作，而不是提供最优厚物质待遇的工作。

作为工作情境中的一项重要的心理状态，企业员工在工作过程中的内在动机，也开始逐步受到管理者的高度重视。从员工个人的角度看，在工作过程中表现出较高水平的内在动机，有利于他们的心理健康，并且有助于工作中幸福感的获得以及自我成长。对于企业而言，如果旗下员工具有较强的内在工作动机，有助于员工获得较高水平的工作满意度，从而表现出较高的组织忠诚度，并且形成对组织的承诺；从长远来看，这些都将促进企业获得更高的效益水平（阮爱君，2011；孙岚，秦启文，张永红，2008；王璇，李健，2007；谢犁，2009）。

人是具有复杂心理状态的行为主体，企业管理者通过在管理实践中的不断摸索，也逐渐意识到：员工内在的工作动机才是他们保持工作积极性和热情的真正源泉。由于员工在工作中的内在动机发挥着重要作用，如何充分激发员工的工作热情、进一步促进他们的内在动机水平的提升，已经成为企业管理实践中的一项重要议题，也是当前人力资源管理研究的一项热点。在当今激烈的市场竞争之下，只有更好地了解和把握员工的心理需要，从工作内容本身出发，对工作内容进行科学而合理的设计、充分地诱发员工的内在动机，才能让企业真正立于不败之地（邓玉林，2006；王文平，邓玉林，2008）。

本章将从企业员工内在动机问题研究的现实和理论背景出发，阐明选择个体内在动机作为研究问题的原因以及本研究的目的与意义。接下来，本书作者将对研究的基本构想、采用的研究方法、拟解决的问题以及研究的创新点、本书的整体结构与具体研究流程等方面进行详细的阐述。

一 研究背景

（一）研究的现实背景

1. 知识经济背景下企业的竞争实质上是人才的竞争

知识经济的基础是知识的生产、分配和使用，创新是它的原动力，而高新技术产业是它的支柱。自20世纪90年代以来，伴随着知识经济的出现，人力资源管理在企业管理中发挥着越来越大的作用。身处知识经济浪潮下的企业，想要在激烈的竞争中立于不败之地，关键是要通过各种方法吸引人才为其所用（曾建权，郑丕谔，马艳华，2000）。美国之所以处于世界霸主的地位，其拥有的高水平人力资源功不可没。我国加入WTO之后，面对越来越激烈的市场竞争，对高素质人才的需求也越来越大。如何通过有效的方法吸引到人才加盟，并且给予人才充分的发展空间、留住人才，以期能为企业创造出最大的价值，已经成为当前人力资源管理领域的当务之急。

2. 传统的激励理念和激励方式有待革新

把人才视为企业的一项重要资源进行管理，在我国还处于起步阶段。因此，尽管已经来到了知识经济时代，大量的企业管理人员在对员工进行激励的过程中仍较少考虑员工的心理需要，简单粗暴地采用给予物质奖励的方法，这在很大程度上造成了企业员工的工作满意度低、工作效率低下，也带来了员工流失率高、企业效益不佳的尴尬局面（周新绮，2004）。采用绩效薪酬的制度，对于一般的采用手工作业和体力劳动的员工来说，是非常有效的。然而，由于知识型员工与传统的体力劳动者相比在心理特征方面存在着重要的不同之处，比如具有较强的主观能动性和成就动机，单纯通过物质奖励的方式对知识型员工进行激励，还远远不够。知识经济时代下的人力资源管理需要充分考虑员工的心理需要，对传统的激励理念和方式进行革新（门一，樊耘，马贵梅，等，2015）。

3. 考虑员工心理因素的工作设计逐渐进入视野

工作设计是人力资源管理中的一项重要职能，它的侧重点在不同时期也在不断地发生变化。直到20世纪前期，企业管理实践中秉持的工作设计思想主要还是泰勒提出的分工与效率，吸收工效学的观点和发现，技术性地提高员工的工作产出和企业的生产效率。在这一阶段，员工社会化的需求完全被忽略了。当下，随着知识经济的不断发展，知识型员工已成为企业最重要的生产力之一。相应的，为了更好地激励知识型员工，工作设计特别是欧美发达国家的工作设计，已经开始考虑知识型员工的心理需要，以期能在最大程度上激发其主观能动性。具体采用的举措包括工作内容的多样化、工作范围和工作关系的扩大等（吴巍，2012）。当然，我国企业的工作设计理念与欧美发达国家相比还存在着一定的差距，但这也给工作设计留下了很大的发展空间。

综上所述，在知识经济背景下，企业人力资源管理中的员工激励问题对于提升企业竞争力、促进企业效益的增长具有重要的意义。然而，目前绝大多数的企业在管理实践中单纯或者过多地依赖物质奖励，没有充分关注和了解旗下员工的心理需要。本书的研究设想是基于以上的现实背景产生的，我们的研究发现，也将为不断革新中的工作设计提供新的理论指导。

(二) 研究的理论背景

1. 动机与激励理论的不断发展

激励指的是持续激发人的动机的一种心理过程，放在企业管理的场景中看，激励指的是鼓舞士气、增强员工的工作动机（金佳，2014）。自20世纪被正式提出以来，激励问题已经获得学界和业界共同的广泛关注。其中，学界有大量的相关成果涌现出来（Steers & Porter, 1991），并且已经将激励问题视为组织管理领域最重要的议题之一（Laffont & Martimort, 2009）。

管理学界对于激励问题的研究经历了三个重要阶段：部分管理学家从探究"人的追求究竟是什么"的角度出发，提出了一系列的内容型激励理论，这其中较有影响力的理论包括马斯洛的需求层次理论、赫茨伯格的双因素理论、阿尔德弗的ERG理论和麦克利兰的三种需要理论；另一部分管理学家从"人追求的目标是如何通过改变人的行为进而影响工作绩效"的角度出发，提出了一系列的过程型激励理论，包括期望理论、公平理论、目标设定理论和强化理论；后来，有管理学家将内容和过程型激励理论有机结合在一起，形成了综合激励理论（罗宾斯，2005；马晶，2006）。

心理学界对于激励问题的研究也一直充满了学术热情，由于动机是心理学中一个重要概念，心理学界对于激励问题的研究主要聚焦于探讨人的动机。与管理学中的激励理论类似，心理学中的动机理论也经历了三个重要发展阶段：最早提出的本能理论关注人类本能带来的力量，此后的趋力理论则聚焦于体内平衡与需要的满足对动机的影响，其后，伴随认知心理学的发展，动机的认知理论逐渐成型，这一理论派别认为，是认知调节和支配了人类的动机（暴占光，张向葵，2005；张爱卿，1999）。

具体到内在动机问题，内在动机这一概念从心理学引入组织行为学和管理学领域以来，受到了学者们的广泛关注。越来越多的研究发现，除了传统的物质奖励之外，管理实践中的诸多因素，比如员工参与管理决策的制定、在工作过程中获得的个人成长、个人价值的实现、为员工设置有趣或者有挑战的工作内容、努力营造温馨而友好的工作氛围、在工作过程中给予员工在工作能力上的认可等，都可以增强员工的工作积极性、对员工起到激励作用，与这些因素相关的动机被定义为内在动机（吴巍，2012；张剑，郭德俊，2003b）。

近年来，随着人本主义心理学和积极心理学的不断发展，越来越多的学者开始关注人的力量和积极结果。在激励问题的研究中，除了对外部激励进行研究，学者开始更多地关注到个体的内在动机，并形成了一系列具有重要学术价值的新理论，比如芝加哥大学心理学教授 Csikszentmihaly 提出的沉浸理论（Flow Theory）以及罗切斯特大学教授 Deci 和 Ryan 提出的自我决定理论（Self-determination Theory）。其中，自我决定理论认为，个体具有自主、胜任的基本心理需要，它们获得满足的程度，决定了个体从事一项活动过程中的内在动机水平。这些理论已经在青少年教育、体育与运动科学、健康、医疗保健等多个领域发挥了重要的作用（林桦，2008b；刘靖东，钟伯光，姒刚彦，2013；王燕，郑雪，2008；恽广岚，2005；张剑，张微，宋亚辉，2011；张向葵，暴占光，2005）。在组织、管理领域，这些理论也慢慢产生了重要影响：在这些理论的引导下，越来越多的学者开始关注员工的自我决定倾向等个体差异因素以及组织环境中的自主支持、组织中管理者的管理风格等诸多外部情境因素对员工的自我决定感、工作绩效等方面的影响（郭桂梅，段兴民，2008；李神英，2009；孙岚，秦启文，张永红，2008；王娅，2015）。

可以说，从内在动机视角出发研究激励问题，使得激励问题的研究又焕发出新的生命力，也是激励问题研究新的增长点。本书包含的几项研究采用实验研究的方法，因此，我们对研究问题进行了进一步的抽象，从人力资源管理中工作设计的视角出发，以内在动机的自我决定理论作为理论指导，探讨在任务设计中可以满足个体基本心理需要的任务特征对于个体内在动机的促进作用。

2. 认知神经科学与管理科学的交叉融合

像管理学、经济学一样，认知神经科学本是一门传统的学科。然而，进入 21 世纪以来，伴随着认知神经科学技术和理论的迅速发展，以及认知神经科学与管理学、经济学等学科的迅速交叉融合，神经管理学、神经经济学、决策神经科学等新兴交叉学科逐渐形成，使得大脑活动的"黑箱"被打开，意味着从认知层面探究人们经济、管理决策背后的认知加工过程成为了可能（马庆国，付辉建，卞军，2012）。自 2002 年国际范围内第一次有学者提出神经经济学的概念以来，越来越多的学者开始尝试应用认知神经科学的技术手段研究社会科学领域的诸多重要选题，并且不断涌现出具有重要学术影响力的成果，相继发表在 *Science*、*Nature* 等国际顶尖期刊上。可以说，认知神经科学为管理学研究打开了一扇窗，为经典管理问题的研究提供了一种崭新的视角以及更多的可能性。

2010年，日本学者Murayama等开创性地应用功能性核磁共振成像（fMRI）技术研究个体的内在动机，标志了内在动机问题的研究正式进入了神经经济学和神经管理学学者的视野。在这项研究中，Murayama等探讨了与内在动机问题相关的一个经典现象——外部物质奖励对于个体内在动机的削弱作用，并且从大脑空间层面找到了这一现象背后的认知神经机制。具体来说，他们指出个体的内在动机水平可以反映在反馈结果加工阶段大脑纹状体区域的激活程度上（Murayama et al., 2010）。与之前学者对于内在动机问题的行为学研究相比，这是第一次有学者从大脑活动和脑区激活的角度出发，探索可以更加客观地表征个体内在动机水平强弱的认知神经科学指标。自此，除了普遍使用的量表测量以及行为观察之外，学者们开始探索可以在活动过程中更加直接、客观地测度个体内在动机水平的方法。

在Murayama等的研究发表之后，有其他学者跟进了这一研究选题（Albrecht et al., 2014；DePasque & Tricomi, 2015；Ma, Jin, Meng et al., 2014；Marsden et al., 2015）。其中，本书作者所在团队发表于2014年的论文是唯一一项采用事件相关电位技术（ERP）开展的研究。这项研究在Murayama等学者的研究基础上进行了拓展延伸，为外部物质奖励对于个体内在动机的削弱作用这一现象提供了来自大脑时间维度的新证据（Ma, Jin, Meng et al., 2014）。事件相关电位技术是除fMRI之外，神经经济学与神经管理学领域另一项主流的研究工具。这一技术与fMRI技术相比，最大的优势在于它的时间精度极高，可以从时间维度探测大脑活动，从而弥补fMRI在时间精度上的不足。人们完成一项任务是一个复杂的过程，反馈结果的加工只是其中一个重要的阶段，借助于ERP技术，我们可以把复杂的任务进程分解为若干个与内在动机密切相关的环节，从而更加全面地了解个体在完成一项任务过程中的内在动机水平。

综上所述，基于以上介绍的现实背景和理论背景，本书选择个体的内在动机作为研究问题。具体来说，从内在动机问题的主流理论出发，采用工作设计视角，结合认知神经科学实验和行为实验的研究方法，从行为和认知神经两个层面对任务设计中影响个体内在动机水平的任务特征进行探讨。有了以上的现实和理论背景作为依据，本研究兼具了较强的理论价值和实践指导价值。

二 研究问题的提出

(一) 本研究拟解决的关键问题

本节中，我们将根据上节中介绍的现实和理论背景，提出本研究计划解决的关键问题。本研究的主要目标是：从个体具有普遍性的心理需要出发，研究如何在任务设计中通过任务特征本身满足这些基本的心理需要，从而增强个体完成任务过程中的内在动机。这一研究视角在管理学中较为新颖。由于本研究聚焦的基本心理需要具有普遍性，本研究的成果可以推广到组织情景下，企业的管理者在工作设计中可以通过满足员工的基本心理需要增强员工在工作过程中的内在动机。因此，本研究一方面具有较强的理论意义，同时也具备一定的现实意义。本研究主要采用的研究方法是实验研究，包括管理学中常见的行为实验和认知神经科学领域常见的事件相关电位（即脑电）实验。

本研究的研究对象是个体的内在动机，具体来说，从影响内在动机水平的两种基本心理需要出发，研究如何科学地进行任务设计，通过任务特征本身有效地满足个体自主、胜任的基本心理需要，进而充分激发个体的内在动机。主要研究内容包括四个方面，第一，任务设计中可以满足个体自主心理需要的任务特征，会如何影响个体的内在动机？第二，任务设计中可以满足个体胜任心理需要的任务特征，会如何影响个体的内在动机？第三，个体差异会如何影响同一项任务特征对个体内在动机的促进作用？第四，个体完成任务的复杂过程，可以划分为哪几个与内在动机水平密切相关的阶段，在不同的子阶段，分别可以通过什么认知神经科学指标来测度个体的内在动机水平？

本研究的第一个、第二个研究问题分别是："任务设计中可以满足个体自主心理需要的任务特征，会如何影响个体的内在动机？""任务设计中可以满足个体胜任心理需要的任务特征，会如何影响个体的内在动机？"本研究对这两个问题的探索，主要将对管理学做出贡献。这两个研究问题是贯穿本书的主线，本书在三项研究中，将分别通过行为实验和认知神经科学实验两种研究方法，探讨任务设计中与个体基本心理需要的满足有关的不同任务特征对于个体内在动机的影响。在回答前两个研究问题的基础上，我们将关注个体差异，从而获得了第三个研究问题："个体差异因素会如何影响同一项任务特征对个体内在动机的促进作用大小？"

由于通过传统的行为指标难以在活动过程中实时、客观地测度个体的内在动机水平，本研究中，除了应用两种经典的测量方法，我们将基于前人在其他研究问题上的认知神经科学研究成果，寻找合适的脑电指标去客观地表征个体的内在动机水平。由于人们完成一项任务是一个复杂的行为过程，其中很多重要阶段包含了与内在动机水平相关的丰富信息。因此本研究将根据具体的实验范式，把任务执行过程划分为若干子阶段，在各个子阶段探索相应的脑电指标。由此，获得了本研究的第四个子问题："个体完成任务的复杂过程，可以划分为哪几个与内在动机水平密切相关的子阶段，在不同的子阶段，分别可以通过什么认知神经科学指标来测度个体的内在动机水平？"对本研究的第四个子问题的探索，对于认知神经科学以及管理学研究，均将做出重要的贡献，可以为其他应用认知神经科学技术手段探讨个体内在动机问题的研究提供重要参考。

值得说明的是，本书包含的几项研究对第四个问题的探究与对第一、第二个问题的探究是并行的。换言之，在探索任务设计中可以满足个体自主、胜任心理需要的任务特征会如何影响个体内在动机的同时，根据具体实验范式，我们将在复杂动机过程中的不同阶段探索可以反映个体内在动机水平的脑电指标。以上四个问题构成了本研究拟解决的关键问题。本研究的最终目的是针对以上的四个问题，给出科学、合理的回答，并为管理实践提供指导。

（二）对研究范围与研究对象的界定

由于认知科学实验存在一定限制，需要对研究问题进行高度抽象、对研究中的管理情景进行简化，因此，本书将研究内容界定为任务过程中个体的内在动机，而不是企业员工在工作过程中的内在动机。根据个体动机水平的稳定程度，个体动机可以划分为总体、社会情境和特定事件三个水平（Vallerand，2000）。具体来说，本书研究的是个体完成一项任务过程中的内在动机，即特定事件水平的个体内在动机。由于本研究关注的是在任务设计中如何通过任务特征本身满足个体的基本心理需要、增强个体的内在动机，而人类的基本心理需要存在一定的普遍性，本研究的结论仍然会对组织中的工作设计以及员工的激励问题提供一定的实践指导。

由于我们将研究范围界定为个体的内在动机，在研究对象的选择上，我们与绝大多数的认知神经科学实验保持一致，选择了在校大学生作为被试群体。主要基于以下几点考量：

第一，针对特殊群体（如少年儿童、老年人、精神疾病患者、脑损伤患者）的认知神经科学实验除外，常规的认知神经科学实验一般要求被试群体的年龄在18—40岁之间。由于认知神经科学实验的过程与行为实验相比较为复杂，对被试群体配合度的要求较高。出于有效被试的可得性以及控制实验预算的实际考虑，通过对已发表的国际和国内认知神经科学论文进行回溯可以发现，绝大多数的认知神经科学实验采用的被试群体为在校大学生（Picton et al., 2000）。

第二，由于认知神经科学实验招募的被试数目少于传统的行为实验，为了更好地获得群体层面的研究结论，应当尽可能控制个体差异因素。在校大学生群体在年龄、收入水平等方面的相似性，可以帮助我们更好地控制个体差异。在具体的招募过程中，我们也对被试的专业、年级等进行了平衡。

第三，在个体的内在动机这一选题上，大多数的实验研究（包括行为实验和认知神经科学实验）均招募在校大学生参与实验，这其中包括Deci等学者于1971年开展的关于个体内在动机的开创性的行为学实验（Deci, 1971）、Murayama等学者2010年开展的关于内在动机的开创性的fMRI实验（Murayama et al., 2010），以及作者所在团队于2014年发表的关于内在动机的第一项ERP研究（Ma, Jin, Meng et al., 2014）。可以说招募在校大学生参与实验获得了内在动机领域学者的广泛认可。

第四，在研究的现实背景部分中我们介绍过，对知识经济时代企业员工内在动机问题的关注是推动我们选择该选题的重要原因。在校大学生与知识型员工在受教育程度方面存在一定的相似之处，便于我们对本研究的结论进行推广。

三　研究目的与研究意义

（一）研究目的

本研究关注个体的内在动机问题，从自我决定理论提出的人类的两种基本心理需要（自主、胜任）出发，探究任务设计中与个体基本心理需要满足有关的任务特征，与个体的内在动机水平之间的关系。本研究综合采用了行为学实验以及认知神经科学实验的研究方法，目的在于通过不同方法测度个体的内在动机，实现对个体内在动机水平的客观测度。在此基础上，探索可以有效激发个体内在动机的任务应具备的基本特征，并为管理实践中的工作设计提供科学、合理的对策和建议。

本研究的目的可以划分为理论和实践两个方面。其中，理论目的主要包括：

（1）研究如何通过合理的任务设计，在任务完成过程中更好地满足个体自主的心理需要，从而增强个体的内在动机水平。

（2）研究如何通过合理的任务设计，在任务完成过程中更好地满足个体胜任的心理需要，从而增强个体的内在动机水平。

（3）关注个体在自我决定倾向上的差异，并且探讨个体的自我决定倾向会如何影响同一项任务特征对于个体内在动机的促进作用大小。

（4）将个体复杂的任务执行过程划分为与内在动机水平密切相关的若干个子阶段。

（5）在现有的认知神经科学研究基础上，在各个阶段寻找可以客观表征个体内在动机水平的认知神经科学指标，建立起动机过程的认知加工模型。

（6）提出几项应用认知神经科学技术手段研究个体内在动机问题的科学的、可拓展延伸的基本实验范式，为未来学者开展相关研究提供参考。

本研究的现实目的是为企业的人力资源管理实践提供理论指导。具体来说，在当前的人力资源管理中，管理者更多地采用提供物质奖励的方法增强员工在工作过程中的外在动机，而对于员工的基本心理需要以及与之密切相关的主观幸福感、工作满意度和组织忠诚度的关注不足。除了为员工提供有竞争力的、与个人的贡献水平相匹配的薪酬，企业的管理者还应当重视组织中的工作设计，以期能更好地满足员工的基本心理需要，增强员工在工作过程中的内在动机。因此，本研究的结论对于企业的工作设计实践具有一定的参考价值和借鉴意义。

（二）研究意义

1. 理论意义

尽管内在动机的概念自心理学领域引入管理学后，已经被广大的管理学家所了解和熟知，与大量关于外在动机的研究相比，从内在动机的视角出发对激励问题进行学术探讨的少之又少。因此，这一选题在管理学界具有广阔的发展空间，有机会成为激励问题研究新的学术增长点。另外，应用认知神经科学的方法研究个体的内在动机问题，具有相对客观、准确的优势，并且可以直接测度个体在任务过程中的动机水平，而不是请被试在任务完成之后进行回溯和判断。遗憾的是，由于神经经济学和神经管理学两门学科的创建时间不长，还处于萌芽阶段，现阶段相关的研究十分罕见。这也意味着这一研究选题会具有旺盛的学术生命力，有机会对认知神经科学和管理、经济学研究都做出重要贡献。

具体来说，根据对本研究拟解决关键问题的阐述，本研究的理论价值可以分为以下几个方面：

（1）首先是研究视角上的创新。工作设计作为人力资源管理中的一项重要职能，在管理实践中正在发挥着越来越大的作用。然而，现阶段的工作设计中，依靠的大多是在管理实践中逐渐积累起来的经验，除了工作特征模型之外，缺少对工作设计中应当考虑的要素的系统性理论阐述。另外，尽管现阶段的工作设计已经逐渐考虑人的因素，还没有落脚到对人的基本心理需要的剖析以及有针对性的满足上。因此，从满足个体基本心理需要的角度出发进行任务设计，从而增强个体在完成任务过程中的内在动机水平，是一种研究视角上的创新，对于管理学中工作设计理论的进一步发展也将起到一定程度的推动作用。

（2）研究方法上的创新。在传统的行为实验研究中，个体的内在动机水平是通过量表测度的。然而，通过这种方法测度的内在动机指标实质上是个体对自己之前动机水平的回溯和主观评价，在某些情况下，可能与个体真实的内在动机水平存在一定的偏差。应用认知神经科学的技术手段来研究个体的内在动机问题，是这一问题在研究方法上的创新，也使得认知神经科学在管理学、经济学领域真正有了用武之地——学者们可以利用它更加客观地测度那些通过行为方法测量可能存在偏差的指标，而不是简单地通过认知神经科学实验去重复之前在行为实验中已经获得的结论。

（3）提出几项可拓展延伸的研究范式，将复杂的任务执行过程进一步划分，在不同阶段找到可以客观地表征个体内在动机水平的更多脑电指标，最终建立起动机过程的认知加工模型。通过认知神经科学方法研究个体的内在动机问题，本身可能是一个较好的研究设想，然而研究设想需要落脚到具体的研究范式上。截至 2014 年仅有一项应用 ERP 技术探讨个体内在动机的影响因素的研究，并且这项研究只关注了任务执行过程中的反馈结果加工一个阶段（Ma, Jin, Meng et al., 2014）。想要进一步地深入挖掘内在动机问题，需要设计出合理、可行的实验范式，关注到个体在任务执行过程中与动机水平密切相关的其他阶段，并且找到更多可以客观地表征个体内在动机水平的认知神经科学指标。本研究计划实现以上目标。因此，本书的研究发现将对认知神经科学对于内在动机问题的研究起到一定的推动作用，可以为学者提供若干在未来研究中能够采用和不断改进的基本实验范式。

2. 实践意义

本研究从满足个体基本心理需要的角度出发，设计具有特定特征的任务，从而增强个体在完成任务过程中的内在动机水平。由于本研究关注的两项基本心理需要具有普遍性，本书的研究结论对于管理实践中的工作设计也具有一定的指导价值。具体来说：

（1）立足于员工的基本心理需要满足的工作设计对于企业员工具有积极的意义。企业员工不是冰冷的机器，而是鲜活的个体。因此，如果组织中的管理者为其员工设计的工作任务，可以较好地满足员工的基本心理需要，会显著地提升员工的幸福感和工作满意度。

（2）立足于员工基本心理需要满足的工作设计对于企业本身也具有积极的意义。在当今时代，人力资本已经成为企业最重要的资本之一。伴随着员工的工作满意度、忠诚度、工作积极性的提升，员工的工作效率和企业的整体绩效也会有明显的提升。因此，在管理实践中应用本书的研究发现有助于提升企业的核心竞争力。

四 对研究相关术语的界定

为了便于读者更好地理解本书涉及的主要概念，本节中我们对动机理论、认知神经科学领域等方面涉及的专业术语进行了阐述。主要包括以下几个方面。

（1）激励：激发和鼓励个体向着期望的目标采取行动的过程。

（2）动机：能够影响个体行为的动力。

（3）内在动机：工作或任务本身激发的动机，或由个体的内在需要诱发的动机，会受到个体本身特征、工作特征以及社会情景等因素的影响。

（4）工作设计：人力资源管理中的一项重要职能，是确定企业员工的工作内容、职责与工作关系的一项重要的管理活动。

（5）自我决定：一种关于选择的潜能，指的是个体在对自己的心理需要和自身所处的环境信息进行充分认识的基础上，对自己的行动做出选择。

（6）自我决定理论：20世纪80年代，由美国著名心理学家Deci Edward和Ryan Richard等人提出的一种关于人类自我决定行为的动机理论。

（7）自主需要：即自我决定的心理需要，个体希望在从事各项活动的过程中，可以根据自身的意愿进行选择。

（8）胜任需要：个体希望掌控所处环境的心理需要，个体希望在从事各项活动的过程中，体验到能力和胜任感。

（9）自我决定倾向：在日常生活中，个体进行自我决定的一般性倾向。

（10）事件相关电位：赋予刺激材料以特殊的心理含义，通过刺激材料来诱发的脑电位，反映了大脑在认知加工过程中的神经电生理学变化。

（11）脑电信号：毫伏或微伏级别的微弱、低频的电生理学信号，一般通过专业设备在个体的头皮表面采集。由于记录到的信号十分的微弱，通常需要经过数百万倍的放大才能被观察到。

（12）错误相关负波：个体做出错误行为响应后观察到的与任务绩效监控相关的负走向的脑电成分。

（13）反馈相关负波：在反馈结果呈现阶段，反映大脑对反馈信息的认知加工过程的负走向的脑电成分。

（14）刺激前负波：在刺激材料呈现前，反映大脑对刺激材料的呈现进行期待的过程中注意力资源分配情况的负走向的脑电成分。

五 研究方法与技术路线

（一）研究方法

为解决本研究的关键问题、实现本研究拟定的几项目标，本研究综合采用文献研究、行为实验和认知神经科学实验三种研究方法，遵循"文

献梳理—研究问题提出—研究假设形成—实验设计—实验实施—实验数据分析—实验结果讨论"的基本流程开展研究,具体如下:

1. 文献研究

文献研究的主要目的是在研究正式开始之前,追踪并了解选定研究领域的最新研究进展,并为正式研究的开展做好知识上的储备。本研究主要围绕"工作设计""内在动机""自我决定理论""自主""胜任""自我决定倾向""事件相关电位""错误相关负波""反馈相关负波""刺激前负波""工作特征模型""认知评价理论""强化学习理论""情感动机理论""选择"等关键词,依托浙江大学丰富的图书馆电子资源(包括ISI Web of Science、Springer、PubMed、EBSCO、Ovid、ProQuest、CNKI、万方等数据库)以及Google Scholar学术搜索引擎进行文献的检索和梳理工作。获得相关文献后,根据学术论文与本研究的相关程度和重要性进行阅读和整理,按照不同的主题进行归类,形成本书第一章的文献综述,获取的文献在后续章节对实验结果的讨论中也会用到。

2. 行为实验

本书的第一项研究中,将通过行为学实验的方法研究与个体基本心理需要的满足有关的几项任务特征对个体的内在动机水平的影响。这一实验中,我们将结合自我报告、自由选择两种个体内在动机水平的经典测量方法,对个体的内在动机水平进行测度。在行为学实验中,还将通过成熟的量表测度个体在自我决定倾向上的差异。

表0.1 本书涉及的主要中英文关键词

中文关键词	英文关键词	中文关键词	英文关键词
激励	Motivate	动机	Motivation
内在动机	Intrinsic Motivation	工作设计	Job Design/ Work Design
自我决定	Self-determination	自我决定理论	Self-determination Theory
自主	Autonomy	胜任	Competence
事件相关电位	Event-related Potentials	错误相关负波	Error-related Negativity
反馈相关负波	Feedback-related Negativity	刺激前负波	Stimulus-preceding Negativity
工作特征模型	Job Characteristics Model	自我报告法	Self-report
自由选择法	Free Choice	沉浸理论	Flow Theory
成就目标理论	Achievement Goal Theory	自我效能理论	Self-efficacy Theory

续表

中文关键词	英文关键词	中文关键词	英文关键词
基本心理需要理论	Basic Psychological Needs Theory	认知评价理论	Cognitive Evaluation Theory
工作动机	Work Motivation	情感动机理论	Motivational Significance Theory
选择	Choice	自主反馈	Self-controlled Feedback

资料来源：本书作者整理。

3. 认知神经科学实验

认知神经科学实验中主要采用的技术手段包括功能性磁共振成像（fMRI）和事件相关电位（ERP）。两种技术手段各有优势，fMRI技术的空间精度非常高，可以准确地观察到实验过程中主要认知加工阶段大脑各相关脑区的激活情况；ERP技术则具有毫秒级别的极高的时间精度，可以在个体任务执行过程的各个阶段（包括持续时间只有几百毫秒的阶段），通过大脑头皮表层的电生理学信号考察大脑的认知加工过程。考虑到本研究的一大目标是将个体的任务执行过程拆分为若干与动机水平相关的子阶段，并且找到相应的可以客观表征个体内在动机水平的指标、最终建立起动机过程的认知加工模型，本研究更适合采用ERP技术。因此，本研究最终选择了ERP实验的研究方法。

事件相关电位的概念是在20世纪中期最早由Sutton提出的（Steve, 2005），它的本质是诱发电位，即由某种刺激材料诱发的电位变化。基本原理是通过施加特定的刺激材料，研究在刺激材料的给予或撤销过程中以及个体对于刺激材料进行响应的过程中，大脑头皮表层的电位变化。由于这种电位的变化可以客观地反映个体的生理或心理活动，研究者们可以应用这一技术打开人类决策背后的"黑箱"，为现实生活中观察到的诸多行为现象提供科学、客观的解释。作为一种无损伤的认知神经科学技术，如今ERP已经被广泛应用到心理学、生理学、医学、人工智能甚至经济学、语言学等诸多领域。

ERP作为一种诱发电位，是通过一种新的脑电信号处理方式提取出来的。具体来说，研究者通过脑电信号采集系统记录下被试在完成实验任务全过程中头皮表面的脑电信号，通过复杂的离线降噪算法以及移动平均叠加等运算，从采集到的海量脑电信号中提取出可以反映个体对特定刺激进行认知加工的诱发电位。从原始脑电信号中提取出事件相关电位，面对的最大困难就是降噪。在头皮表面采集到的原始脑电信号的幅值一般在 2 μV—10 μV 之间，然而，头皮的自发脑电信号的幅值往往高达几十 μV，这使得从原始脑电信号中观察到 ERP 成分变得非常困难，需要进行科学的降噪处理。

人类的自发脑电电位的变化是缺乏规律的，而 ERP 作为一种诱发电位，它的电位变化具有一定特殊的规律。因此，通过对同一实验条件下同一时间区间内多个试次的脑电结果进行叠加，可以尽可能地消除由于自发脑电导致的噪声，从而分离出刺激材料本身诱发的 ERP 成分，实现降噪目标。通过信号叠加的方法进行降噪，叠加次数越多，自发的脑电信号越弱，降噪效果就越好，这也是 ERP 研究通常要求在同一实验条件下重复多个试次（一般要求超过 30 个试次）的重要原因（Steve，2005；魏景汉，罗跃嘉，2002）。

在本研究的 ERP 实验中，我们通过先进的 64 导电极帽在大脑头皮表面的 64 个电极点采集脑电信号（如图 0.1 所示）。采集到的脑电信号是通过放大器进行实时放大并转化为数字信号的，与之相连的计算机系统则将数字信号记录下来、并完成降噪处理，从而获得 ERP 成分。经过几十

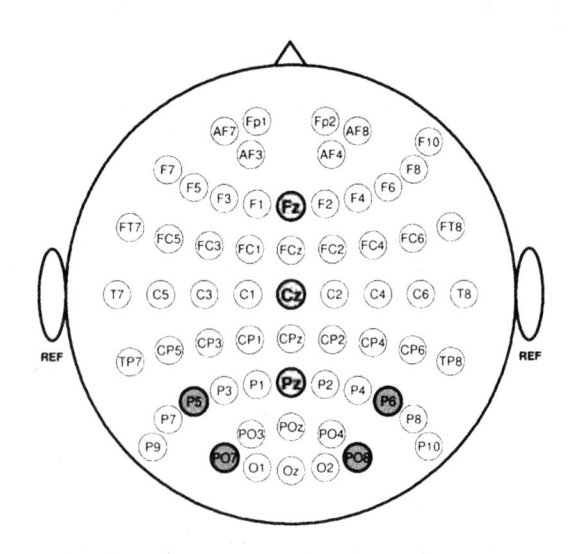

图 0.1　64 导电极帽在大脑头皮表面的 64 个电极点的分布情况

资料来源：https://openi.nlm.nih.gov.

年来各领域学者的共同努力，目前已经发现了很多与人类的认知活动密切相关的 ERP 成分，其中在任务执行过程中会涉及与个体的动机水平密切相关的脑电成分，包括错误相关负波（Error-related Negativity，ERN）、反馈相关负波（Feedback-related Negativity，FRN）以及刺激前负波（Stimulus-preceding Negativity，SPN）。ERP 成分的振幅能反映个体在不同实验条件下对刺激材料进行认知加工和响应的强度，因此是最重要、最常见的 ERP 成分的分析指标。本书第一章的文献综述部分会对以上几种重要的脑电成分进行详细的介绍（Luck，2005；Steve，2005）。

具体来说，ERP 实验研究的开展主要包含了以下几个步骤：第一，实验的准备阶段，根据研究问题设计实验，根据实验的设计准备实验素材、编写实验程序，在正式实验前通过预实验进行测试，针对预实验中实际出现的情况以及正式实验中可能出现的其他情况对实验设计和实验程序进行修改，从而确保正式实验获得良好的效果。第二，实验实施阶段，招募被试，通过脑电信号采集系统记录被试的脑电数据，在数据采集的过程中应注意遵守操作规范，确保采集到的数据质量。第三，实验数据处理，应用 NeuroScan 和 SPSS 等软件分别对实验过程中采集到的脑电和行为数据进行处理。

（二）技术路线

本书的几项研究工作主要包含以下五个环节。

环节 1：通过对目前企业面对的经济形势以及当前企业人力资源管理实践的情况进行分析，获得本研究的现实背景。通过对管理学和心理学中与激励、动机问题相关的学术文献以及神经管理学、神经经济学领域相关文献进行梳理，了解这一领域的研究现状，得出本研究的理论背景。

环节 2：根据本研究的理论和现实背景，概括本研究拟解决的关键性问题，明确本研究的目的和意义，根据拟解决的问题，选定认知神经科学实验和行为实验作为具体的研究方法，形成本书基本的研究思路。

环节 3：根据本书拟解决的关键性问题，构思本书具体的三项研究（研究一：任务设计与个体的内在动机：探索性实验；研究二：任务设计中的任务选择与个体的内在动机；研究三：任务设计中的反馈机制与个体的内在动机），完成三项研究的实验设计。

环节 4：三项子研究的具体实施，包括实验数据的采集、实验数据的分析，以及实验数据的解读和讨论。

环节5：将三项子研究的研究结论进行整合，得到本书的整体结论，对本研究整体的理论贡献和存在的不足之处进行归纳，指出下一步研究方向，对未来研究进行展望；另外，把握本研究的现实意义，提出实践的建议。

六　本书框架

本书共分为八个章节（含绪论），其中第三章到第五章分别对本书涉及的三项研究进行了详细的阐述。每一章节具体的内容安排如下：

绪论。介绍本研究的理论和现实背景，提出本研究拟解决的关键性问题，对研究的目的和意义进行论述，介绍研究采用的具体研究方法，并对整体的研究框架进行阐述。

第一章，文献综述。从工作设计理论、对内在动机的界定及相关理论、动机理论中的自我决定理论、管理学中基于认知神经科学的脑电技术的研究四个方面出发，系统地介绍国内外相关领域的研究现状，为具体研究中假设的提出以及研究结论的解读做好理论上的准备。

第二章，本研究的构思与设计。在对相关领域的研究现状进行梳理的基础上，找出本研究的立足点，然后介绍本研究整体的研究框架，并且提出三项子研究的构思与设计。

第三章，研究一。一项探索性的行为学实验，从自我决定理论出发，把任务设计中影响自主、胜任心理需要满足的任务选择、任务难度两项任务特征放在同一个实验中，探讨如何通过科学、合理的任务设计，达到激发个体内在动机的目标。与此同时，关注个体差异因素，探讨个体的自我决定倾向会如何影响同一任务特征（任务选择）对于个体内在动机的促进作用大小。研究一是研究二、研究三的基础，在研究一的基础上，研究二将继续探讨任务选择与个体内在动机之间的关系，并探索可以在任务执行过程中客观地表征个体内在动机水平的认知神经科学指标。

第四章，研究二。事件相关电位实验，从自我决定理论出发，重点讨论任务设计中与个体自主心理需要的满足密切相关的任务选择与个体内在动机之间的关系。关注任务执行过程中的情景线索加工、反馈结果期待和反馈结果加工三个阶段，并且找到相应的可以客观表征个体内在动机水平的脑电指标。

第五章，研究三。事件相关电位实验，从自我决定理论出发，重点讨论任务设计中与个体胜任心理需要的满足密切相关的反馈机制与个体内在动机之间的关系。关注任务执行过程中的情景线索加工、任务启动准备和任务绩效监控三个阶段，并且找到相应的可以客观表征个体内在动机水平的脑电指标。

第六章，研究结论与讨论。对本书的三项子研究进行系统的回顾和总结，概括本书的整体结论、理论贡献和实践意义，剖析研究存在的不足之处。

第七章，研究展望。在前三项研究的基础上将社会比较行为引入内在动机问题研究，建立起二者之间的直接联系，探究社会比较能起到激励作用的前提条件，特别关注社会比较的过程对于个体基本心理需要的满足。具体来说，作为本书核心研究的拓展延伸，作者对"社会比较视角下的内在动机研究"进行了展望，在对研究问题进行明确界定的基础上，详细介绍了研究设计和研究方案。

七　本章小结

本章是全书的绪论部分，首先阐述了本书的现实背景（知识经济背景下企业的竞争实质上是人才的竞争，传统的激励理念和激励方式有待革新，考虑员工心理因素的工作设计逐渐进入人们视野）以及理论背景（动机与激励理论的不断发展，认知神经科学与管理学的不断融合）。在此基础上，提出本研究拟解决的关键性问题（第一，任务设计中可以满足个体自主心理需要的任务特征，会如何影响个体的内在动机？第二，任务设计中可以满足个体胜任心理需要的任务特征，会如何影响个体的内在动机？第三，个体差异会如何影响同一项任务特征对于个体内在动机的促进作用？第四，个体完成任务的复杂过程可以划分为哪几个与内在动机水平密切相关的阶段，在不同的阶段，分别可以通过什么认知神经科学指标来测度个体的内在动机水平？）。

在对本研究需要解决的关键性问题进行概括后，接下来几个小节分别介绍了研究的目的与意义、研究过程中涉及的核心术语、研究方法与技术路线。在本章的最后，介绍了本书的整体框架以及各章的内容安排。

第一章

文献综述

一 工作设计理论综述

工作设计是人力资源管理中的一项重要职能。本研究拟从工作设计视角出发,探讨在任务设计过程中,应如何满足个体的基本心理需要,从而通过任务本身的特征充分激发个体在活动过程中的内在动机。因此,我们首先将对工作设计的相关理论进行综述。

(一) 对工作设计内容的界定

企业中的员工与其完成的工作之间其实也存在着适应和匹配程度的问题。工作设计是人力资源管理的一项重要职能,是确定企业员工的工作内容、职责与工作关系的重要管理活动(许小东,2001)。通过合理的工作设计,可以提升员工的工作满意度、对组织的忠诚度以及工作效率,从而在最大程度上发挥个体的主观能动性,帮助组织有效达成其设定的目标。根据工作设计这一职能的目标,它主要包含了三个方面的内容(聂文达,2011),如图1.1所示。

1. 工作内容的设计

工作内容设计是工作设计的核心部分,主要包括工作的深度、工作的广度、工作的完整性、工作的自主性和工作的反馈五个方面。在设计工作深度时,应遵循由易到难的原则,根据员工自身的工作技能水平的不断提升,适当增加工作内容的挑战性,从而在最大程度上激发员工的创造力以及迎难而上的精神。工作的广度指的是工作内容的多样性。直到20世纪前期,工作设计遵循的都是泰勒提出的分工与效率的思想,但如果员工长期以来从事的都是过于单一的工作任务,容易面对工作产生厌倦情绪,从

第一章 文献综述

```
                    ┌──────────────┐
                    │ 工作设计的    │
                    │ 基本内容      │
                    └──────────────┘
           ┌───────────────┼───────────────┐
           ▼               ▼               ▼
    ┌──────────┐    ┌──────────┐    ┌──────────┐
    │工作内容的设计│   │工作职责的设计│   │工作关系的设计│
    └──────────┘    └──────────┘    └──────────┘
           │               │               │
           ▼               ▼               ▼
    ┌──────────┐    ┌──────────┐    ┌──────────┐
    │ 工作的深度 │    │ 工作的责任 │    │ 协作关系   │
    │ 工作的广度 │    │ 工作的权利 │    │           │
    │工作的完整性│    │沟通与协作 │    │ 监督关系   │
    │工作的自主性│    │           │    │           │
    │ 工作的反馈 │    │           │    │           │
    └──────────┘    └──────────┘    └──────────┘
```

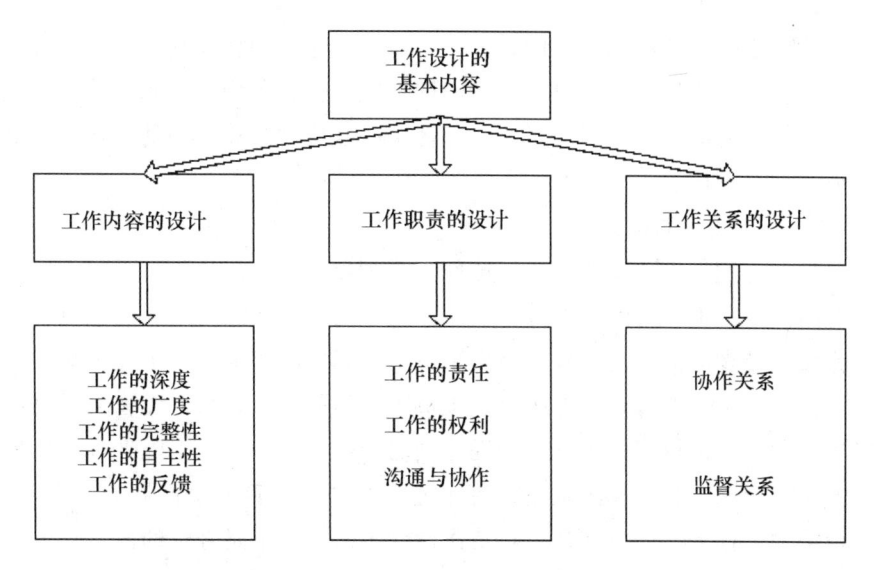

图 1.1　工作设计的基本内容

资料来源：本书作者整理。

而降低工作热情。因此，在工作设计中应注意工作的广度问题，使得企业员工在工作过程中能接触到不同的工作任务，从而维系员工的工作动机。工作的完整性关注了员工追求成就感的心理需要的满足，即便只是一项简单的工作，员工也希望自己能够完整地完成。在完整完成一项工作的过程中，员工可以看到自己的工作成果，认识到自己所从事工作的价值和意义。工作设计过程中还应当注意工作的自主性，在一定范围内授权员工在工作中根据自身意愿做出一定的选择，这有助于增强企业员工的工作责任感和主人翁意识。工作内容的设计中还应该注意反馈机制的设置，包括他人对自己的反馈和工作任务本身的反馈。其中，他人的反馈指的是员工的上级领导以及同事对员工的反馈，包括对其工作能力和工作态度的评价。工作过程中的反馈信息有助于员工更全面地了解自己的工作情况，并为员工提升工作效率、端正工作态度等提供了改进的方向。

2. 工作职责的设计

工作职责的设计包括对工作的责任、权利以及员工在工作中的沟通与协作等方面的设计。对工作责任的设计指的是对员工在工作中应履行的具体职责的界定。对工作权利的设计应与为员工设计的工作责任相匹配，保证员工在履行工作责任时可以调用相应的资源，从而确保工作任务的顺利完成。对工作中的相互沟通的设计是指对工作过程中信息交流渠道和过程的设计。协作方面的工作设计，指的则是在工作设计中，应当充分考虑组织的不同单元的职能，因为组织是由多个相互作用、相互制约的单元有机组成的一个整体。

3. 工作关系的设计

组织中的工作关系主要包括协作关系和监督关系。协作关系既可以发生在组织的上下级之间，也可以发生在组织的同级员工之间，假如协调与合作关系处理融洽，可以有效地满足员工归属的心理需要、推动工作的进展。监督关系一般体现为上级对下级员工的绩效考评，如果监督关系设计得当，可以促进员工的工作积极性，反之则会在很大程度上降低被考核员工的组织忠诚度和工作满意度，对企业绩效产生严重的负面影响。因此，组织中的工作关系的设计，也是工作设计中的一项举足轻重的内容。

（二）工作设计的四种不同导向

由于组织的正常运转离不开良好的工作设计，工作设计这一人力资源管理中的重要职能，已经引发来自多个学科学者的广泛关注。不同学者从自身研究专长出发，共同探讨组织中的工作设计问题，导致工作设计表现出不同的导向，主要包括以下四种（聂文达，2011；孙健敏，2002）。

1. 工程导向的工作设计

工业工程和科学管理是工程导向的工作设计理念的源泉，基本的思想是将复杂的工作简化，从而降低工作本身对员工能力的要求。提高工作效率是工程导向工作设计的核心目标，由于这一目标的存在，工程导向的工作设计关注的焦点完全是工作本身，没有对从事工作的人予以足够的重视。这一理念在20世纪早期的企业管理实践中发挥了重大作用，显著地提高了工作效率（Orlandi & Barnes, 1967）。然而随着时代的发展以及人本主义思潮的兴起，越来越多的管理者开始在工作设计过程中关注人的要素，工程导向不再是工作设计中唯一甚至最重要的理念。

2. 工效学导向的工作设计

在工业经济时代，机器发挥着重要的作用。工效学研究的是处于工作环境中的人与所处工作环境之间的关系，关注员工与机器的适应与匹配（Campion, 1988）。相应的，与工程导向相比，工效学导向的工作设计开始关注人的因素，着力于帮助员工更好地适应工作任务，一方面，保证高的工作绩效；另一方面，降低员工在从事一项工作的过程中感受到的疲劳程度和压力。

值得指出的是，尽管工效学导向的工作设计开始关注人的因素，人只是作为整体工作绩效的一个环节来考虑的。工效学导向工作设计的目的是通过合理的工作设计，降低员工犯错的可能性，从而保证整体的绩效水平。具体来说，通过工作设计，企业的管理者希望在最大程度上降低工作任务本身对员工注意力的要求，确保员工在工作过程中无须投入过多精力，从而降低员工犯错以及发生工作事故的概率。因此，工效学导向的工作设计还没有对组织中的人产生足够的重视，特别是，这一导向的工作设计更加适合体力劳动者，不符合知识经济时代对工作设计的新要求。

3. 生物学导向的工作设计

顾名思义，生物学导向工作设计的基础是生物学的研究结论，关注的焦点是人们如何对所处工作环境中的物理条件做出响应（Grandjean & Vigliani, 1980）。这一导向的工作设计以保证处于工作状态中员工的舒适感和健康程度为目标，希望通过良好的工作设计，有效地降低员工生理方面的压力和心理上的紧张感。具体来看，生物学导向的工作设计关注工作环境物理条件中的五大要素，分别是空间、照明、噪音、隐私和空气质量（Field & Phillips, 1992）。

4. 心理学导向的工作设计

真正充分关注组织中的人的是心理学导向的工作设计。秉持这一导向的学者认为，组织中的人的心理状态会对其工作绩效产生重要的影响（Gael, 1988）。因此，工作设计应当充分考虑人的心理需要，从而增强员工的工作动机、提升工作满意度。工作满意度高的员工通常会在工作中有更高程度的投入，从而带来更高的工作绩效。具体到心理学导向的工作设计中，为了更好地满足员工的心理需要，管理者采用了工作扩大化、工作丰富化、工作轮换等具体的举措。

工作扩大化指的是横向的扩大工作内容和工作范围，提高工作任务的多样性。工作扩大化一方面增加了对员工从事工作需要掌握的知识和技能的要求，提高了员工的工作兴趣；另一方面由于员工在工作扩大化之后完成的可能是一项完整的工作，而不再是一项复杂工作的一小部分，这一举措可以很好地满足员工的成就感。

工作丰富化的基本观点是工作任务本身可以成为一项激励因素。因此，更加复杂、更具挑战性的工作内容，可能会起到激励员工、增强员工内在动机的作用。与工作扩大化不同，它强调的是在工作中赋予员工更大的责任和自主性，实质上是在纵向的维度对工作内容的深化。通过让员工带着责任感和主观能动性去工作，员工更有可能体会到工作本身带来的成就感。研究结果显示，当员工在工作过程中具有挑战自我的意愿时，这一举措会发挥出更大的作用（Herzberg，1966；Paul & Robertson，1970；Yorks，1973）。

员工在长期从事一项工作之后，可能会感到乏味，工作热情也会降低。为了解决这一问题，工作设计中采取了工作轮换这一举措。工作轮换指的是允许或安排员工在不同的工作时间进行岗位上的流动。一般来讲，或者为员工提供在组织的不同职能部门之间进行短期工作调动的机会，或者允许员工在同一职能部门的不同工作岗位之间进行流动。工作轮换一方面增强了工作任务的趣味性以及对员工在能力上的挑战和考验，另一方面让员工在职业生涯中获得发展和成长。除此之外，工作轮换的过程中提供了新的人际交往的机会，可以满足员工的社交需求，进一步增强了工作对于员工的吸引力。

工作生活质量也是一种心理学导向工作设计的具体举措，它是20世纪70年代产生的新命题。工作生活质量倡导企业管理部门和工会共同谋求员工生活福利和工作环境的改善，通过促进员工参与企业决策，达到提升员工工作满意度和企业绩效的目标（卿涛，丛庆，罗键，2010）。

(三) 工作设计在组织激励中的应用

当今社会正在从工业经济时代向知识经济时代积极转型，相应的，知识型员工已经逐渐成长为企业最重要的资本之一。与传统的体力劳动者相比，知识型员工具有一些不同的特点，比如希望能在工作过程中具有一定的自由度，期望在工作过程中达到自我实现和自我提高（高洋，2006；孙建国，2001）。这一系列的变化意味着企业的管理者不能再像原来那样单纯地依靠外部因素实现对员工的激励，同时还要关注工作的设计，通过工作本身激发知识型员工的内在动机，让知识型员工可以在工作中获得成就感和自我实现（聂文达，2011；苏勇，王淼，李辉，2011；王华丽，2012；杨红明，2010；张春雨等，2012）。

工作设计和激励，最初被视为两项不同的管理职能，企业的管理者很少将工作设计与对员工的激励联系起来（Nissley，1972）。这与企业管理者的传统观念有关，他们认为员工本身对于工作是消极对待的，他们之所以工作，只是为了获取相应的物质报酬。基于这种思想，管理者认为只有通过金钱的手段才能起到激励员工的目的（Gibbons，2005）。随着组织行为学研究的不断深入，学者们意识到工作本身也是具备激励作用的：合理设计的工作，比如内容多样、具有一定挑战性的工作，可以充分调动员工的内在动机（Ferris et al.，1999）。国内学者近年的一项研究显示，对于知识型员工来说，具有挑战性的工作甚至可以在一定程度上替代金钱奖赏对其的激励作用（王文平，邓玉林，2008）。

通过对工作内容本身的内在激励因素进行总结，哈佛大学教授 Richard Hackman 与伊利诺伊大学教授 Greg Oldman 提出了工作特征模型（Hackman & Oldham，1980）。这一模型有五个核心的维度，Richard Hackman 和 Greg Oldman 认为，组织设计的一项工作的特征越接近这五个核心维度，就能越好地达成员工三种关键的心理状态（体会到工作的意义、体会到对于工作的责任、了解到工作的成果），从而增强员工的内在动机。工作特征模型中的五个核心维度分别是技能的多样化、任务的完整性、任务的重要性、自主性和反馈性。其中，技能的多样化意味着员工在完成一项工作的过程中应当体现出多种技术和能力；任务的完整性指的是员工应当负责一项整体工作，参与工作任务从开始到完成的全过程，并得到最终工作成果；任务的重要性是指员工应当看到自己所从事工作的意义和价值；自主性指的是在一定范围内，企业的管理者应当允许员工按照自己的意愿制订和执行工作计划；反馈性指的是员工应当及时并且明确地了解自己在工作中的表现（Hackman & Oldham，1980）。

工作特征理论对于人力资源管理中的工作设计实践具有重要的推动作用，这一理论观点与心理学导向的工作设计一脉相承，一方面，关注到了组织中员工的关键心理状态；另一方面，倡导从事激励相关问题研究的学者关注到工作内容本身对员工内在动机的促进作用，从而建立起工作设计与组织激励之间的联系（蒋祺，马超，2007；石雪梅，陈东旭，2012；王艳梅，赵希男，2011；张一弛，刘鹏，尹劲桦，等，2006）。遗憾的是，尽管工作特征模型中提到了三种关键的心理状态（体会到工作的意义、体会到对于工作的责任、了解到工作的成果），这一理论没有对个体的基本心理需要进行高度抽象，没能将对任务特征的设计落实到对个体基本心理需要的满足上。

(四) 本节小结

本节中，我们对工作设计的内容进行了界定，并且介绍了工作设计的四种不同导向，特别是工作设计的心理学导向。最后，我们介绍了工作设计在组织激励中的应用，并且讨论了将工作设计和组织激励两项传统意义上孤立的管理职能紧密联系在一起的一项重要理论——工作特征模型。通过对工作设计相关研究的梳理，我们发现研究如何通过工作设计增强员工的内在动机，具有重要的理论和实践价值。因此，本书也将采用这一视角进行研究。值得说明的是，由于实验研究，特别是认知神经科学的实验研究对于实验的情景设定具有一定的限制，本书对这一研究问题进行了进一步抽象，落脚为如何通过合理的任务设计增强个体的内在动机。由于人类的基本心理需要存在普遍性，我们的研究结论仍然可以为组织中的工作设计提供一定的理论指导。由于本书的研究对象是个体的内在动机，下一节中我们将首先对内在动机这一概念进行界定，并且介绍心理学、管理学研究中内在动机两种常见的测量方法。接下来，将对与内在动机问题相关的主流理论进行梳理和简要的评述。

二 内在动机及相关理论介绍

(一) 对内在动机的界定

所谓动机，指的是对个体行为的驱动力。组织行为学领域通常将动机划分为内在动机和外在动机两类。尽管学术界对于内在动机有着基本一致的观点，由于学者们从不同视角出发对内在动机进行界定，具体到内在动机的定义及其主要成分的界定上，还存在一些差异。举例来说，部分学者从内在动机的构成要素出发对内在动机进行了界定。Maslow 在需要层次理论中提出可以充分发挥个体潜能的自我实现需要是内在动机的核心要素 (Maslow, 1943)。McGregor 提出的 Y 理论以及 McClelland 提出的成就动机理论认为，内在动机体现为个体在具有一定挑战性的活动中对成功的追求 (McClelland et al., 1976; McGregor, 1960)。创造力心理学的领军人物 Amabile 则认为，内在动机具有自我决定、胜任、参与、好奇心和兴趣五个核心要素 (Amabile, 1993)。

另一派学者则通过对个体的行为进行归因对内在动机做出了界定，他们的基本观点是，如果个体从事一项活动或者工作是从自身意愿出发的，诱发这一行为的动机就属于内在动机的范畴；由内在动机所驱动的个体，在行为中会充分发挥自身的主观能动性。具体到工作场景中，这一派学者认为在工作过程中表现出强烈内在动机的员工，他们从事一项工作的原因不是为了获得报酬，而是出于对工作本身的强烈兴趣。工作特征模型的提出者 Hackman 和 Oldham 认为，内在动机反映的是员工通过自我激励而达到高效的工作状态，如果员工是在内在动机的驱动下工作，他们会在工作的过程中感受到积极的情绪体验（Hackman & Oldham, 1975）。自我决定理论的提出者 Deci 和 Ryan 则认为，如果个体从事一项活动的目的是从参与活动的过程中获得快乐与满足感，他们受到的是内在动机的驱使；反之，如果个体从事一项活动的原因是活动之外的因素，比如获取酬劳、避免遭受惩罚等，他们表现出的则是外在动机（Deci & Ryan, 1990）。

综合以上不同学者观点，本书对内在动机进行如下的界定：如果个体从事一项活动或者工作的原因是工作任务的本身具备特定要素，换言之，任务本身的特征诱发并且维持了个体的行为，这种驱动力被定义为内在动机；相应的，如果个体从事一项活动或者工作的原因是为了获得工作任务之外的结果，例如物质奖励，这种驱动力则被定义为外在动机（Remedios et al., 2005; Utman, 1997）。

（二）内在动机水平的常见测量方法

内在动机具有总体、社会情境以及特定事件三种不同的水平。其中，总体水平的个体内在动机最为稳定。在社会情境水平，即某个具体的活动领域中，个体内在动机水平的稳定程度居中。学者们重点关注的领域包括教育、娱乐、体育运动、人际交往等，在不同的领域均编制了相应的测度个体内在动机水平的量表。在管理学和心理学研究中，学者们重点关注的则是特定事件水平上个体的内在动机，亦即个体在完成特定活动或工作的过程中表现出的内在动机强度。在特定事件的水平上，个体的内在动机最不稳定，容易受到多种环境因素的影响（林桦，2008a；林桦，2008b）。

在特定事件的水平上，对于个体内在动机的测度有两种常见的方法（Guay et al., 2000; Vansteenkiste & Deci, 2003）：自由选择法（Free

Choice Measure）和自我报告法（Self Report）。自由选择法是由自我决定理论的创始人之一 Deci 提出的，常见于实验研究。实验中设置了一项目标任务，实验过程中主试借故将被试单独留在实验室中一段时间，在这段时间内，被试可以自由选择继续完成目标任务还是做其他的事情，主试通过观察被试选择继续完成目标任务的时长，对被试的内在动机水平进行测度（Deci, 1971）。Deci 认为，这段时间内被试可以选择不继续从事目标任务，因此，如果被试选择了继续完成任务，他的这一行为缺乏来自外部因素的合理解释，从而是由内在动机驱动的。概括来看，这一方法通过测量个体在缺乏外部原因情况下在一项活动中主动花费的时间对个体的内在动机进行测度。这种方法假定个体在自由支配的时间范畴内会选择从事被内在动机驱动的活动，适用于实验研究，可以测度个体在具体活动中的内在动机水平（Harackiewicz, 1979；Ryan, 1982）。

另一种测度个体内在动机的常见方法是自我报告法，即通过量表测度个体自汇报的对于活动本身的兴趣程度、心理状态和情感体验，这种方法通常用于问卷研究，也可以应用于实验研究中。在一系列测度个体在活动过程中的内在动机水平的量表中，Amabile 等学者于 1985 年开发的一个量表较有代表性。这一量表包含了"我喜欢尝试解决复杂的问题"、"我喜欢针对产品和服务提出新的建议"、"我喜欢进行分析性的思考"、"我乐于对现有工作流程进行创新"、"我希望能够改善现有的工作流程或者对现有的产品和服务进行改进"五个题项（Amabile, 1985）。与 Amabile 等学者开发的针对工作动机的量表不同，自我决定理论的联合创始人 Ryan 开发的内在动机量表（Intrinsic Motivation Inventory）没有将研究对象限定为工作过程中的内在动机，而是希望测度个体在完成一项活动中的内在动机水平。通过几项与活动的趣味程度以及个体在活动过程中的享受程度相关的题项，这一量表可以很好地测度个体在一项活动中的内在动机，也是目前测度个体内在动机水平的主流量表之一（Deci et al., 1994；McAuley et al., 1989；Ryan, 1982）。为了克服内在动机量表较为冗长的不足，Guay 和 Vallerand 开发了情景动机量表（Situational Motivational Scale），通过四个题项测度了个体对于当前任务的兴趣以及个体在未来愿意继续从事当前活动的内在原因，这一量表的优势是对题项进行了简化，并吸收了内在动机的行为观察法的精髓，从两个构面综合地测度了个体对于特定任务的内在动机水平（Guay et al., 2000）。

尽管学者们可以通过以上两种不同的方法测度个体在特定事件水平的内在动机，这两种测量方法也存在一定的局限性：自我报告法是个体对自身内在动机水平的主观描述，如果应用于实验研究，自我报告法是请被试在完成实验任务之后对于自己在完成实验任务过程中心理状态的一种主观评价。一方面，主观评价容易受到外界因素影响，从而偏离真实水平；另一方面，无法在实验过程中实时测度个体的内在动机水平。同样的，自由选择法观察的也是被试在正式实验结束后继续从事目标任务的时间，这种方法也难以精准地还原个体在实验过程中的内在动机水平。正如全球著名行为经济学家 Colin Camerer 曾经指出的那样，由于众多客观原因，个体内在动机水平的强弱往往很难被定量化测量（Camerer, 2010）。认知神经科学的不断发展、成熟让我们通过认知神经科学指标实时、相对客观地表征个体的内在动机水平成为了可能，因而有机会进一步推动个体的内在动机问题研究。在后续章节中，我们也将介绍认知神经科学在内在动机问题研究上的最新进展。

（三）内在动机的相关理论

近年来，随着心理学、管理学和教育学对于内在动机问题研究的不断深入，学者们从不同的视角出发，提出了一系列对于个体的内在动机水平具有较强解释力的理论。其中最具学术影响力的理论包括沉浸理论、成就目标理论、自我效能理论以及自我决定理论，接下来将分别对四种理论进行简要介绍。

1. 沉浸理论（Flow Theory）

沉浸理论是著名学者 Csikszentmihalyi 基于对攀岩爱好者、国际象棋选手、运动员、艺术家等人群的深度访谈提出的（Csikszentmihalyi, 1975）。Csikszentmihalyi 将"心流"定义为个体完全沉浸在一项活动中的状态。在访谈中，接受采访者描述了自己从事相关活动的过程中最享受的状态是什么，以及产生这种状态的源泉。通过对访谈内容进行梳理，Csikszentmihalyi 发现适度的挑战是绝大多数接受采访者提到的核心要素，这种挑战水平充分挖掘了个体的潜能，但又没有超出个体的能力范畴。

极限运动、竞技体育甚至艺术活动，它们都有一个共同的特征，即它们都是目标导向的活动。因此，沉浸理论可以很好地解释个体在目标导向活动中的内在动机水平。当个体从事目标导向的休闲活动，比如运动和游戏时，往往会希望活动本身可以具备一定的挑战性，他们也能体会到适度挑战带来的乐趣。

工作场景中的"心流"描述的则是员工充分沉浸、卷入工作中的理想状态，在这种情形下个体不关注物质奖励。与目标导向的休闲活动相比，沉浸理论对个体内在工作动机的解释效果不佳。在工作场景中，个体完成一项工作任务的原因往往不单单是出于内在动机，同时也希望通过任务的完成获得良好的工作绩效和令人满意的工作酬劳。这种情况下，企业员工往往更加倾向于较低水平的挑战，因为这意味着他们获得成功的概率更大（Abuhamdeh，2012）。

2. 成就目标理论（Achievement Goal Theory）

成就目标理论兴起于 20 世纪 80 年代，该理论的提出源自著名学者 Dweck 及其同事在校园情景中对学生成就动机的研究。这一理论认为，个体在成就目标的观念上存在差异：有的人为自己设定的是掌握目标（mastery goal），关注的是在学习过程中通过付出努力实现对自身能力水平的提升以及自我发展；另一些人设定的则是绩效目标（performance goal），关注的是结果本身，强调的是与他人的比较。

成就目标设置上的不同将对个体的内在动机水平产生重要影响。如果个体为自己设置了掌握目标，他们倾向于挑战高难度任务并且全身心地投入到任务中，同时希望在完成任务的过程中充分发挥自身的主观能动性，这些都有利于个体内在动机的激发（Deci & Ryan，1985a；Dweck，1986）。如果个体为自己设置了绩效目标，则往往会过于关注结果本身，面对自己不够满意的结果时，甚至会产生对自己能力的否定，从而降低内在动机水平（Rawsthorne & Elliot，1999）。因此，掌握目标与个体的内在动机密切相关，绩效目标则更多与个体的外在动机产生联系，甚至可能降低个体的内在动机水平。

近年来，Elliot 等学者将接近、回避效价引入了掌握、绩效目标，从而提出了对个体成就目标的四分法的划分，即掌握——接近目标、绩效——接近目标、掌握——回避目标、绩效——回避目标四类（Harackiewicz et al.，2002）。四类不同的成就目标的设置与个体的内在动机水平之间的关系，还有待更多的实证研究来验证。作为一项动机理论，成就目标理论的最大特点是充分关注了个体差异，探讨了个体不同的成就目标设定与其动机水平之间的关系。

3. 自我效能理论（Self-efficacy Theory）

自我效能感的概念是由美国著名心理学家 Bandura 于 1977 年首次提出的，40 年来，这一概念不仅获得了心理学领域的广泛认可，在组织行为学研究中也占据了一席之地。所谓自我效能感，指的是个体对于自己有能力完成某项工作或任务的自信程度（Bandura，1977）。自我效能不是个体的能力水平本身，更不是一项技能，它描述的是个体对于自身是否具备完成一项特定任务所需能力的主观评估。从自我效能的定义可以看出，它并不是一般性的个体特质，而是针对特定领域、特定任务的。换言之，在不同的领域中、面对不同的任务时，同一个体的自我效能感可能存在很大的差异。

自我效能具有三个重要的特征维度，分别是水平、强度和延展性。自我效能感的水平指的是个体认为自己能够完成的任务难度水平，个体在自我效能感的这一维度上的认知差异，将导致个体选择不同难度的任务；自我效能的强度指的则是个体对于自己能够成功完成一项任务、实现特定目标的确信程度，自我效能感的强度越高，个体对自己能够最终达到目标越充满信心，即使遇到困难，也会坚持不懈地努力；自我效能感的延展性反映的则是个体自我效能感的广度，有的人只在特定的狭小领域中对自己有能力完成任务充满信心，有的个体则相信自己有能力完成很多不同的任务。

自我效能理论认为，个体的自我效能感可以通过直接或间接的方式对个体的行为产生影响，其中间接的方式就是通过影响个体的内在动机水平进而影响行为（Bandura，1983）。放在组织情景中，对于工作任务具有较高的自我效能感的员工，会在工作过程中表现得更加积极主动、对于自己能够胜任工作充满了信心，从而表现出更强的内在动机。

自我效能感对个体内在动机水平的作用是通过影响个体在完成任务过程中付出的努力程度以及个体面对挑战的心态和情绪而实现的。具体来说，具有高自我效能感的个体通常对自己的能力充满了信心，以开放的心态迎接新的挑战，乐于学习新的知识或掌握新的技能，因此在面对一项工作或任务时更加积极主动；即使在完成工作或任务的过程中受挫或者遇到困难，具有高自我效能感的个体也会积极寻求可能的解决方案，相信总有方法可以解决问题，而不是陷入焦虑的负性情绪中（马岩，2014）。

4. 自我决定理论（Self-determination Theory）

自 20 世纪 80 年代以来，认知动机研究逐渐成为动机研究的主流，该学派关注个体在动机过程中发挥的主观能动性和自我调节作用，形成了一系列重要的认知动机理论，包括成就目标理论、自我效能理论等，自我决定理论也是其中卓有影响力的理论之一（暴占光，张向葵，2005；马艳云，2006）。

自我决定理论（Self-determination Theory）是由美国罗切斯特大学著名心理学家 Edward Deci 和 Richard Ryan 等人在 20 世纪 80 年代正式提出的。不同于一般的理论，自我决定理论在不断建构中发展而来，时至今日，自我决定理论还在不断形成、吸纳新的子理论，为动机问题提供新的理论增长点。在 Deci 和 Ryan 的大力倡导下，该理论已经在青少年的成长与教育、体育与运动科学、健康、医疗保健以及组织行为学等诸多领域取得了丰硕的研究成果（刘靖东，钟伯光，奴刚彦，2013；王娅，2015；张剑，张微，宋亚辉，2011）。

自我决定理论的前身是认知评价理论（Cognitive Evaluation Theory），这一理论最早出现在 1975 年出版的 *Intrinsic Motivation* 一书中，是 Deci 和 Ryan 为了对"外部物质奖励对个体内在动机的削弱作用"这一现象进行合理解释而提出的（Deci & Ryan，1975）。1985 年，Deci 和 Ryan 共同出版了 *Intrinsic Motivation and Self-determination in Human Behavior* 一书，在这本重要著作中，两位学者提出两项新的动机理论，分别是有机体整合理论（Organismic Integration Theory）和因果定向理论（Causality Orientations Theory），这两项理论与认知评价理论共同构成了自我决定理论的主要内容（Deci & Ryan，1985a）。2000 年，Deci 和 Ryan 通过对影响个体内在动机的心理需要进行抽象和总结，提出了基本心理需要理论（Basic Psychological Needs Theory），指出自主、胜任和归属是人类三种基本的心理需要（Ryan & Deci，2000）。自此，自我决定理论形成了基本心理需要理论领衔的四项子理论，理论体系趋于完整。值得说明的是，进入 21 世纪以来，自我决定理论的两位创始人还在积极整合国际范围内诸多学者应用这一理论进行实证研究获得的最新成果，试图与时俱进，进一步丰富和完善自我决定理论的理论体系。目标内容理论（Goal Contents Theory）和关系动机理论（Relationship Motivation Theory）就是自我决定理论的最新发展，最近也被列为自我决定理论体系下两项新的子理论（Deci & Ryan，2002；

Ryan & Deci, 2017)。

(四) 对内在动机现有理论的简要评述

以上四项理论从不同视角出发,探讨了个体的内在动机水平及其影响因素。其中,成就目标理论、自我效能理论和自我决定理论都属于认知动机学派,这一学派也是当前动机问题研究的主流学派(暴占光,张向葵,2005;马艳云,2006)。在这四项理论中,沉浸理论对于个体参与目标导向的活动,特别是目标导向的休闲活动过程中的内在动机水平具有良好的解释力,但对个体参与其他活动,比如工作过程中的内在动机的解释力较弱。成就目标理论,是以上四项理论中最关注个体差异的一个,认为个体具有掌握——接近目标、绩效——接近目标、掌握——回避目标、绩效——回避目标四类不同的成就目标导向,而个体在成就目标导向上的差异,将影响个体的内在动机水平。

自我效能理论与自我决定理论具有一定的共通之处。自我效能理论的核心概念是自我效能感,而自我决定理论提出个体的一项基本心理需要是胜任感。尽管并不是严格等同的概念,二者都与个体对于完成特定任务的信心密切相关。除了胜任,自我决定理论还关注到个体另一项基本心理需要,即自主,因此可以更加全面地解释个体对于具有不同特征的任务表现出不同内在动机水平的原因。此外,自我决定理论对于个体普适性的基本心理需要进行了高度的抽象和总结,从而建立起了心理需要、动机和行为之间的关系链条,对于个体的内在动机具有更强的解释力。基于以上原因,本研究拟从自我决定理论出发,采用工作设计的视角,探讨任务设计中的任务特征对个体内在动机水平的影响。因此,下一节中将对自我决定理论进行详细的介绍。

(五) 本节小结

本节中,我们在对内在动机的概念进行界定的基础上,详细介绍了特定事件水平上个体内在动机的两种常见测度方法。接下来,我们介绍了对于个体的内在动机水平具有较强解释力的四种主流理论,并对现有理论进行了简要评述。通过本节对理论和研究的梳理,我们将本书的研究对象进一步明确为特定事件水平上个体的内在动机,研究所立足的基础理论则为自我决定理论。在对个体内在动机的测量方面,除了应用、借鉴自我报告法、自我选择法两种常见方法，我们还将充分发挥认知神经科学的优势，在个体参与活动的过程中实现对其内在动机水平的客观测度。因此，接下来的两节中我们将分别对自我决定理论以及管理学中基于脑电信号分析的相关研究进行介绍。

三 自我决定理论介绍

自我决定理论的基本理念认为，个体是积极向上的、具有自我实现和自我成长的追求，而对自我的建设性发展以及对自我的整合是个体具备的内在倾向。尽管个体具有自我成长的天性，外部的社会环境可能支持也可能会阻碍个体自我成长的实现。因此，为了更好地实现个体自我成长，有必要准确把握个体的基本心理需要与外部社会环境因素之间的辩证关系，自我决定理论的六项子理论恰恰为这种辩证关系做出了很好的解读和阐述（Deci & Ryan, 2000；Ryan & Deci, 2000；张剑，张微，宋亚辉，2011）。

（一）自我决定理论体系
1. 基本心理需要理论

尽管在自我决定理论的六项子理论中提出的时间较晚，基本心理需要理论构成了自我决定理论的核心内容。这一理论提出了人类三种基本的心理需要并对其含义进行了界定，阐述了基本心理需要的满足与个体内在动机、幸福感等指标之间的关系。Deci 和 Ryan 认为，人类存在普适性的、与生俱来的基本心理需要，它们不是通过后天习得的。自我决定理论研究者通过对一系列的实证研究中涉及的外部环境因素进行检验，甄别出自主、胜任和归属三种基本的心理需要（Deci & Ryan, 2000）。

自主需要指的是人们希望在从事各项活动的过程中，能够自主地按照自身的意愿进行选择。这种选择建立在个体对于自身以及自己所处的环境进行充分了解的基础上，换言之，是一种自我决定的需要。自我决定理论的名称正是从自主需要而来，由此可以看出自主需要在三种基本心理需要中占据的重要地位。由于人们普遍具有这种自我决定的潜质，人们倾向于去完成那些自己感兴趣的、对于自身发展有利的活动，这也构成了个体行为背后的内在动机。联系到工作设计上，工作任务本身对于个体自主心理需要的满足程度，主要取决于个体在完成一项工作任务的过程中是否具有一定程度的选择权。

胜任需要指的是个体需要体验到自己有能力从事某项活动。换言之，个体在从事某项活动的过程中需要感到自己可以胜任该项活动的要求从而获得成就感。在工作设计中，影响胜任感的因素有很多，比如员工完成工作任务中如果获得正性的反馈信息，员工会感觉自己更加能够胜任一项工作；与正性反馈的获取密切相关，如果员工完成的是一项难度适中、没有超出其能力范畴的工作任务，也可以较好地满足其胜任感。第三种基本心理需要是归属，归属需要指的是个体希望在自己所处环境中感受到来自他人的爱与关怀。如果放在组织场景中，归属需要可以通过营造友好的工作环境和工作氛围来实现。

基本心理需要理论的核心观点是，个体基本心理需要获得满足的程度，将对个体的幸福感和内在动机等产生重要的影响。如果个体所处的社会环境对其基本心理需要的满足给予了充分的支持和促进，个体的自我决定潜能将得到更好的激发，从而获得更加健康的成长，体验到因积极生活而获得的幸福感（Ryan & Frederick，1997；Waterman，1993）。放在组织情景中，幸福感与员工的工作满意度和工作绩效存在重要的联系。Barrad等学者基于基本心理需要理论的研究显示，员工三种基本心理需要获得满足的程度，可以很好地预测他们的工作绩效以及在工作过程中感受到的快乐（Baard et al.，2000）。值得说明的是，基本心理需要理论指出，三种心理需要在促进个体内在动机上的作用存在着一定的差异。相比自我决定和胜任感，归属感在个体内在动机的激发和维持方面起到的作用没有那么显著，是一种"背景性"（Needed Backdrop）的心理需要（Ryan et al.，1994；杨红明，2010）。

综上所述，基本心理需要理论对人类具有的三种普适性的心理需要进行了界定，并且探讨了它们获得满足的程度与个体的幸福感、心理健康和内在动机水平之间的关系。这一理论是整个自我决定理论的核心内容，为自我决定理论中的其他几项子理论奠定了重要的学术基石。

2. 认知评价理论

认知评价理论作为自我决定理论体系中提出时间最早的一项子理论，它的发展、形成与个体内在动机问题的研究密切相关。DeCharms最早针对物质奖励与个体内在动机之间的关系进行了探讨，其研究中指出，尽管物质奖励可以增强个体的外在动机，这种激励措施一旦撤销，会显著降低个体的内在动机水平，甚至把个体的内在动机水平降低到给予物质奖励之前的水平以下（DeCharms，1968）。此后有很多学者通过行为实验、田野实验等多种研究方法对这一问题进行了研究，并且大多获得了相近的结论（Gerhart & Fang，2014）。1975年，Deci整合了当时学者们针对这一问题进行的一系列实证研究，提出了认知评价理论，试图解释这一现象产生的认知机理（Deci & Ryan，1975）。

在认知评价理论中，Deci首先将动机划分为内在动机和外在动机。两种动机的来源不同：内在动机的来源是活动本身带来的快乐和满足，而外在动机是由外部因素诱发的，是个体在外力的作用下产生的。在外在动机的驱动下，个体从事某项活动并非出于自身的意愿。Deci认为内在动机之所以存在是因为个体具有自我成长的心理倾向，因此希望在参与一项活动的过程中充分地发挥自身潜能。内在动机对于个体在心理上的自我成长具有重要的作用，当人们是出于自身的内在动机去完成一项任务或参与一项工作时，会感受到发自内心的快乐与沉醉，也会充分体验到活动本身的趣味性。研究显示，能够较好地调动个体内在动机的活动具有一些共同的特性，比如新奇、有趣、刺激、具有一定的挑战性、能够带给人畅快淋漓的感受等（Berlyne，1971；Csikszentmihalyi，1975；Danner & Lonky，1981）。

通过将个体的动机划分为外在动机和内在动机，认知评价理论把关注的焦点放在了内在动机上，试图对不同的社会环境因素对内在动机的影响做出解释。之所以将这一子理论命名为认知评价理论，是因为Deci认为外界因素对于内在动机的影响是通过个体对这一因素的认知评价实现的。个体有自主和胜任两种基本的心理需要，因此，当个体在外部因素中感受到自我决定和胜任感时，会表现出更强的内在动机；特别是当一项外部因素同时满足了个体的自我决定和胜任感时，个体从事一项活动的内在动机将会显著增强（Deci & Ryan，1975）。

Deci根据外部因素的特性，将其划分为信息性、控制性和去动机性三类。不同的外部因素，会对个体的自我决定和胜任感知产生不同的影响，进而进一步影响个体的内在动机。信息性的事件，比如任务完成情况的反馈信息可以帮助个体形成胜任感；正性的反馈信息可以直接帮助个体建立胜任感，而在某些特定的情况下，负性的反馈信息可以帮助个体对自己的行为做出改进。因此，信息性事件通常会促进内在动机。相反，控制性的事件（比如来自上级的指令迫使个体按照特定的方式从事一项活动），会让个体感觉自己的行为是在别人的控制之下完成的；这种信息增强了个体对外部因果关系的知觉，削弱了个体的自我决定感，从而降低了个体的内在动机水平，甚至会造成个体表面服从或者诱发反抗、敌对情绪。认知评价理论的研究者针对控制性的外部因素进行了大量实证研究，结果显示，对个体犯错或者绩效不佳做出惩罚的威胁（Deci & Cascio, 1972）、为任务规定严苛的期限限制（Amabile et al., 1976）或者为个体设置强制性的目标（Mossholder, 1980），都会显著地削弱个体的内在动机。第三种外界因素是去动机性的，这类因素会削弱个体的感知胜任程度，从而降低其内在动机水平。这类因素的典型例子是负性反馈，特别是来自他人的贬低性评价。

回到外部物质奖励对于个体内在动机的削弱效应的例子，物质奖励往往会被个体视为一种控制性的因素，个体会认为对方支付报酬的原因是为了让他们完成任务，而自己之所以完成任务也变成了为了获取报酬，而不是出于对任务本身的兴趣。综上所述，认知评价理论主要探讨了不同的外部社会情境因素对个体内在动机水平的影响，并指出满足个体自主和胜任心理需要的外部因素会对个体的内在动机水平起到促进的作用。

3. 有机体整合理论

认知评价理论中，Deci将个体的动机划分为内在动机和外在动机，并且探讨了外部事件对个体内在动机的影响。有机体整合理论则主要探讨了外在动机对个体行为的影响，在这一理论中，Deci和Ryan打破了以往对动机内在、外在的二分法，进一步将外在动机划分为了外部调节、内摄调节、认同调节和整合调节，并且创造性地提出动机的内化概念。他们认为，内化是指个体把被社会所认同的价值观、规则、态度和要求转化为自身认同价值的一种积极尝试，通过这一过程，个体可以将外在动机逐步整合为作用效果与内在动机类似的自主性动机（Deci & Ryan, 2000）。

Deci和Ryan指出，四种外在动机实际上是一个连续体，不同之处是它们的内化程度。有机体整合理论指出，除了自我决定和胜任感之外，归属感在外在动机的内化过程中发挥着重要的作用。有机体整合理论是自我决定理论对于动机研究的重大创新，然而，这一理论还有待不同领域学者进行进一步的检验，如何通过量表准确测度理论中涉及的外部调节、内摄调节、认同调节和整合调节四种外在动机，也有待进一步的研究和探讨

（Deci & Ryan, 2002）。除此之外，由于本书的研究对象是个体的内在动机而不是外在动机，在文献综述部分中，我们不再对有机体整合理论进行更多的阐述。

4. 因果定向理论

自我决定理论的前三项理论均没有充分考虑个体差异，因果定向理论弥补了这一理论缺陷，对于个体在自我决定行为上存在的差异进行了探讨，并试图给出合理的理论解释。因果定向理论的基本观点是个体会对有利于自我决定的环境进行定向。每个人都具有三种不同的因果定向，分别是自主定向、控制定向和非个人定向。自主定向，或者自我决定倾向，反映了个体将所处的社会情境视为自主支持性的、自我决定性的一般性倾向；如果个体具有较高水平的自主定向，他会表现出对自我决定的渴求，会主动选择新奇、有趣、具备一定挑战的活动，并且勇于承担责任。控制定向反映了个体将所处的社会情境视为控制性的、本人容易被外部规范影响的一般性倾向；如果个体具有较高水平的控制定向，容易对外部报酬和来自他人的指令和控制形成依赖，更容易妥协于别人的要求而非自己的心理诉求，这类人通常把金钱、荣誉、地位和其他的外部因素放在首要位置。非个人定向指的则是个体认为自己无法掌控结果的一般性倾向，在他们眼中结果是无法掌控的，如果获得了相对满意的结果，往往被归功于运气的因素（Deci & Ryan, 1985b）。

值得说明的是，这三种定向是相对独立的，每个人身上都存在这三种定向，区别在于不同的人具备的三种定向在水平上存在差异。基于因果定向理论，Ryan 设计出了一套总体因果定向量表。这一量表分为三个子量表，分别测度了个体的自主定向、控制定向和非个人定向，自主定向量表是三个量表中最常用的一个。个体的自主定向（即自我决定倾向）与内在动机密切相关，自主定向水平较高的个体，会具有较高的自我发展倾向，在完成任务过程中寻求兴趣、挑战和选择（Deci & Ryan, 1985b）。此外，个体的自主定向水平与自尊、自我成长、个性的达成以及良好的社交网络存在正相关（Williams et al., 1998）。由于个体的自我决定倾向对于个体幸福感的获取以及自我成长起到了至关重要的作用，除了总体因果定向量表之外，Ryan 还与自我决定理论的研究者 Sheldon 一起设计了一个单独的自我决定倾向量表，专门用于测度个体的自主定向（Sheldon et al., 1996; Sheldon & Kasser, 1995）。

5. 目标内容理论

近年来，自我决定理论的学者在对个体的目标内容设置与幸福感之间的关系进行大量研究的基础上，将个体的目标内容纳入了自我决定理论的体系中，使得自我决定理论更加全面、体系化，并获得了新的发展空间。这一理论认为个体在目标内容上存在着差异，有的个体追求的是内在目标，比如融洽的关系、个人的成长与自我实现；有的个体追求的则是外在目标，比如金钱、外形条件和社会地位。目标内容理论的基本观点是，为自己设置并且努力达到内在目标，可以增强个体的幸福感，但外在目标的获得对于个体的幸福感几乎没有作用。这说明，并不是所有向着目标努力并且最终达到目标的过程都会对个体的幸福感和心理健康水平起到积极的作用，作用的效果还取决于目标内容本身：相比外在目标，内在目标更容易带来个体基本心理需要的满足（Deci & Ryan, 2002；Kasser & Ryan, 1993, 1996；Sheldon & Kasser, 1998）。因此，自我决定理论将目标这一动机研究领域中的重要因素纳入研究的范畴中，进一步增强了这一理论的解释力。

综上所述，作为自我决定理论体系的有机组成部分，几项子理论分别从个体的基本心理需要、外部社会情境因素、个体发展、因果定向、目标内容、高质量亲密关系的建立与维系（关系动机理论）等维度探讨了个体成长问题，共同强调了自我决定在个体自我发展中发挥的决定性作用。

（二）自我决定理论与个体的内在动机研究

根据自我决定理论，内在动机指的是个体从自身的兴趣和爱好出发从事某项活动。由于人类的动机本身十分复杂，在自我决定理论的理论框架中，内在动机可以进一步划分为三个类别：其一，学习型内在动机，如果个体从事一项活动的目的是在学习和探索新事物的过程中获得满足感与快乐，他表现出的是学习型的内在动机；其二，拥有完成型内在动机的个体，则希望在完成一项活动中体验到开拓、创造和超越自我的感受；其三，体验刺激也是内在动机源头之一，个体从事一项活动的目的如果是体验活动本身带来的刺激感，也是一种重要的内在动机（Vallerand, 2000）。与内在动机不同，外在动机指的是个体从事一项活动是受外力所驱动的，不是出于自身的主观意愿。因此，内在动机和外在动机在自我决定水平上也存在着差异，内在动机的自我决定水平明显高于外在动机。

自我决定理论的提出最早源自 Deci 和 Ryan 对个体内在动机的研究。六项子理论对动机问题的解释各自有所侧重，认知评价理论探讨了不同外部因素对个体内在动机的影响（这里的外部是相对个体而言的，因而在认知评价理论中，活动本身的特征也被视为外部因素；管理学的激励问题研究中，则将工作内容视为内部因素，将工作特征之外的物质奖励等视为外部因素）。有机体整合理论将外在动机进一步细分为四种不同类型，并探讨了外在动机的内化问题。

自我决定理论认为，动机水平会对个体的认知、情感和行为产生重要影响。总的来说，特定事件水平上较高的内在动机将提高个体对于这项活动的注意力水平，让个体从兴趣出发从事这项活动，找到活动本身的乐趣并产生以满足感为代表的积极的心理状态，这些都将促进活动行为的持续性、提升个体的工作绩效。相反，外在动机不能带来以上的积极影响（岑延远，2012；陈璐，张健，2014；李伟，梅继霞，2012；林桦，2008b；张剑，张建兵，李跃，2010）。由于内在动机能带来一系列积极影响，在本书中我们将重点关注与个体的内在动机水平密切相关的两项基本心理需要的满足。具体的，我们将探讨如何进行合理的任务设计，通过任务的特征本身满足个体自主、胜任的基本心理需求，从而增强个体在特定事件水平上的内在动机。

（三）自我决定理论在管理领域的实证研究

2005 年，Marylène Gagné 与自我决定理论的创始人之一 Edward Deci 在全球组织行为学领域的顶尖期刊 *Journal of Organizational Behavior* 上共同发表了《自我决定理论与工作动机》（Self-determination theory and work motivation）一文，标志着自我决定理论正式进入了管理学的研究视野（Gagné & Deci, 2005）。截至 2018 年 11 月，这篇文章已经被引用超过 26000 次，对管理学的动机研究产生了深远的影响。当然，在这篇重要的学术论文发表之前，已经有其他学者将自我决定理论应用于管理学领域中，开展了一系列探索性的实证研究。动机进入管理学情境中指的是组织中员工的工作动机，因此，自我决定理论的学者关注的焦点是如何有效地激发员工在工作中的积极性和主动性。目前已经在员工的内在动机、管理者的管理风格、组织环境对员工的自主性支持、员工的工作满意度、组织承诺和工作绩效等方面形成了一系列的研究成果（郭桂梅，段兴民，2008；马椿荣，2014；张剑，张微，宋亚辉，2011），这些成果概括如下：

管理学家应用自我决定理论，探索了员工工作动机特别是员工的内在工作动机的影响因素，这些因素包括绩效工资制度、管理者的自主性支持、领导者的管理风格等。绩效工资制度方面，一项现场研究结果显示，绩效工资制降低了雇员的自我决定感以及内在动机（Deckop & Cirka, 2000）。

管理者的自主性支持，指的是组织中的管理者可以从雇员的视角考虑问题，通过非控制的方式提供工作相关信息，而不是直接下达工作指令。在这种工作环境中，员工可以在一定的范围内按照自身意愿自主选择具体的工作内容或者通过何种方式去完成工作（Gagné & Deci, 2005）。来自管理者的自主支持可以提升雇员的工作满意度和组织忠诚度，并且增强员工的内在工作动机。一项跨文化的研究显示，管理者如果为员工创设出自主性支持的工作环境，员工自主、胜任和归属的心理需要都可以在工作环境中获得较好的满足，从而表现出较高水平的内在工作动机。重要的是，这一结论在集体和个体主义文化中都是成立的（Chirkov et al., 2003）。由于管理者采用自主支持的管理风格可以有效驱动员工的内在工作动机，有研究发现，可以依据自我决定理论中阐述的基本原则对企业的管理者进行管理风格重塑，将其管理风格改变为自主性支持的，这一举措也的确增强了雇员的主观能动性和工作投入（Hardré & Reeve, 2009）。

领导者的管理风格也会对雇员内在的工作动机产生影响。一项研究显示，变革型领导者通常在工作中授予自己的下属更大的自由度，从而更好地满足了他们的自主心理需要（Shamir et al., 1998）。另一项研究则显示，变革型领导者的下属员工在工作中表现出更强的主观能动性，自主性心理需要获得了更好的满足，从而表现出更强的内在工作动机、工作满意度以及组织忠诚度（Bono & Judge, 2003）。

自我决定理论在管理学中的另一个主要研究方向则是员工的内在工作动机对组织的积极作用，包括在工作绩效和组织承诺两方面带来的积极效应。内在工作动机可以增强员工的组织认同感和工作满意度。一项探究了自主性动机与组织认同两项指标之间关系的研究显示，企业雇员的自主性动机水平可以高度准确地预测他们对于组织的忠诚度（Gagné et al., 2004）。另一项研究显示，与只能被动接受分配的工作任务的员工相比，可以自主选择工作任务的员工会在工作的过程中坚持更长时间、对于工作也会更加满意（Macias et al.，2009）。除此之外，内在动机也会增强员工的工作绩效。有研究显示，管理者的自主性支持可以增强个体感知到的自我决定感、增强个体的内在动机，从而带来更好的工作绩效（Breaugh，1985）。

事实上，管理学的学者应用自我决定理论进行实证研究的上述两方面内容可以连接成一个完整的逻辑链条：如果员工所处的工作环境或者领导者的管理方式是自主性支持的，员工在工作过程中可以很好地满足自身的基本心理需要，从而表现出更高水平的内在工作动机（对第一方面研究内容的总结）；这将为组织以及员工个人带来一系列的积极影响，员工本身会在工作过程中获得更高的幸福感和工作满意度，从而表现出积极的工作态度以及对组织的强烈认同，在工作中主动投入更多精力，并且获得更好的工作绩效（对第二方面研究内容的总结）。

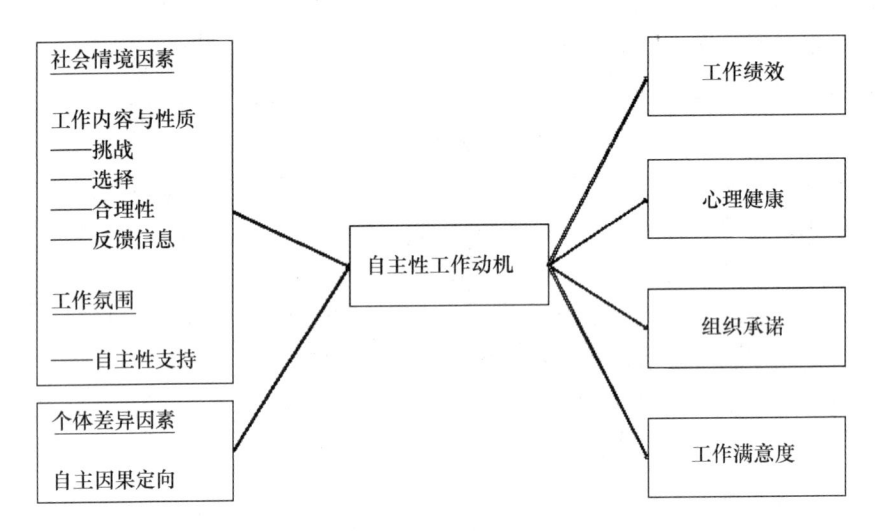

图 1.2　工作动机的自我决定理论模型

资料来源：本书作者整理。

在以上研究的基础上，Marylène Gagné 与 Edward Deci 提出了工作动机的自我决定理论模型。这一模型指出，影响员工自主性工作动机（包含内在动机和高度内化的、与内在动机非常类似的整合调节）的因素可以分为社会情境因素和个体差异两类。社会情境因素涵盖了工作的内容与性质、工作氛围。工作的内容与性质指的是工作内容的设置是否合理、有意义，是否具有一定的挑战性、是否为员工提供了一定程度的选择、员工在完成任务过程中能否获得反馈；工作氛围指的则是管理者是否是自主支持的。最后，个体差异是指员工的自主因果定向或者自我决定倾向。这一模型还对自主性工作动机的结果变量做出了预测，认为自主性工作动机将会影响员工的幸福感、工作满意度、工作绩效以及组织认同（Gagné & Deci, 2005）。

（四）自我决定理论与工作设计

在对人力资源管理的工作设计这一重要职能进行介绍的过程中，我们着重介绍了工作特征模型。这一模型由 Hackman 和 Oldham 于 20 世纪 70 年代提出，是工作设计领域中最广为人知、最具影响力的一个模型（Hackman & Oldham, 1975, 1976, 1980）。工作特征模型的理论源泉是动机问题研究中经典的需要理论，比如 Maslow 的需要层次理论（Maslow, 1943, 1954），以及 Alderfer 的 ERG 需要理论（Alderfer, 1972）。提出工作特征模型背后的理论假设是，通过强化可以满足个体高层次心理需要（如成就、自我实现需要）的工作任务的核心特征，可以有效激发个体的内在动机，并且带来其他正性的结果（Hackman & Lawler, 1971; Parker et al., 2008）。之所以希望满足个体高层次的心理需要是因为这类需要相对不容易获得满足，它们一旦获得满足可以起到激励作用；低层次的心理需要相对容易获得满足，因此不能充分起到激励作用。

尽管自我决定理论不是工作特征模型直接的理论源泉，二者之间存在紧密的联系和共通之处，因为二者均认为合理的工作设计可以激发个体的内在动机（Gagné, 2014; Gagné & Deci, 2005）。二者也存在一定的分歧之处：自我决定理论认为合理设计的工作任务是通过满足个体自主、胜任、归属三项基本心理需要来激发个体的内在动机的；工作特征模型则没有将核心工作特征落脚到对员工基本心理需要的满足上，而是认为工作特征与个体内在动机之间的中介变量是个体感觉所做的工作有意义、在工作过程中感受到了责任感以及充分了解任务结果这三种心理状态。另一项学术观点上的差异在于：工作特征模型认为个体在高层次的心理需要的强度上存在差异，比如有的人非常看重自我实现，有的人则没有那么看重（Hackman & Oldham, 1975）；自我决定理论则认为，三种基本心理需要是具有普适性的，尽管不同个体在三种基本心理需要的强度上存在着差异，真正影响到个体幸福感、内在动机等结果的是不同个体在三种基本心理需要获得满足程度上的差异（Deci & Ryan, 2000）。

近年来，自我决定理论的学者指出，将自我决定理论有机地融入工作特征模型可能会为工作特征模型带来更多富有成效的成果。换言之，具备工作特征模型中五个核心特征的工作任务，之所以可以有效地激发个体的内在动机可能是因为这类任务很好地满足了个体自主、胜任和归属的基本心理需要（Gagné, 2014）。实际上，两项理论在核心概念上存在密切关联。首先，工作的自主性是一项核心的工作特征，具备这项特征的工作任务，很好地满足了个体自主的心理需要。任务的完整性要求员工尽可能完整地完成一项工作任务，这会满足员工胜任的心理需要，让员工感受到自己有能力掌控所处的环境并取得想要的结果（Deci & Ryan, 2000; White, 1959）。任务的反馈性也很好地满足了个体的胜任感（Vallerand & Reid, 1984）。如果员工获得的是正性的反馈信息，将直接传达与胜任有关的信号；如果员工获得的是负性反馈信息，则可以为员工指明可以改进的方向，最终将带来更好的任务绩效以及胜任感（Kluger & DeNisi, 1996）。技能的多样性也与胜任感密切相关，因为个体掌握的技能数目越多，对自身的能力就会有越正性的评估和认识。最后，通过强化任务的重要性，个体感受到自己从事的工作可能会对他人的工作与生活产生影响，从而满足了归属的心理需要（Deci & Ryan, 2000; Gagné, 2014; Grant, 2008）。由于现有的实证研究显示，工作特征模型中提出的三个关键的心理状态作为中介变量的效果不佳，学者们提出，自我决定理论中的三项基本心理需要可以替代三个关键的心理状态，这与早期工作设计的理念是高度一致的（Hackman & Lawler, 1971; Lawler & Hall, 1970），也会进一步增强工作特征模型对员工在工作过程中的内在动机水平的解释力（Gagné, 2014）。

因此，自我决定理论作为动机问题研究中的一项主流理论，可以为组织中的工作设计实践提供重要的理论指导。基于自我决定理论，企业的管理者可以更好地了解为什么具有特定特征的工作可以增强员工的内在动机，并且进一步带来了工作满意度和工作绩效的提升等积极的影响。本研究将采用这一理论视角，探讨如何对任务进行合理的设计，使其具备满足个体基本心理需要的任务特征，从而充分地激发个体参与活动过程中的内在动机。

（五）本节小结

本节中，我们详细介绍了自我决定理论体系下的几项子理论及其主要内容，并探讨了这几项理论与个体内在动机研究之间的关系。接下来，我们对自我决定理论在管理领域的研究成果进行了回顾和总结，并讨论了自我决定理论与工作设计理论特别是工作设计中的工作特征模型之间的关系。作为一项主流的动机理论，自我决定理论将为本书包含的几项研究的开展提供重要的理论指导。本书包含的三项主要研究，将参考工作动机的自我决定理论模型，采用工作设计视角进行一项行为学实验以及两项认知神经科学实验，重点关注影响个体内在动机的任务内容与性质，并且考虑个体在自我决定倾向上的差异，从而通过科学、合理的任务设计充分激发个体的内在动机。

四 管理学中基于认知神经科学的脑电技术的研究

（一）神经管理学简介

神经管理学的概念第一次出现在国内学者马庆国和王小毅于2006年发表在《管理工程学报》上的一篇论文中。在这篇论文中，他们基于国际范围内自2000年以来逐渐形成的神经经济学、决策神经科学和神经营销学等学科，提出管理学也可以与认知神经科学和心理学等学科产生交叉，形成神经管理学这一全新的学科分支。他们指出，应用认知神经科学的技术手段研究管理学与经济学中的重要学术问题可以深入探究人类的管理决策背后的机制，了解人类做出相关管理决策时的大脑活动和认知加工过程，从而可以更好地帮助个体在管理情景中做出决策。因此，神经管理学可以进一步推动管理学的发展（马庆国，付辉建，卞军，2012；马庆国，王小毅，2006a；马庆国，王小毅，2006b）。

从马庆国和王小毅对神经管理学的定义来看，神经管理学与传统的管理学在研究对象上没有差异，关注的都是管理学问题。二者的最大差别在于，神经管理学研究应用的是认知神经科学的技术手段。因此，管理学中的几乎所有分支，只要有人的因素起作用，都可以与认知神经科学产生交叉，从而进入神经管理学的研究范畴。基于这一观点，马庆国等学者提出神经管理学具体的研究领域涵盖了神经营销学、神经信息系统、神经工业工程以及神经人力资源管理等（马庆国，付辉建，卞军，2012）。

神经管理学的概念自提出以来，越来越多的学者根据自己的研究专长和研究兴趣，应用认知神经科学的技术手段在管理学的范畴内开展收录具体研究，并且取得了一定的理论突破。在这些具体的研究领域当中，神经营销学和神经信息系统已经分别获得营销科学以及管理信息系统领域学者的广泛认可。营销学领域的顶尖期刊 *Journal of Marketing Research*（UTD 24 种商学顶尖期刊之一）曾组织过一期专刊发表神经营销学的成果，神经信息系统的研究成果也越来越多地出现在管理信息系统领域的 *MIS Quarterly*（UTD 24 种商学顶尖期刊之一）等顶尖期刊上。举例来说，国内学者 Wang 等于 2016 年在电子商务方向的著名 SSCI 收录期刊 *Electronic Commerce Research* 上发表了第一篇电子商务领域的事件相关电位（ERP）研究，从大脑认知加工层面探讨了网购的消费者是如何对产品的销量和信誉评分从风险评估、信息冲突侦测、归类评估等多方面进行综合的认知加工并最终做出购买决策的（Wang，Meng et al.，2016）。

综上所述，尽管神经管理学的概念刚刚提出十余年时间，但越来越多的学者已经开始应用认知神经科学的技术手段研究自己感兴趣的管理学问题，并获得了一系列重要的研究发现。这些发现，不仅对管理学产生了重要的理论贡献，也将为企业的管理实践提供重要的参考。

（二）动机水平相关的脑电成分

事件相关电位作为一项发展较为成熟的认知神经科学技术，已经被大量的认知神经科学学者采用，并开展了一系列的研究（魏景汉，2010；魏景汉，罗跃嘉，2002）。在这些研究中，学者们发现了一系列 ERP 成分，它们可以反映人类不同的认知加工过程。本研究关注个体的内在动机，因此我们将着重介绍动机相关的 ERP 成分的特征及认知含义。截至 2014 年，国际范围内直接聚焦关注个体内在动机问题的 ERP 论文只有作者所在团队发表的 1 篇（Ma，Jin，Meng et al.，2014），因此，目前这些 ERP 成分还没有被广泛应用于内在动机研究中。然而，由于这些 ERP 成分会对个体的动机水平产生响应，研究者可以在动机过程的不同阶段分别通过相应的脑电成分实现对个体内在动机水平的客观表征。通过对相关文献进行梳理，我们将重点介绍与动机水平相关的 ERN、FRN、SPN 成分。

1. 错误相关负波（ERN）成分

绩效监控指的是个体将自己应当做出的行为反应与实际发生的行为进行比较，如果二者之间存在差异，对实际发生的行为进行纠正的过程（李四化，2015）。事件相关电位技术已经被广泛应用到对个体绩效监控过程的研究中，个体在对自身的任务绩效进行监控的过程中，通常会诱发与错误相关的负走向的波幅，学者们将这一 ERP 成分命名为 ERN（Error-related Negativity）。ERN 成分通常发生在个体做出错误响应后的 100 毫秒内，并且在行为响应后的 50 毫秒左右达到波幅的最大值。目前，有四项主流的理论或假说从各自不同的视角出发，试图解释 ERN 成分的认知神经起源，包括错误监测理论、冲突监测理论、强化学习理论和情感动机理论（刘春雷，张庆林，2009；刘玉丽，张智君，2008）。

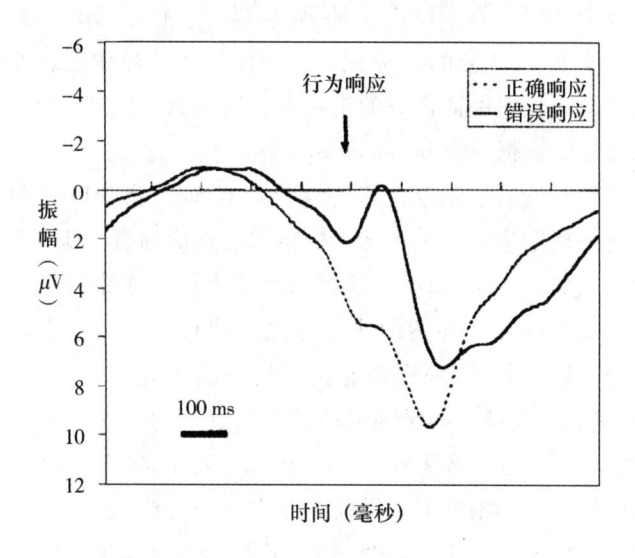

图 1.3　错误相关负波（ERN）成分的经典波形

资料来源：Holroyd, C. B. & Coles, M. G. H. (2002). The neural basis of human error processing: Reinforcement learning, dopamine, and the error-related negativity. *Psychological Review*, 109 (4), pp. 679 – 709.

第一项对 ERN 成分进行解释的理论是错误监测理论（Falkenstein et al., 2000；Hewig et al., 2011）。由于 ERN 成分通常在个体发生错误的响应时产生，并且学者们通过溯源研究，发现 ERN 成分是由大脑前扣带回的认知加工过程产生的，这一理论认为，大脑会对个体实际的行为反应与应当执行的正确行为之间进行实时的比较，一旦监测到其中存在不匹配，就会诱发明显的 ERN 成分；二者间不匹配的程度越高，就会诱发峰值越大的 ERN 成分。大脑之所以要对错误进行监测，目的是帮助个体在完成任务的过程中及时调整自己的决策策略（比如调整自身行为响应的速度、加强对于风险因素的关注），从而降低个体在接下来完成任务过程中的错误率，甚至杜绝错误的产生。针对 ERN 成分的研究一般采用的是时间压力下的快速反应任务，比如在一组箭头中迅速判断位于中间的箭头的指向，一旦超出规定时间或者出现判断失误、按键失误都判定为错误。在完成这类任务的过程中，个体没有充足时间充分分析和了解每轮中的刺激材料，做出的是冲动型反应，在刺激材料干扰性极强、反应竞争增强的情况下非常容易犯错。在一项采用快速反应任务的研究中，Debener 等学者单独分析了实验全过程中每个试次中的 ERN 成分，他们发现，如果在某一轮中犯错诱发的 ERN 成分的波幅较大，个体在下一轮中就会相应地延长自己的反应时间，从而保证任务的正确率，这一重要发现为错误监测理论提供了重要的实证证据（Debener et al., 2005）。

在错误监测理论的基础上，著名学者 Botvinick 于 2011 年提出了冲突监测理论。这一理论认为，个体即使做出的是正确的行为响应，也可能会存在冲突的认知加工，而 ERN 除了可以反映个体对于错误响应的实时监测，还可以反映个体对于冲突的实时监测（Botvinick et al., 2001；朱湘如，刘昌，2005）。在一项采用快速反应任务的研究中，Carter 等学者应用 fMRI 技术研究了大脑前扣带回的激活情况（ERN 成分源自大脑的前扣带回），结果显示，这一脑区除了在个体发生错误响应时会发生显著激活，在反应竞争增加的条件下，即使个体做出的是正确的响应，它也会发生明显的激活（Carter et al., 1998）。这一研究发现说明，大脑的前扣带回以及 ERN 成分监控的是可能诱发错误产生的条件，而不是错误本身：一种实验条件或一项刺激材料越有机会诱发错误的产生，就会导致越大的 ERN 波幅。与 ERN 的冲突监测理论一致，其他几组学者在各自研究中的正确、错误响应的试次中，均观察到了明显的 ERN 成分（Suchan et al., 2007；Vidal et al., 2000）。因此，这一派的学者们认为，ERN 反映的不单单是对错误的认知加工过程，而是对个体行为响应的综合评估（Suchan et al., 2007）。

强化学习理论也是对 ERN 成分进行解释的理论中卓有影响力的一个。

根据强化学习理论，中脑多巴胺系统的活动导致了 ERN 成分的产生。首先，基底神经节对个体正在进行的行为进行评估，并对该行为能否成功进行判断，在此基础上产生预测结果，从而导致多巴胺系统神经元的活动相位发生相应变化。多巴胺作为学习结果的信号被传至大脑的前扣带回，前扣带回则应用该信号对个体行为做出相应的调整。因此，多巴胺信号通过作用于大脑的前扣带回，进而影响到 ERN 成分的振幅。如果行为结果低于预期水平或者与预期相违背，多巴胺的活动相位会降低，从而解除对前扣带回的抑制，进而诱发较大的 ERN 波幅；反之，如果行为结果好过预期，多巴胺的活动相位会相应地增强，从而加强对前扣带回的抑制，进而诱发了较小的 ERN 波幅（Holroyd & Coles, 2002, 2008; Nieuwenhuis et al., 2004）。一系列的实证研究为这一理论观点提供了证据。例如，这一理论的提出者 Holroyd 设计了一项概率学习的实验任务，探讨了 ERN 成分的波幅与强化学习之间的关系。研究结果显示，在实验的前半部分，被试还没能很好地对概率进行学习，因此，正确和错误的行为响应诱发的 ERN 成分在波幅上没有显著的差异；有趣的是，在实验的后半段，当被试已经掌握相关任务规律之后，一旦再次犯错，会诱发明显的 ERN 成分，并且 ERN 的波幅会显著高于做出正确行为响应的情形（Holroyd & Coles, 2002）。正是基于这一系列的研究发现，该文的学者们认为 ERN 成分是由多巴胺的活动诱发的，而 ERN 成分的波幅可以很好地表征大脑在错误侦测的基础上进行学习、调整的动态过程。

以上三种理论认为 ERN 反映了大脑的绩效监控功能，然而，三种理论忽略了对大脑绩效监控过程中的情感、动机因素的考量。近年来，随着学界对 ERN 研究的不断深入，越来越多的实证研究指出，大脑的绩效监控系统对情景因素是敏感的，如果任务绩效在不同的实验情景下的重要程度不同，也会诱发不同大小的 ERN 波幅（Grützmann et al., 2014; Legault & Inzlicht, 2013），这一观点也被称为 ERN 的情感动机理论。学者们在实验中，通过多种不同的方法改变了任务绩效的重要性，比如为成功完成任务提供物质奖励（Endrass et al., 2010; Ganushchak & Schiller, 2008）、通过实验指导语强调正确率的重要性（Falkenstein et al., 2000）以及告知被试会对他们的任务完成情况进行外部的绩效评估（Hajcak et al., 2005; Olvet & Hajcak, 2008），这些举措都增强了 ERN 的波幅（Riesel et al., 2013）。举例来说，在一项近年发表的研究中，被试被告知，他们在一半的试次中一旦犯错会受到惩罚；在另一半试次中即使犯错也不会受罚。实验结果显示，存在受罚风险的试次中，被试的行为响应（特别是错误的行为响应）诱发了更大的 ERN 波幅。该文的作者们认为这一发现说明大脑早期的绩效监控会对任务绩效在情感和动机上的重要性进行响应，受罚很可能增强了任务绩效在这些试次中的重要性，进而诱发了更大的 ERN 波幅（Riesel et al., 2013）。

综上所述，ERN 是个体做出行为响应时，由于大脑会对行为结果有事先的预期而产生的大脑活动。本书关注的焦点是个体的内在动机问题，因此，我们将着重从 ERN 的情感动机理论出发，对 ERN 成分的认知意义进行探讨和解读。

2. 反馈相关负波（FRN）成分

在对反馈结果进行认知加工的环节中，最重要的 ERP 成分是反馈相关负波（Feedback-related Negativity，FRN），这一成分对于正性、负性的反馈信息会产生不同的响应（贾世伟，2008；李鹏，李红，2008；袁媛，刘昌，沈汪兵，2012）。1977 年，Miltner 等学者首先发现了 FRN 成分（Miltner et al., 1997）。他们在研究中设计了一项估算时间的实验任务，请参与实验的被试在没有任何外界提示的情况下在心中估算 1 秒的时长，并在 1 秒时长前后设置了成功区间，如果被试估算的时间落入这一区间，视为成功，反之视为失败。每轮估算时间任务的一开始将呈现任务提示，当被试感觉距离任务提示的出现过去了 1 秒后，应按下键盘上的按钮。被试按键作答之后，屏幕上将呈现任务表现的反馈信息，告知被试他们成功完成了任务（获得正性反馈信息）还是任务完成失败（获得负性反馈信息）。在这项研究中，为了确保每位被试成功、失败的概率各为 50%，成功区间的大小是根据被试的任务表现随时进行调整的。Miltner 等发现，负性反馈信息的呈现将诱发明显的负走向的脑电成分，而这一成分在刺激呈现之后大约 250 毫秒达到了峰值。通过将负性反馈信息诱发的 FRN 减去正性反馈信息诱发的 FRN，可以获得 FRN 的差异波。通过脑电的溯源分析，学者们发现 FRN 成分是由大脑前扣带回区域的认知加工活动导致的（Miltner et al., 1997）。

为解释 FRN 的认知含义，近年来学者们提出了两种主流的理论观点，分别是强化学习理论和情感动机理论。强化学习理论由 Holroyd 等学者于 2002 年在他们的研究中提出（Holroyd & Coles, 2002）。在对

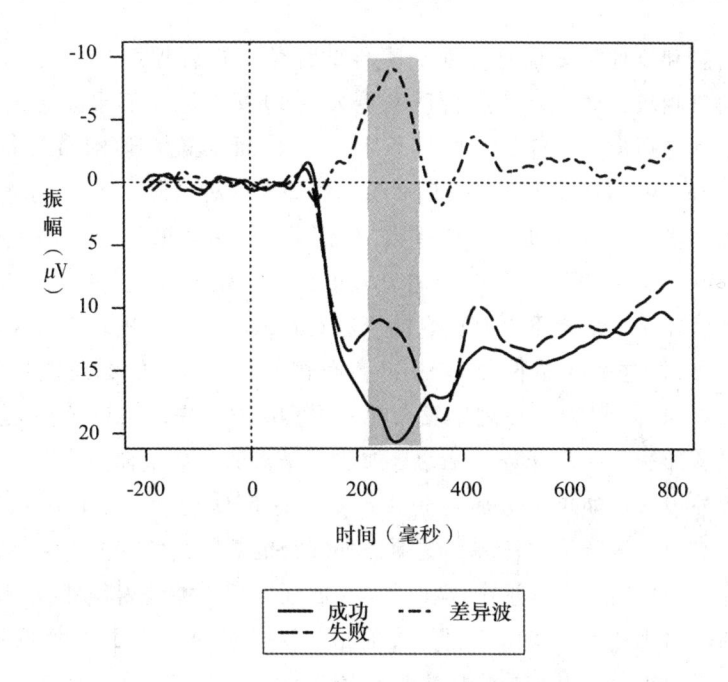

图 1.4　反馈相关负波（FRN）成分的经典波形

资料来源：Meng, L. & Ma, Q. (2015). Live as we choose: The role of autonomy support in facilitating intrinsic motivation. *International Journal of Psychophysiology*, 98 (3), pp. 441–447.

ERN 成分进行介绍时我们已经介绍过强化学习理论，这一理论认为 ERN 成分和 FRN 成分是同源的，是同一项认知神经活动在任务不同阶段的体现。FRN 成分是强化学习信号通过多巴胺神经元传输到大脑的前扣带回时诱发的，反馈结果的不同将导致多巴胺的相位发生变化，进而影响到 FRN 的振幅：正性反馈结果（如任务成功、获得奖赏、避免惩罚）会增强多巴胺的电生理学活动，前扣带回的激活受到抑制，从而诱发较小的 FRN 波幅；负性反馈结果（如任务失败、未获奖赏、受到惩罚）则不会增强多巴胺的电生理活动，这种情况下前扣带回活动较强，从而诱发较大的 FRN 波幅。根据强化学习理论，大脑会对个体的行为响应产生提前的预警，反馈结果呈现之后，大脑会根据反馈信息调整预期、进而调整个体在接下来的试次中的决策和行为，这反映了大脑对于决策过程的动态学习。这一理论自提出以来，获得了大量实证研究结论的支持（San Martín, 2012）。

强化学习理论认为 FRN 反映了个体在好、坏维度上（分别对应正性反馈信息和负性反馈信息）对于事件的评估，很好地解释了为什么负性反馈信息相较正性反馈信息会诱发更大的 FRN 波幅。值得注意的是，强化学习理论指出，事件的好坏并不是绝对的，而是与个体的预期水平密切相关（San Martín, 2012）。举例来说，假如在一种情景下，个体对于获得正性反馈信息具有更高程度的预期（原因可能是赌博任务中赢钱的概率超过 50%，或者答题任务中个体表现上佳、正确率超过 50%，或者单纯因为个体在这一情景下具有更强的获胜动机或者对正性的反馈结果的渴望程度更高），这种情景下一旦获得负性反馈信息，将诱发更大的 FRN 波幅（Wang et al., 2016）。在近年发表的一项实证研究中，被试分别完成了一定数量的加法和乘法任务。无论是加法还是乘法，如果任务失败，都不能获得额外报酬；如果任务成功完成，则均有 50% 的概率获得一项额外的报酬。对于加法和乘法任务，这项额外报酬的数额是相同的。实验结果显示，同样是反馈结果显示个体在成功完成任务后未能获得额外报酬，如果完成的是乘法任务，相比会比完成的是加法任务时诱发了更大的 FRN 波幅。学者们指出，由于乘法任务难度较高、个体在完成乘法任务的过程中付出了更高程度的努力，这种付出的努力可能让个体在成功完成乘法任务后对于获得额外报酬有了更高程度的主观期望，而恰恰是这种主观期望水平的提升使得负性反馈结果的呈现诱发了更大的 FRN 波幅（Ma, Meng et al., 2014）。

由于个体对于结果的预期反映了个体的情感与动机，并且有证据表明大脑的前扣带回与决策过程中的情感加工有关（Bush et al., 2000; Miller, 2002），有学者提出了 FRN 的情感动机理论（Motivational Significance Theory），认为 FRN 的差异波（即 d-FRN）的波幅大小反映了个体对于当前反馈信息的主观性的情感加工与动机水平的强弱（Ma, Meng et al., 2014; Meng & Ma, 2015; San Martín, 2012）。Gehring 等学者在 2002 年发表在顶尖学术期刊《科学》上的研究中首次提出了 FRN 的情感动机理论。他们的实验采用了一项赌博任务，在每一轮赌局中，个体面对的都是 5 和 25 两个选项。这里的数字代表了金钱数额，无论选择 5 还是 25，都有赢钱、输钱两种截然不同的结果：选择 5 的结果是赢得 5 元报酬或者损失 5 元钱；选择 25 的结果则是赢得 25 元报酬或者输掉 25 元钱。被试最终获得的报酬与每一轮赌局中的收益和损失直接挂钩，在每一轮赌局中，个体做出选择之后，计算机会随机给出反馈结果。实验结果显示，如果个体选择的是 25 的选项，面对反馈结果的呈现，会比选择 5 的选项诱发更大波幅的 d-FRN（d-FRN 的操作定义是负性反馈结果诱发的 FRN 波幅减去正性反馈结果诱发的 FRN 波幅，在这里，指的是输钱诱发的 FRN 减去赢钱诱发的 FRN）。同样面对负性、正性的反馈结果，当个体选择的是 25 的选项时，赌局输赢在情感和动机上对于个体来说更加重要了，因此，这种情况下的反馈信息会诱发更大的 d-FRN 波幅。基于这一发现，Gehring 等学者认为 FRN 成分的波幅可以很好地表征个体的情感和动机水平（Gehring & Willoughby, 2002）。

FRN 的情感动机理论说明，d-FRN 波幅的大小反映的是个体对于不同实验条件下反馈结果的主观价值评估（Luo et al., 2011; Ma, Jin, Meng et al., 2014; Ma, Meng et al., 2014; Yeung et al., 2005; Zhou et al., 2010）。在 Gehring 等学者开展的经典实验中，选择 5 和选择 25 两种情况下个体的情感和动机水平不同，这种情感和动机上的差异是由反馈结果在客观价值上存在不同造成的（Gehring & Willoughby, 2002）。然而，即使最终的反馈结果都是获得或损失 5 元，如果个体对于不同实验条件下反馈结果的主观价值评估存在差异，也会导致 d-FRN 波幅上的差异。回到前文中刚刚介绍过的采用加法、乘法运算任务的研究中，如果个体成功完成任务，有 50% 的概率获得一项额外报酬，最终的反馈结果将告知被试他们能否获得这项报酬。实验结果显示，乘法任务的最终反馈结果诱发的 d-FRN 振幅显著高于加法任务的最终反馈结果。这说明被试对于自己在加法和乘法任务中获得的额外报酬的主观价值评估存在差异，对于自己在乘法任务中获得额外报酬的主观价值评估显著高于加法任务。从客观结果上看，通过成功完成加法和乘法任务，个体最终有机会获得的是同样数额的额外报酬。然而，Ma 等学者指出，进行乘法运算相比加法运算需要付出更多的认知努力，这增强了个体对自己在乘法任务中可能获得的额外报酬的主观价值评估，从而诱发了更大的 d-FRN 波幅（Ma, Meng et al., 2014）。

近年来的大量研究发现都支持了 FRN 的情感动机理论（贾世伟，2008）。举例来说，一项基于社会互动的研究结果显示，相比面对的是公平的分配方案，个体在面对不公平的分配方案时会对分配者的分配意图更加在意，如果将恶意视为一种负性结果、将善意视为一种正性结果，面对不公平的分配方案时，分配意图的展示诱发了更大的 d-FRN 波幅（Ma,

Meng et al., 2015)。另一项研究采用了信任博弈作为实验任务,并在经典信任博弈的基础上对实验范式进行了一定修改。在新的范式下,代理人可以在委托人做出决策之前给出承诺,也可以不给出承诺。如果委托人做出投资的决策,代理人可以选择或者与委托人平分投资收益,或者不返还任何投资收益。实验结果显示,相比代理人预先没有给出承诺的情形,一旦代理人预先给出承诺,关于他是否返还投资收益的反馈结果的呈现诱发了更大的 d-FRN 波幅（Ma, Meng & Shen, 2015）。这些研究发现一致地说明:d-FRN 波幅对于个体对反馈结果的主观价值评估是高度敏感的,因而 d-FRN 可以很好地表征个体的情感和动机水平。San Martín 在一篇综述性文章中对一系列的相关研究进行了归纳和介绍,这些研究的发现进一步增强了 FRN 成分的情感动机理论的解释力（San Martín, 2012）。

在个体直接参与其中的涉及金钱得失的实验任务中,反馈环节会出现明显的 FRN 成分,对于这一现象,强化学习理论和情感动机理论都可以进行很好地解释。然而,近年来,伴随着对于 FRN 成分研究的不断深入,学者们发现即使个体本身不直接参与实验任务、只是观察他人的金钱得失,面对反馈结果的呈现时,也会出现明显的 FRN 成分（Ma et al., 2011；Yeung et al., 2005；Yu & Zhou, 2006）。Yu 等学者的研究中,个体在两种不同的实验条件下参与实验:一种情况下,个体需要参与赌博任务、做出选择并观察自身的反馈结果；另一种情况下,他人参与赌博任务,个体观察的是他人的反馈结果。实验结果显示,两种情况下反馈结果的呈现都会诱发明显的 FRN 成分。根据强化学习理论,FRN 成分反映了大脑对于个体决策行为的监控过程,只有当个体发生实际决策行为时才会诱发 FRN。这一研究发现说明 FRN 并非只能反映个体的强化学习过程。此外,相比观察他人的反馈结果,个体观察自身反馈结果时诱发的 d-FRN 波幅更大,这一发现为 FRN 的情感动机理论提供了重要的证据:正是因为自身输赢结果相比他人输赢结果在情感和动机上更加重要,才诱发了更大的 d-FRN 波幅（Yu & Zhou, 2006）。

在对基于强化学习理论和情感动机理论的研究进行梳理的基础上,我们发现二者的主要区别在于:强化学习理论认为,个体在做出行为响应的过程中,如果发生错误,犯错信息将通过反馈结果的形式呈现给个体,大脑通过对反馈结果进行认知加工诱发了 FRN 成分,个体则通过这一过程及时调整自身的行为；情感动机理论立足于反馈相关负波的差异波（d-

FRN），认为 FRN 是在大脑监控系统对反馈信息中包含的情感、动机价值进行主观评估的基础上产生的。越来越多的 FRN 研究者认为，以上两种理论分别只考虑了大脑前扣带回的部分认知功能，因而二者应当是互相补充的，而不是互斥的（Nieuwenhuis et al.，2004；San Martín，2012；Yeung & Sanfey，2004）。相应的，越来越多的学者在他们的研究中综合应用 FRN 的两种主流理论，以期更好、更加全面地解释他们的研究发现（Ma, Meng et al.，2014；Meng & Ma，2015；Zhou et al.，2010）。

FRN 除了可以反映个体对于反馈结果的认知加工过程，近年来，越来越多的实证研究显示，实验过程中情景线索的呈现也可以诱发类似经典 FRN 的成分（Baker & Holroyd，2009；Dunning & Hajcak，2007；Jin et al.，2015；Liao et al.，2011；Ma, Jin & Xu，2014；Osinsky et al.，2013；Walsh & Anderson，2011）。为了与反馈结果诱发的 FRN 成分加以区分，情景线索诱发的 FRN 成分也被称为 Cue-FRN。能够诱发 FRN 的情景线索可以是对最终反馈结果具有一定预测性的线索（Baker & Holroyd，2009），也可以是对被试接下来将要面对的实验条件进行指示的线索（Jin et al.，2015）。在 Baker 与 Holroyd 的研究中，情景线索预示被试接下来能否获得奖赏，与预示接下来可以获得奖赏的线索相比，预示无法获得奖赏的线索诱发了更大的 Cue-FRN（Baker & Holroyd，2009）。在 Jin 等学者的研究中，情景线索预示被试接下来即将面对的是自己喜欢的还是不喜欢的实验条件，无论是在喜欢的还是不喜欢的实验条件下，个体都需要完成相应的实验任务，并且会获得任务完成情况的反馈。因此，在这项研究中，情景线索对于最终任务的输赢没有指向性。有趣的是，与指向损失或者无法获得奖赏的情景线索类似，指向被试不喜欢的实验条件的情景线索诱发了显著更大的 Cue-FRN 波幅（Jin et al.，2015）。

3. 刺激前负波（SPN）成分

刺激前负波是一种与预期有关的 ERP 成分，这一成分最早是由 Brunia 在研究中发现的（Brunia & Damen，1988）。这一成分自发现以来，还没有引起学界的广泛关注，应用这一 ERP 成分开展的实证研究相对少见。当一项刺激材料会在一段时间后的确定时间点呈现，而且这项刺激材料会为人们提供重要信息时，人们在等待这项刺激材料呈现的过程中会诱发一个负走向的慢波，这一慢波就是 SPN（Brunia et al.，2012）。最早发现 SPN 成分的研究采用了估算时间作为实验任务（Brunia & Damen，1988；

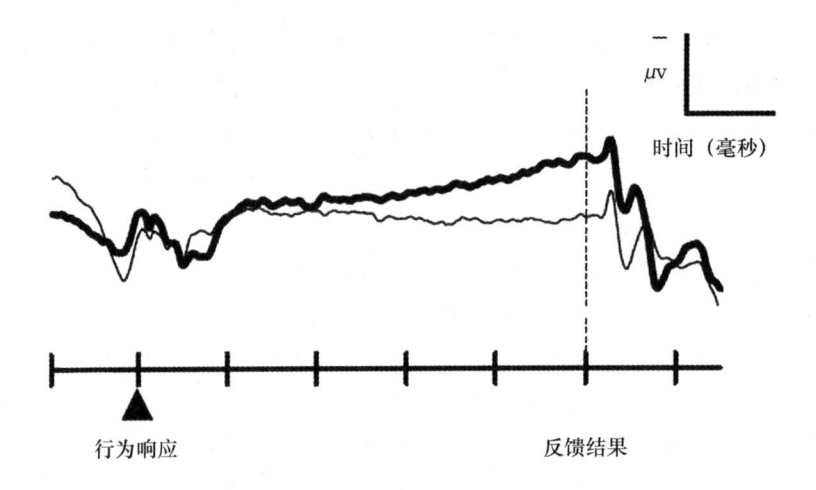

图 1.5 刺激前负波（SPN）成分的经典波形

资料来源：Masaki, H., Yamazaki, K. & Hackley, S. (2010). Stimulus-preceding negativity is modulated by action-outcome contingency. *Neuroreport*, 21 (4), pp. 277 – 281.

Chwilla & Brunia, 1991; Damen & Brunia, 1987; Damen & Brunia, 1994; Kotani & Aihara, 1999）。在估算时间任务中，被试的任务一般是在看到一项刺激材料之后的特定时间点完成按键（比如3秒之后），在按键完成后需要等待一段时间（比如1秒或2秒），包含任务完成情况的反馈信息才会呈现给被试。最典型的SPN成分出现在被试完成按键、等待反馈结果呈现的阶段（Brunia et al., 2012）。近年来，采用其他实验范式的研究中也发现了SPN成分。Boxtel和Bocker在一篇综述性文章中指出，在四种刺激材料的呈现之前的阶段中都可以观察到SPN成分，包括：（1）任务完成情况的反馈信息；（2）指向即将面对的任务的提示性信息；（3）任务执行的目标或靶刺激材料；（4）带有情感、动机性的刺激材料（van Boxtel & Böcker, 2004）。

在近年出版的《牛津事件相关电位手册》中，有一个章节专门介绍SPN成分，这一章节的三位作者 Brunia、Boxtel 和 Bocker 自 SPN 成分被发现以来就一直致力于推动 SPN 的研究。在这一章中他们指出，SPN 可以被视为一种反映注意力资源分配的指标（Brunia et al., 2012）。为了评估注意力资源的分配在 SPN 形成过程中起到的作用，在三种不同的实验条件下，Chwilla 与 Brunia 为完成估算时间任务的被试提供了三种不同反馈信息：真实的反馈信息、与真实任务表现无关的虚假的反馈信息以及不给反馈信息。结果显示,在等待反馈结果呈现的阶段,只有在给出真实反馈信息的实验条件下才会诱发明显的 SPN 成分,这说明对于提供有价值信息的刺激材料投入的注意力是 SPN 产生的先决条件(Chwilla & Brunia,1991)。在另外两项研究中,Donker 等采用了类似"老虎机"的赌博任务。每轮任务中会依次呈现三个数字,每个数字呈现的时间间隔为 1 秒钟。假如三个相同的数字连续出现,被试或者将获得物质奖励或者将遭受金钱损失。学者们关注的焦点是前两个数字相同的情况:一方面他们关注与前两个数字不同的第三个数字的呈现会怎样影响 FRN;另一方面,他们希望了解在第三个数字呈现之前,被试是否对这个数字的呈现投入了注意力、是否期待这一数字呈现。在两项研究中的第三个数字呈现之前的阶段他们都发现了 SPN 成分,这一发现为 SPN 反映个体在刺激呈现之前的注意力分配情况的结论提供了新的证据(Donkers et al.,2005;Donkers & van Boxtel,2005)。

在之前两节中我们介绍过,ERN 和 FRN 两个成分对于实验条件的情感和动机都是高度敏感的,这也构成了 ERN 和 FRN 的情感动机理论。情感性的刺激材料被定义为可以诱发情感性、动机性和生理性反应的刺激材料(Brunia et al.,2012)。与 ERN 和 FRN 可以表征个体对于任务表现、反馈结果的情感、动机的发现一致,在对情感性刺激材料的预期过程中,也会出现明显的 SPN 波幅;而刺激材料在情感和动机方面的差异也将显著地影响 SPN 波幅。刺激材料的情感和动机性对于 SPN 的影响是通过改变注意力资源的分配实现的,一项刺激材料的情感和动机程度越高,个体在期待这项刺激材料呈现的过程中就会投入越多的注意力资源,相应的,就会表现出越大的 SPN 波幅(Brunia et al.,2012;Meng & Ma,2015)。举例来说,一旦任务完成情况与奖赏直接挂钩,对于被试来说,有关这项任务完成情况的反馈信息在情感和动机方面就更重要了,这也诱发了更为负性的 SPN 波幅(Donkers et al.,2005;Foti & Hajcak,2012;Fuentemilla et al.,2013;Kotani et al.,2003;Masaki et al.,2006;Moris et al.,2013;Ohgami et al.,2004;Pornpattananangkul & Nusslock,2015)。在本书中,我们关注的是个体的内在动机水平,由于 SPN 成分会对刺激材料的情感和动机性产生响应,SPN 的波幅可以在刺激材料呈现之前的阶段帮助我们更好地了解个体的内在动机水平。

(三) 内在动机问题的认知神经科学研究

近年来，伴随着认知神经科学的不断发展，逐渐有学者开始应用认知神经科学的技术手段，探究个体的内在动机问题。然而，由于绝大多数的认知神经科学学者不是管理学或心理学专业出身，对内在动机问题进行探索的学者较少，这一重要的研究选题还没有引发认知神经科学领域足够的重视。

国际上第一项研究个体内在动机问题的认知神经科学研究由日本学者Murayama等人于2010年发表在顶尖期刊《美国科学院院报》(PNAS)上。在管理学和心理学界，与内在动机相关的一个经典现象是物质奖励对内在动机的挤出效应。几十年来，针对这一现象开展的大量实证研究显示，这一效应普遍存在 (Gerhart & Fang, 2014)。Murayama等应用功能性磁共振成像的技术，在实验室中重复出了这一经典的现象。之前的研究显示大脑的纹状体负责对反馈信息进行认知加工 (Tricomi et al., 2004; Tricomi et al., 2006)。因此，Murayama等学者希望通过观察纹状体激活程度的变化测度个体在动机水平上的差异。实验分为实验组、控制组两个组别，实验组被试在第一组实验中可以获得绩效报酬，在第二组实验中只能获得与任务表现无关的固定酬劳；控制组被试则在两组实验中均获得固定酬劳。研究结果显示，在第二组实验中，实验组被试纹状体的激活程度大幅降低，显著低于控制组被试纹状体的激活水平，这一发现为"挤出效应"提供了来自认知神经科学的证据 (Murayama et al., 2010)。

全球著名的行为经济学家Colin Camerer随后撰文对该研究做出了高度的评价。Camerer认为，由于众多客观原因，动机水平的强弱往往很难被定量化测量。因此，Murayama等学者的研究为动机水平的定量化测量提供了很好的研究视角，同时他们的研究把认知神经科学领域学者的注意力引入了内在动机这一在经济学、管理学领域非常重要、对实践具有重要指导意义的选题 (Camerer, 2010)。Camerer继续评价道：Murayama等人的研究对于理解物质奖励对内在动机的破坏作用有很大的帮助，在未来的研究中，学者们可以继续应用认知神经科学的技术手段，对这一主题的内容进行深入探讨 (Camerer, 2010)。

认知神经科学技术是一种重要的科学研究工具，可以帮助学者更好地理解人类判断与决策背后大脑的认知加工过程。然而，掌握一项技术本身并不难，真正困难的是找到研究选题的合理的切入点。人类的动机过程是十分复杂的，Murayama 等学者的开创性研究的一项重要意义在于，它指出了在复杂动机过程中的反馈结果加工这一环节的大脑活动情况可以表征个体的内在动机水平，这为后来的学者，包括本书作者的研究打开了新的思路，提供了新的研究视角。

在 Murayama 等的研究发表之后，有其他几组学者跟进了这一研究选题（Albrecht et al.，2014；DePasque & Tricomi，2015；Ma，Jin，Meng et al.，2014；Marsden et al.，2015）。Allbrecht 等学者通过 fMRI 技术研究了口头鼓励对个体内在动机的影响。他们的实验分为三个阶段，实验组和控制组被试在三个阶段中获得的都是与任务表现无关的固定报酬，每个阶段中，被试需要完成多轮的实验任务。两组被试的不同之处在于，实验组被试在第二阶段中每次获胜时，除了可以获得正性反馈信息，还可以获得来自主试的口头鼓励，例如，"加油！你真棒！"这项研究发现，口头鼓励可以增强个体的动机水平，反映为口头鼓励会增强纹状体在反馈结果加工环节的激活程度。有趣的是，相比控制组被试，实验组被试在第三阶段的纹状体的激活程度仍然显著高于控制组被试，这说明口头鼓励确实会增强个体的内在动机，而且这一影响的作用是深远的、可持续的（Albrecht et al.，2014）。

DePasque 等学者同样应用 fMRI 技术研究了个体的内在动机问题。他们的研究把实验划分为两个阶段，并且在两个阶段中间加入了动机性访谈的环节。动机性访谈最早由美国心理学家 Miller 在 1983 年提出，通过探索和解决个体的矛盾心理，从而增强其行为改变的内在动机（Miller & Rollnick，2012）。通过动机性访谈环节，个体在实验第二阶段的内在动机水平显著增强，并且反映在大脑纹状体的激活程度上。这一发现进一步说明，反馈结果加工阶段中大脑纹状体的激活程度可以客观地表征个体的内在动机水平（DePasque & Tricomi，2015）。

在应用认知神经科学技术探究个体内在动机问题的几项研究中，作者所在团队是最早也是目前唯一一组应用事件相关电位（ERP）技术的研究者（Ma，Jin，Meng et al.，2014）。与 fMRI 技术相比，ERP 技术具有时间精度极高的优势：fMRI 技术通常只能研究耗时在两秒以上的认知加工过程，而 ERP 技术的时间精度可以达到毫秒级。在文献综述中我们介绍过，人类的动机过程是十分复杂的，可以划分为诸多阶段，而反馈结果加工只是其中的重要阶段之一。应用 ERP 技术，除了可以关注到反馈结果加工阶段，还可以探索在复杂动机过程的其他阶段可以客观地表征个体内在动机水平的认知神经科学指标，从而充分发挥认知神经科学的优势，更加全面地研究个体的内在动机问题。

Murayama 等于 2010 年的论文存在一个缺陷：研究涉及实验组、控制组两个不同组别，两组被试本身的内在动机可能存在差异。为了控制两组被试在内在动机水平上可能存在的天然差异，应当单独设置一个阶段，测度两组被试在实验操纵之前的内在动机水平作为基线。作者所在团队在 2014 年发表的研究中，对 Murayama 等采用的实验范式进行了改进：实验组、控制组两组被试均需完成三个阶段的实验任务，其中，控制组被试在三个阶段获得的均为固定酬劳，而实验组被试在第二个阶段获得的是与任务表现直接挂钩的绩效薪酬。作者所在团队比较的是两组被试在实验的第三阶段相较第一阶段内在动机的削弱幅度。实验结果显示，实验组被试在实验第三阶段的内在动机水平相较第一阶段有明显的削弱、并且削弱程度显著高于控制组被试，这种"挤出效应"反映在了反馈结果加工阶段的反馈相关负波（d-FRN）波幅的差异上（Ma, Jin, Meng et al., 2014）。

这一发现为物质奖励对内在动机的"挤出效应"提供了更加可靠的来自认知神经科学的证据，也为应用 ERP 技术研究个体的内在动机问题提供了一个可以拓展延伸的研究范式。然而这项研究也存在一定的不足：比如仅仅关注了动机过程的反馈结果加工阶段，并且仅仅通过 d-FRN 一个指标表征个体的内在动机水平。在后续研究中，假如根据具体的研究目的设计出的实验范式没有涉及反馈阶段，则无法通过这一指标测度个体的内在动机，这一不足可能会在很大程度上限制后续研究的开展。在这项研究的基础上，我们可以在复杂动机过程的不同阶段，探索更多可以客观表征个体内在动机水平的认知神经科学指标；同时，可以从"挤出效应"这一经典现象拓展开来，研究其他多种因素，特别是任务设计中的任务特征对于个体内在动机的影响，从而能够进一步拓展 ERP 技术在个体内在动机问题上的研究空间。

（四）本节小结

本节中，我们首先对神经管理学进行了简要介绍，然后重点介绍了与神经管理学特别是个体的内在动机问题密切相关的三种重要脑电成分

ERN、FRN 和 SPN。本节最后，我们介绍了几组学者应用认知神经科学技术针对个体内在动机问题进行的开拓性研究。通过对本节的内容进行梳理，我们发现应用认知神经科学的技术特别是事件相关电位技术研究个体的内在动机问题具有重要的战略意义，可能成为动机问题研究的新的学术增长点。然而，现有的几项认知神经科学研究关注的只是外部物质奖励对于个体内在动机的削弱作用这一现象本身，研究的范围较为狭窄；另外，这几项研究更多的是针对现象本身进行探讨，缺少从经典动机理论出发的系统性研究；除此之外，仅通过反馈结果加工阶段的认知神经科学指标测度个体的内在动机对后续研究的推进也造成了很大程度的限制。这些不足都为本书提供了进一步研究的空间。

五 本章小结

本章对于人力资源管理中的工作设计理论、内在动机的相关理论、动机的自我决定理论以及管理学中基于认知神经科学的脑电技术的相关研究特别是重要的 ERP 成分四个方面文献进行了系统的梳理。通过梳理，我们在看似孤立的四个方面文献之间建立起了联系：工作设计在管理学实践中发挥着重要作用，然而工作设计特别是心理学导向的工作设计需要获得更好的理论支撑，而动机问题的自我决定理论恰恰可以为组织中的工作设计实践提供重要的理论依据；自我决定理论与内在动机问题密切相关，但现有的内在动机测量手段在应用上存在一定的局限性，而认知神经科学的不断发展以及技术上的逐渐成熟让我们通过认知神经科学指标相对客观、准确地测度个体的内在动机成为了一种可能。对本书来说，工作设计是研究采用的视角，自我决定理论是理论的基础，认知神经科学则是重要研究工具。通过对以上四部分文献的系统回顾和梳理，本章为本书后续研究框架的搭建、研究方案的设计以及研究发现的解读提供了重要的理论依据，也将指导我们将本书的理论成果更好地应用于管理实践中。

第二章

理论框架与研究设计

基于绪论中介绍的研究背景和研究意义，以及本书第一章中对相关研究的总结和评述，本章将介绍本书的理论框架以及三项研究的设计。

一 本书的理论框架

根据动机问题的自我决定理论，个体普遍具有自主和胜任两种基本的心理需要。在本书的绪论中我们曾介绍过，本研究拟解决两项关键问题：

一项关键问题是，从任务设计视角出发，探讨任务设计中与个体自主、胜任心理需要的满足有关的若干任务特征（包括任务选择的提供、任务难度的设置、反馈机制的设计）会如何对个体完成任务过程中的内在动机水平产生影响；在对这一问题进行研究时，我们还将关注个体差异，具体来说，探讨个体的自我决定倾向会如何影响任务特征对于个体内在动机的促进作用。对这一关键问题的探讨贯穿全书，我们将通过行为、认知神经科学两种不同的研究方法开展实验研究。

另一项同等重要的关键问题是从认知神经科学的视角出发，把个体的任务执行过程分解为若干个与动机水平相关的子阶段，应用事件相关电位技术，探索若干可以客观表征个体内在动机水平的认知神经科学指标，最终建立动机过程的认知加工模型。在目前内在动机问题的研究中，主要通过自我汇报、自由选择两种方法测度个体的内在动机。虽然这两种方法都可以在一定程度上表征个体的内在动机，但它们无法实现内在动机水平在活动过程中的实时测度，测量结果也难以量化（Camerer, 2010）。因此，这一关键问题的解决将为后续研究中应用认知神经科学的技术手段探讨个体的内在动机问题奠定坚实的基础。

由于在探讨满足个体基本心理需要的不同任务特征对个体内在动机的影响时，需要根据研究目标的不同设计差异较大的实验范式，而在不同的实验范式下，个体的任务执行过程在具体包含的子阶段方面存在一定差异，本研究对于两个关键问题的解答是并行进行的。换言之，在不同的研究中探讨与个体基本心理需要的满足密切相关的不同任务特征对个体内在动机的影响时，根据具体采用的实验范式，把个体的任务执行过程划分出新的子阶段，并探索更多可以客观表征个体内在动机水平的脑电指标。相应的，本研究的理论构想可以通过图2.1来表达。

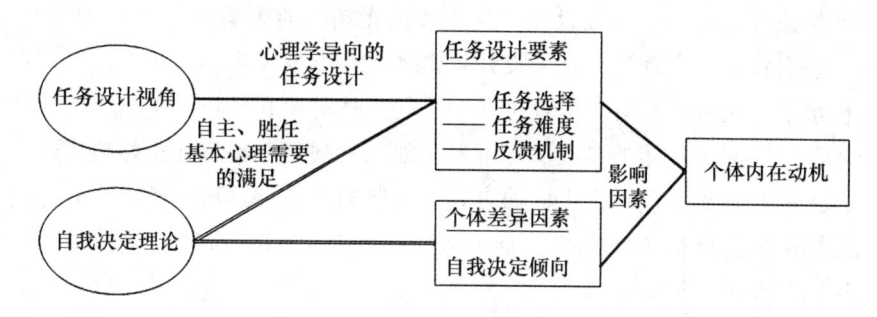

图 2.1 本研究的理论框架

资料来源：本书作者整理。

二 研究一的构思与设计

（一）设置理由及研究目标

研究一是本书的核心内容之一。在任务设计中，任务选择权的提供是影响个体自主心理需要获得满足程度的重要因素：如果个体可以在难度水平相当的两项实验任务之间根据自身意愿选择其中一项，而不是被动地去完成为其分配的任务，个体的自主心理需要将获得更好的满足。任务设计中，任务难度的设置是影响个体胜任心理需要获得满足程度的重要因素：与超出自己能力水平的高难度实验任务相比，个体在完成中等难度的任务时，胜任的基本心理需要将会获得更好的满足。

根据自我决定理论，个体基本心理需要获得满足的程度决定了个体在活动过程中的内在动机水平。自我决定理论的有机组成部分——认知评价理论认为，当个体在外部因素中感受到自我决定和胜任感时，会表现出更强的内在动机。特别是当一项外部因素同时满足了个体的自我决定和胜任感时，个体从事一项活动的内在动机将会显著增强（Deci & Ryan, 1975）。研究一中，我们将探讨任务设计中的任务选择、任务难度两项影响个体基本心理需要获得满足程度的任务特征对于个体在完成任务过程中的内在动机水平的影响。在这项研究中，我们将通过经典的行为学方法测度个体的内在动机水平。

研究一是研究二、在研究三的基础，如果我们通过这项研究证实，可以满足个体基本心理需要的任务特征确实会显著影响个体的内在动机水平，在后续研究中，我们将应用认知神经科学实验的方法，继续探讨其他任务特征（如反馈机制的设计）对个体内在动机的影响。

根据自我决定理论，任务设计要素和个体差异因素均会对个体的内在动机水平产生重要影响。该理论认为，与个体的内在动机水平相关的一项个体差异因素是个体的自我决定倾向。如果一项任务特征能很好地满足个体自主的心理需要，那么个体的自我决定倾向越高，这项任务特征就能越充分地激发个体的内在动机（Deci & Ryan, 1985b）。研究一中，我们将对这项假设进行检验。

提供选择是满足个体自主心理需要最主要的方法。在对"选择"相关的文献进行梳理的过程中，我们发现：任务选择权的提供除了能直接地满足个体自主的心理需要，可能还会增强个体的感知胜任水平（Patall et al., 2008）。然而，支持这项假设的直接证据较少，该假设有待于通过实验研究进一步证实。因此，研究一中我们还通过问项测度了个体的感知胜任程度，并对这项假设进行检验。

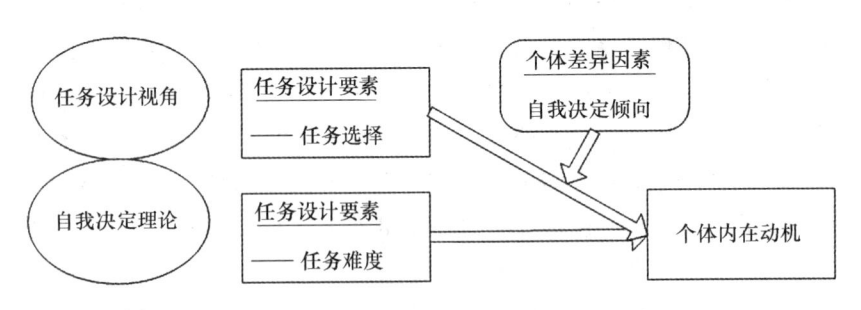

图 2.2 研究一的主要内容

资料来源：本书作者整理。

（二）研究方法选择

上一节中我们介绍了研究一设置的几项目的。本书拟采用行为实验与认知神经科学实验相结合的方法开展研究。与行为实验相比，ERP技术对实验设计的限制条件较多。在绪论部分中我们曾介绍过，一方面为了实现降噪的目的，ERP实验要求在同一实验条件下进行多次叠加；为了避免被试出现疲劳，保证实验效果，也需要对实验总时长进行控制，因此，同一个ERP实验中不能放入过多的影响因素进行研究（通常只研究单个影响因素）；另一方面，出于ERP实验操作和成本的考虑，国际惯例是每一实验招募约20名被试参与实验，这一被试数目相比行为实验较少，因此ERP实验关注的是群体层面的结果，需要尽可能地控制个体差异（Luck，2005）。

一方面，研究一希望探讨任务设计中的任务选择、任务难度两项任务特征对于个体内在动机水平的影响，通过ERP实验难以实现这一目的（需要研究的影响因素较多）；另一方面，研究一希望探讨一项个体差异因素（即个体的自我决定倾向）对个体内在动机水平的影响，需要招募较多被试，ERP实验也难以达到这一要求。因此，为了实现研究一的几项目的，我们将采用行为学实验的方法开展研究。

（三）研究一的主要内容

根据研究一的研究目的，其研究内容主要分为以下几部分。

第一，任务设计中任务选择的提供，是否会影响个体的内在动机？会如何影响个体的内在动机水平？

第二，任务设计中任务难度的设置，是否会影响个体的内在动机？会如何影响个体的内在动机水平？

第三，个体的自我决定倾向，是否会影响任务选择对个体内在动机的作用大小？

第四，任务设计中任务选择的提供，是否会影响个体的感知胜任水平？会如何影响个体的感知胜任水平？

第五，任务设计中任务难度的设置，是否会影响个体的感知胜任水平？会如何影响个体的感知胜任水平？

三 研究二的构思与设计

(一) 设置理由及研究目标

研究二在本书的研究框架中起到了承前启后的作用。所谓"承前",一方面指的是在研究一基于行为学实验的研究发现的基础上,继续应用认知神经科学技术探讨任务设计中的任务选择与个体内在动机水平之间的关系;另一方面指的是延承前人通过个体在反馈结果加工阶段的认知神经科学指标(fMRI 技术中大脑纹状体的激活程度,以及 ERP 技术中反馈相关负波的差异波的波幅)客观表征个体内在动机水平的做法,通过 ERP 技术中的 d-FRN 指标测度个体的内在动机水平(Ma, Jin, Meng et al., 2014)。

所谓"启后"指的是:除了反馈结果加工阶段之外,在个体任务执行过程的其他阶段寻找更多可以客观地表征个体动机水平的脑电指标,从而为研究三的开展奠定坚实基础;基于找到的脑电指标,研究三可以继续探讨满足个体基本心理需要的其他任务特征(反馈机制的设计)对于个体内在动机的影响。

(二) 研究方法选择

为满足研究二设置的两个目标,我们选择认知神经科学中的事件相关电位技术进行 ERP 实验,同步记录下被试在实验全过程中的脑电信号以及行为数据。这一技术在研究个体内在动机问题上的优势在于:动机强度在传统的行为研究中难以被量化,而 ERP 技术可以客观地反映个体的认知加工过程,从大脑认知加工层面反映个体的心理活动。此外,ERP 设备具有非常高的时间精度,可以准确地把个体在任务执行过程中各个阶段大脑的认知加工活动区分开来,在一系列的认知神经科学技术中是最适合本研究的一项。另外,这一技术在应用上的无损伤、易操作的特征也让它成为满足本研究要求的最安全的、可操作性最高的技术。因此,研究二计划采用 ERP 技术进行研究(Luck, 2005)。

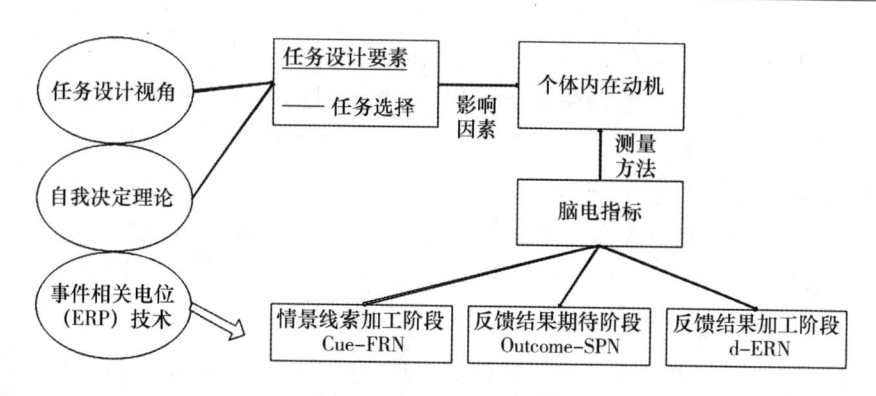

图 2.3 研究二的主要内容

资料来源：本书作者整理。

(三) 研究二的主要内容

根据研究二的研究目的，其研究内容主要分为以下几部分：

第一，任务设计中任务选择的提供，是否会增强个体的任务绩效？

第二，任务设计中任务选择的提供，是否会增强个体的内在动机？

第三，在任务执行过程中的情景线索加工阶段，有什么脑电指标可以客观地表征个体的内在动机水平？如果任务选择增强了个体的内在动机，在情景线索加工阶段会有怎样的体现？

第四，在任务执行过程中的反馈结果期待阶段，有什么脑电指标可以客观地表征个体的内在动机水平？如果任务选择增强了个体的内在动机，在反馈结果期待阶段会有怎样的体现？

第五，之前的研究结果显示，在任务执行过程中的反馈结果加工阶段，d-FRN 的振幅可以客观地表征个体的内在动机水平。如果任务设计中选择权的提供增强了个体的内在动机，在反馈结果加工阶段会有怎样的体现？

四 研究三的构思与设计

(一) 设置理由及研究目标

研究三也是本书的核心内容之一。根据动机的自我决定理论，人类有自主、胜任两种基本的心理需要，其获得满足的程度将显著影响个体内在动机水平。研究二已经探讨了一项主要影响自主心理需要满足的任务特征——任务选择的提供，研究三中，我们将继续探讨任务设计中一项主要影响胜任心理需要满足的任务特征——反馈机制的设计。个体的胜任感是通过反馈信息特别是正性的反馈信息逐步建立起来的；通过反馈信息，个体可以对自己的任务表现形成全面的认识，从而起到激发个体内在动机的作用。因此，反馈信息是必要的，反馈机制在个体内在动机的激发方面发挥着重要的作用。

由于不同效价的反馈信息对个体胜任感的作用存在着差异：正性反馈信息可以直接帮助个体建立起胜任感，从而增强个体的内在动机；然而，负性的反馈通常会削弱个体的感知胜任程度，从而降低个体的内在动机（Deci & Ryan, 2000）。因此，如果只是单纯给出反馈信息，不一定能起到促进个体内在动机的作用；假如个体在一项任务中的表现欠佳，可能反而会起到相反效果。基于以上考虑，我们设计了自主反馈的机制，个体完成每一轮实验之后，可以根据自身的偏好，自主选择是否查看本轮的反馈信息。与没有反馈相比，我们预期这种反馈机制可以在最大程度上激发个体的内在动机。

与研究二的目标类似，研究三的主要目标也分为两方面：一方面，研究任务设计中的自主反馈这一任务特征对个体内在动机的影响；另一方面，根据设计的具体实验范式，在研究二的基础上，把任务执行过程划分为更多子阶段，在各个阶段寻找更多可以客观地表征个体内在动机水平的脑电指标。综合研究二和研究三的研究发现，我们将建立动机过程的认知加工模型，从而在任务执行过程中的多个阶段实现对个体内在动机水平的客观测度。

（二）研究方法选择

由于研究三的研究目的与研究二类似，在研究三中，我们将继续采用事件相关电位技术进行 ERP 实验，同步记录被试在实验过程中的脑电和行为数据。

（三）研究三的主要内容

根据研究三的研究目的，其研究内容主要分为以下几部分。

第一，任务设计中反馈机制的设置，是否会影响个体的任务绩效？

第二，任务设计中反馈机制的设置，是否会影响个体的内在动机？

第三，在任务执行过程中的情景线索加工阶段，有什么脑电指标可以客观地表征个体的内在动机水平？如果反馈机制设置影响了个体的内在动机，在情景线索加工阶段会有怎样的体现？

第四，在任务执行过程中的任务启动准备阶段，有什么脑电指标可以客观地表征个体的内在动机水平？如果反馈机制设置影响了个体的内在动机，在任务启动准备阶段会有怎样的体现？

第五，在任务执行过程中的任务绩效监控阶段，有什么脑电指标可以客观地表征个体的内在动机水平？如果反馈机制设置影响了个体的内在动机，在任务绩效监控阶段会有怎样的体现？

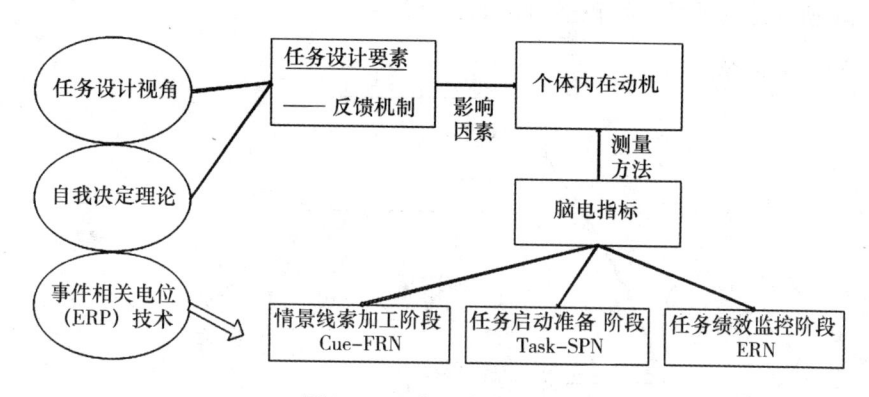

图 2.4 研究三的主要内容

资料来源：本书作者整理。

五 本书的整体研究框架

本书的主要目的是从人力资源管理中工作设计的视角出发，以动机问题的自我决定理论为理论基础，应用行为学实验和认知神经科学实验两种方法，探讨任务设计中与个体自主、胜任的基本心理需要的满足密切相关的若干项任务特征（任务选择的提供、任务难度的设置、反馈机制的设计）与个体的内在动机水平之间的关系。

根据研究目的，本书可以划分为三项研究，三项研究之间联系紧密、逻辑清晰。其中，研究一是研究二、研究三的基础，通过一项行为实验探讨了任务设计中与个体基本心理需要的满足密切相关的两项任务特征（任务选择的提供、任务难度的设置）与个体内在动机水平之间的关系。

研究二应用事件相关电位（ERP）的技术手段，探讨了任务选择的提供（与自主心理需要的满足密切相关的一项任务特征）与个体内在动机之间的关系，进一步验证了研究一的结论并进行拓展延伸。

研究三应用事件相关电位（ERP）的技术手段，探讨了反馈机制的设计（与胜任心理需要的满足密切相关的一项任务特征）与个体内在动机之间的关系，对于研究一、研究二的结论进行了拓展延伸。

在对三项研究的结论进行整合的基础上，我们可以了解满足个体基本心理需要的不同的任务特征对于个体内在动机的影响，并且建立起动机过程的认知加工模型，在活动过程中实现对个体内在动机水平的客观表征。三项研究之间的关系可以通过图2.5表示。

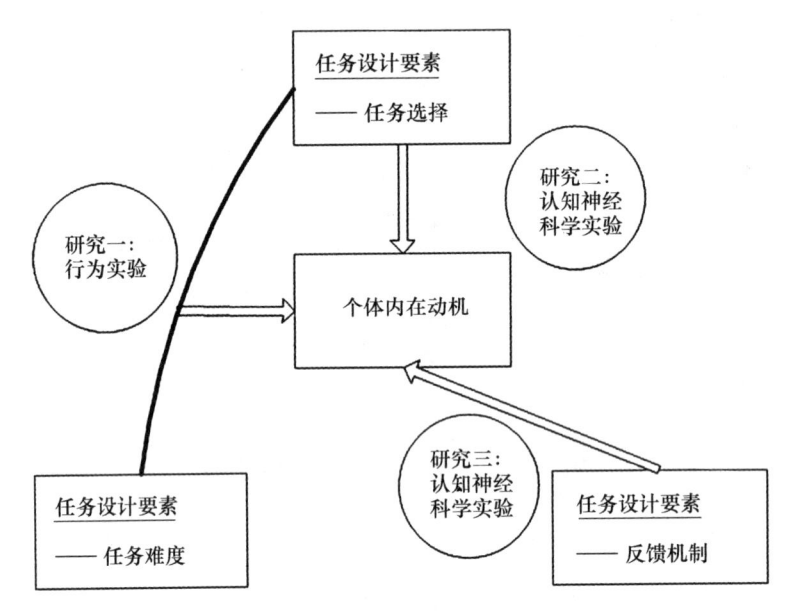

图2.5 三项子研究之间的关系

资料来源：本书作者整理。

六 本章小结

在本章中我们搭建起了本书的理论框架，并且根据研究的整体目的，将整个研究分为三项子研究。在本章中，我们对三项研究之间的逻辑关系进行了梳理,并分别介绍了三项研究的设置理由及研究目标、研究方法的选择以及主要研究内容。通过本章的理论框架搭建和对三项子研究的构思设计,本研究的实施从理论层面推进到了实际的操作层面,为接下来三项研究的具体实施奠定了坚实的基础。

第三章

任务设计与个体的内在动机：探索性实验

一 研究目的

根据动机问题的自我决定理论，人类具有自主、胜任和归属三种基本心理需要。其中，自主和胜任需要获得满足的程度，对于个体内在动机的激发具有重要的作用（Deci & Ryan, 2002）。尽管没有将工作设计要素与个体基本心理需要的满足直接挂钩，作为心理学导向的工作设计中最重要的模型之一，工作特征模型提出了技能的多样性、任务的完整性、任务的重要性、自主性和反馈性五个核心维度。从这五个核心维度出发进行工作设计，实际上很好地满足了员工的自主和胜任心理需要，从而增强了员工在工作过程中的内在动机（Deci & Ryan, 2002; Gagné, 2014）。

本书包含的几项研究，除了希望对管理学做出理论贡献之外，也希望能对管理实践特别是人力资源管理中的工作设计实践起到一定的指导作用。由于本书包含的几项研究采用了实验室实验的研究方法，我们对拟研究的问题进行了进一步的抽象和概括，探讨可以满足个体的基本心理需要的不同任务特征对个体完成任务过程中内在动机水平的影响。

尽管自我决定理论作为一种主流的动机理论，已经获得学术界的广泛认可，通过对应用这一理论的实证研究进行梳理可以发现，绝大多数的研究关注的是个体自主心理需要的满足，较少针对胜任的满足进行学术性讨论，把影响两种心理需要满足的任务特征放在同一项实验研究中进行探讨的就少之又少了（Ryan, 2012）。影响胜任感的因素其实很多：如果个体获得正性的反馈信息，胜任心理需要可以获得很好的满足；与正性反馈信息的获取密切相关,假如个体完成的是难度适中、没有超出自身能力范畴的任务,胜任感也会增强(Deci & Ryan, 2002)。在日常生活中,我们所处的工作和生活环境或多或少地满足了我们自主和胜任的心理需要,然而不同的环境对于两种心理需要的满足程度存在着差异。在本研究中,除了探讨任务设计中与个体自主心理需要的满足密切相关的任务特征(选择权的提供)对个体内在动机的影响之外,我们还将探讨任务设计中与个体胜任感有关的一项任务特征(任务难度设置)。因此,把影响个体的自我决定感和胜任感的任务特征放在同一项实验研究中,探讨如何通过合理的任务设计、更好地激发个体的内在动机是本研究的第一项重要目标。

本研究的第二个目标是关注个体差异因素。自我决定理论认为个体在自我决定倾向上是存在差异的:有的人倾向于以自我决定的方式工作和生活,这类人的自我决定倾向较高;有的人则习惯了在生活和工作中没有自己的选择权,习惯去做那些不得不做或者自己不喜欢去做的事(Deci & Ryan, 2000; Ryan & Deci, 2000)。在任务设计中,可以通过选择权的提供营造一种自主支持的环境,从而满足个体的自我决定感。然而,选择权的提供对个体内在动机的促进作用大小,对于具有不同自我决定倾向的个体来说可能存在差异。因此,本研究中,我们将通过成熟的量表测度个体的自我决定倾向,试图建立起个体的自我决定倾向与任务选择对个体内在动机的促进作用大小之间的联系。企业在人力资源管理的实践中,应当充分关注员工的个体差异,有针对性地进行激励。因此,如果本研究建立起二者之间的联系,也将为企业的管理实践提供重要的参考。

本研究的第三个目标是探索任务选择与感知胜任水平之间可能存在的关系。本研究涉及任务设计中的两项因素,分别是选择权的提供和任务难度的设置。其中,选择权的提供是满足个体自主心理需要的重要方式(选择可以直接增强个体的自我决定感),而任务难度是影响个体胜任感的重要因素(任务难度过高会削弱个体的胜任感)。最近有少量的实证研究显示,选择权的提供可能会增强个体的自信心以及胜任感(Patall et al., 2008)。然而,选择权与感知胜任程度之间的关系还没有在实验研究中被正式检验过。本研究将测度个体在不同实验条件下的感知胜任水平,试图建立起任务选择与感知胜任程度之间的联系。

二 研究假设

(一) 有关个体内在动机水平的假设

本研究中,我们将通过两种不同的方式测度个体的内在动机水平。第一种方法是通过自我决定理论体系中的内在动机量表(Intrinsic Motivation Inventory)中的核心问项测度个体在不同实验条件下完成任务时的享受程度;第二种方法参考大量行为实验中测度个体内在动机的行为指标,请被试在实验结束后按照自己想要再次完成任务的意愿,对高低难度、有无选择的4种任务进行排序。为了避免混淆,我们称前一项指标为"自我报告",将后一项指标称为"自由选择"。"自我报告"指标请被试回顾的是自己在参与实验过程中的内在动机水平,"自由选择"指标测度的则是个体完成实验后再次完成相应任务的意愿。因此,这两种内在动机指标在测量的结果上可能存在一定程度的差异。

本研究涉及两项任务特征,分别是选择权的提供和任务难度的设置。在任务设计中,任务选择是影响个体自我决定感的重要因素,任务难度则是影响个体胜任感的重要因素。自我决定理论认为自主和胜任心理需要的满足将有效激发个体的内在动机。换言之,当个体在外部因素中感受到自我决定和胜任感时,会表现出更强的内在动机(Deci & Ryan, 1975)。因此,我们预测任务选择和任务难度对于个体内在动机的主效应都是显著的。由于现有文献很少把这两项任务设计要素放在同一项实证研究中,这两个因素是否存在交互效应缺少理论的支撑,因此,我们没有对这两个因素对于内在动机水平的交互效应做出预测。相应的,得到如下假设:

H1:任务选择对于个体内在动机水平的主效应显著。

H2:任务难度对于个体内在动机水平的主效应显著。

(二) 有关个体自我决定倾向的假设

在上一节中我们介绍过,本研究的第二个重要目标是关注个体差异,探究个体的自我决定倾向会如何影响选择权的提供对于个体内在动机的促进作用。因此,我们在本研究中通过量表对个体的自我决定倾向进行了测度。根据自我决定理论,对于自我决定倾向较高的个体来说,有、无选择对于个体内在动机的影响可能更大；反之，对于自我决定倾向较低的个体来说，有、无选择对于个体内在动机的影响可能较小。因此，我们做出如下假设：

H3：个体的自我决定倾向越高，任务选择对于个体内在动机的促进作用越大。

（三）有关个体感知胜任水平的假设

在本章的研究目的部分我们介绍过，本研究的一项重要目的是在实验研究中探索任务选择对于个体感知胜任水平的影响。由于实证研究显示，选择权的提供通常会带来更好的任务表现以及其他正性的结果，我们预测选择权可能会显著影响个体的胜任感（Patall et al., 2008）。除此之外，任务难度也将影响感知胜任水平，高难度的任务将会削弱个体的胜任感。因此，得到如下假设：

H4：任务难度对个体感知胜任水平的主效应显著。

H5：任务选择对个体感知胜任水平的主效应显著。

（四）对于研究一假设的总结

表3.1　　　　　　　　　对于研究一假设的总结

假设对象	假设内容
内在动机水平	H1：任务选择对于个体内在动机水平的主效应显著 H2：任务难度对于个体内在动机水平的主效应显著
自我决定倾向	H3：个体的自我决定倾向越高，任务选择对个体内在动机的促进作用越大
感知胜任水平	H4：任务难度对个体感知胜任水平的主效应显著 H5：任务选择对个体感知胜任水平的主效应显著

资料来源：本书作者整理。

三　研究方法

（一）实验被试

我们通过浙江大学的校园论坛发帖招募了61名在校大学生参加实验，其中男生28名。一名同学在参与实验过程中实验程序报错，没能完成整个实验。因此,最终有效被试数为 60 名,他们的年龄在 17—25 岁之间,均值为 21.08 岁,标准差为 2.01 岁。研究一的实验设计通过了相关机构的伦理委员会批准。实验开始前,每位参与实验的同学都首先了解了实验流程,并声明自己自愿参加实验。

(二)实验材料

本研究中设计的实验任务是"找茬游戏"。具体来说,需要参与实验的被试在有限的时间内寻找出两张图片的不同之处。我们首先制作了一系列"找茬"素材,这一系列素材均具有一定的难度,对于普通被试来说,难以在规定时间内轻而易举地找出全部的不同之处。本研究中,我们对任务难度这一任务特征进行了操纵,准备了中等难度、高难度两种不同难度水平的实验素材。

图 3.1　普通难度组的"找茬"素材示例
资料来源:本书作者整理。

在正式实验前,我们招募了 15 名在校大学生作为被试进行实验前测(参加前测的同学不能参加正式的实验),对实验素材的难度通过 Likert 7 级量表进行评分(评分越高、难度越大)。结果显示,普通难度组实验素材的平均难度为 3.844(SD = 0.839),高难度组的实验素材的平均难度则为 5.007(SD = 0.727)。95% 置信区间的配对样本 T 检验结果显示,高难

图 3.2　高难度组的"找茬"素材示例

资料来源：本书作者整理。

度组与普通难度组的实验素材在任务难度上存在显著差异（$t = 5.023$，$p < 0.001$）。综合来看，前测结果显示，两组素材均具有一定的难度，并且两组素材的难度差异显著。因此，我们制作的"找茬"素材可以应用于正式的实验。在正式实验中，为了进一步加大两种实验条件（常规模式、困难模式）下的任务难度差异，我们适当缩短了困难模式下（采用高难度组素材）每道题目的作答时间。

（三）问卷采用

随着对自我决定理论研究的不断深入，Deci、Ryan 领衔其他知名学者在其理论框架下开发出了 17 套成熟的量表，为自我决定理论的实证研究提供了重要工具（自我决定理论的官方网站对 17 套量表给出了详细的介绍）。根据本书的研究需要，实验结束后，我们采用自我决定理论系列量表中的内在动机量表（Intrinsic Motivation Inventory）以及感知胜任量表（Perceived Competence Scale）中的核心问项分别在四种实验条件下测度了个体的内在动机以及感知胜任水平。最后，通过自我决定量表（Self-Determination Scale）测度了个体的自我决定倾向。

以上几项量表自开发以来经过不断修订，目前已经相当成熟，被广泛应用于国内外不同文化背景中的普通人群、大学生、企业员工、运动员等不同群体和样本，并获得了很高的信度和效度（Baard et al.，2004；Deci et al.，2001；Deci & Ryan，2000；Dysvik & Kuvaas，2013；Gagné & Deci，2005；Kasser et al.，1992；Vansteenkiste et al.，2006）。这其中，包含了一系列中国学者开展的研究，或者应用于中国人群的实证研究（刘惠军，纪海英，王英，2012；刘靖东，钟伯光，姒刚彦，2013；乔晓熔，2014a；乔晓熔，2014b；孙开宏，季浏，2010；孙开宏，季浏，王春芳，2010；夏惟怡，2010；许拥旺，张卫，许夏旋，2015；张剑，张微，Deci，2012；张剑，张微，冯俭，2010；朱晓娜，黄燕，李宗浩，2011）。从这些论文的发表时间看，自我决定理论在我国才刚刚兴起，方兴未艾。

图 3.3　自我决定理论官网对 17 套量表的介绍

资料来源：自我决定理论官网（http://www.selfdeterminationtheory.org）。

（四）实验过程

行为实验的被试相比脑电实验容易招募，因此，我们在实验前 2—3

天通过浙江大学的校园论坛发帖招募被试,介绍实验基本内容、时间、报酬等信息。被试报名之后,实验人员先与其通过电话进行沟通,根据被试以往参加实验的情况判断其是否符合本研究的要求,并与符合要求的被试约定参加实验的具体时间。正式实验当天,被试首先阅读实验指导语,从而了解实验的具体内容和过程。

具体来说,通过阅读实验指导语,被试了解到自己需要在困难和常规两种模式下完成"找茬游戏"。在困难模式下,除了"找茬"素材的难度更大,完成任务的时间也从60秒缩短到45秒(进一步加大了任务难度)。在每轮游戏的一开始,被试将看到自己在本轮中能否自主选择"找茬"题材的任务提示。如果被试在一轮游戏的一开始看到"有选择"提示,则可以在两项"找茬"素材中自主选择;若看到的是"无选择"提示,则需要完成系统为其随机分配的"找茬"素材。"找茬"的素材图片呈现在屏幕上之后,被试需要在到达规定时间之前通过键盘输入自己找到的不同之处的总数(由于实验编程的软件无法实现过于复杂的人机互动,被试无须通过鼠标点击具体的不同之处在哪里)。两张图片之间最少有1处、最多有9处不同。为了帮助被试合理安排时间,屏幕左上方的秒表将从0秒开始计时。被试输入找出的不同之处总数或到达规定的时间之后,屏幕上将呈现被试在本轮游戏中的完成情况以及正确答案。

实验共计12轮,其中困难模式、常规模式各6轮。实验分为两个Block,其中一个Block包含6轮在困难模式下完成的"找茬游戏",另一Block包含6轮在常规模式下完成的任务。为避免Block的顺序对实验的结果产生干扰,对于一半的被试,先做困难模式下的Block;对于另外一半被试,则先做常规模式下的Block。为避免被试产生疲劳,两个Block之间安排了大约两分钟的休息时间。每个Block中,在一半轮次中,被试可以在两项"找茬"素材中,自主选择想要完成的题材;在另外一半的轮次中,系统将为被试随机分配"找茬"素材。在每个Block中,"有选择"和"无选择"的轮次是随机打乱的。

由于本实验研究的是个体的内在动机水平,在正式实验开始之前,我们向被试强调了他们参与实验得到的是固定报酬,报酬数额与他们的任务完成情况无关。另外,由于上文中介绍过的编程软件技术限制,我们请被试汇报自己在每轮"找茬游戏"中找到的不同之处的总数，而不是统计被试通过鼠标点击找到的具体不同之处个数，这给被试留下了夸大自己任务表现的可能。由于存在这一可能性，以及本实验的研究对象是内在动机本身，而不是比较不同的内在动机水平带来的任务绩效水平差异，本研究将不再讨论被试自汇报的任务表现。

实验结束后，我们分别通过相关问项测度了被试在四种不同实验条件下的内在动机水平以及感知胜任水平。通过自我决定量表，我们测度了个体的自我决定倾向。除此之外，我们还通过另外一种方式测度了个体的内在动机水平：仿照行为实验中 Free Choice（自由选择）的方法，请被试对自己未来继续参与四版"找茬游戏"的意愿进行了排序。具体采用的问题如下：

本实验中的四版"找茬游戏"，你还想继续玩儿吗？请从最想玩儿至最不想玩儿的顺序，对它们进行排序。

A. 常规模式——有选择　　B. 常规模式——无选择

C. 困难模式——有选择　　D. 困难模式——无选择

你的排序是：_____

问卷填写完毕之后，我们支付了实验之前许诺的固定报酬，并收集了被试的姓名、性别、专业、年级、联系方式等相关信息，至此实验正式结束。

四　数据分析

（一）内在动机水平的统计分析结果

本实验采用了被试内的实验设计，任务选择和任务难度是被试内的因素。我们统计了 2（任务选择：有选择，无选择）*2（任务难度：困难，常规）=4 种不同实验条件下，60 名有效被试内在动机的问卷作答结果。根据实验设计，针对"自我报告"和"自由选择"两个指标，分别进行双因素的重复测量方差分析。

"自我报告"指标的统计分析结果如表 3.2 所示：

图 3.4 研究一的实验流程图

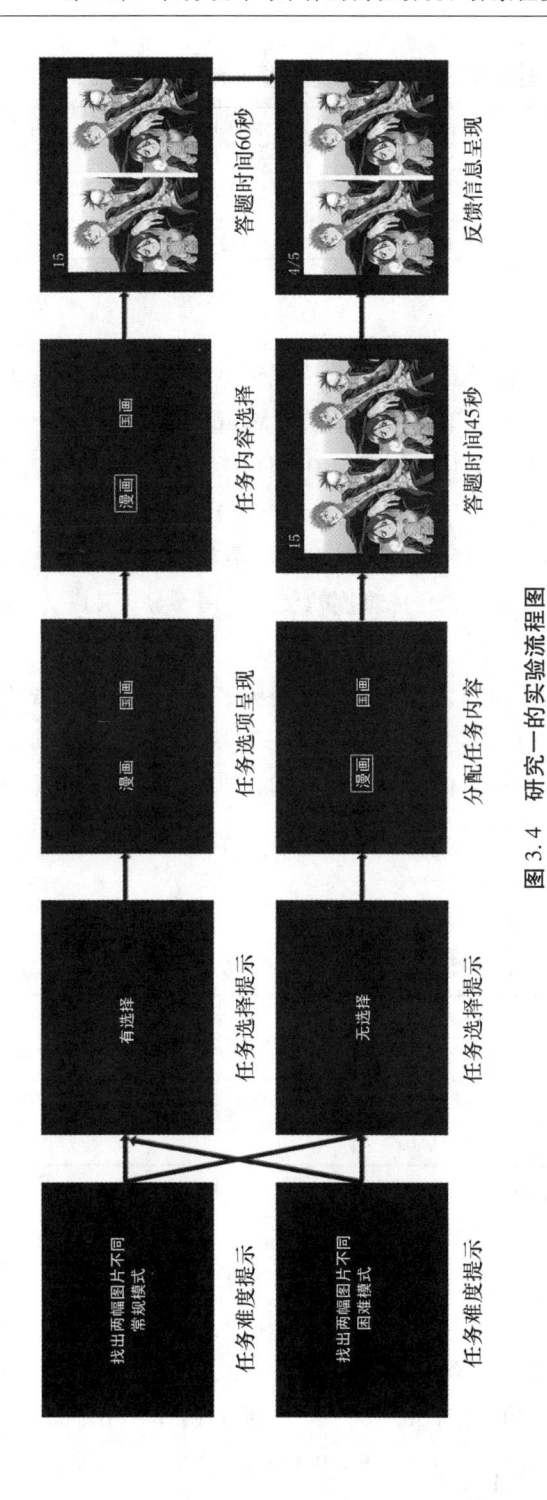

资料来源：本书作者整理。

表 3.2　"自我报告"的两因素重复测量方差分析结果

因素	F 统计量	显著性水平 p 值	效应量 η^2
任务选择	78.787	0.000	0.559
任务难度	34.512	0.000	0.369
任务选择 * 任务难度	0.152	0.698	0.003

资料来源：本书作者整理。

如表 3.2 所示，任务选择的主效应显著（$F_{1,59} = 78.787$，$p < 0.001$，$\eta^2 = 0.559$），有选择情况下的内在动机（Mean = 4.983，SE = 0.159）显著高于无选择情况（Mean = 4.050，SE = 0.187）。任务难度的主效应也是显著的（$F_{1,59} = 34.512$，$p < 0.001$，$\eta^2 = 0.369$），常规模式下的内在动机（Mean = 4.875，SE = 0.163）显著高于困难模式（Mean = 4.158，SE = 0.188）。然而，任务选择和任务难度的交互作用不显著（$F_{1,59} = 0.152$，$p = 0.698$，$\eta^2 = 0.003$）。

上一节中我们介绍到，填写完相关问项之后，我们请被试对自己未来继续参与四版"找茬游戏"的意愿进行了排序。排序最靠前说明个体在这一实验条件下的内在动机最强，相应的，"自由选择"指标计 4 分；排序末位的实验条件则计 1 分，以此类推。"自由选择"指标的统计分析结果如表 3.3 所示。

表 3.3　"自由选择"的两因素重复测量方差分析结果

因　素	F 统计量	显著性水平 p 值	效应量 η^2
任务选择	232.054	0.000	0.797
任务难度	36.460	0.000	0.382
任务选择 * 任务难度	2.744	0.103	0.044

资料来源：本书作者整理。

如表 3.3 所示，任务选择的主效应显著（$F_{1,59} = 232.054$，$p < 0.001$，$\eta^2 = 0.797$），有选择情况下的内在动机（Mean = 3.342，SE = 0.045）显著高于无选择情况（Mean = 1.942，SE = 0.073）。任务难度的主效应也是显著的（$F_{1,59} = 36.460$，$p < 0.001$，$\eta^2 = 0.382$），常规模式下的内在动机（Mean = 3.067，SE = 0.069）显著高于困难模式（Mean =

2.217，SE = 0.092）。然而，任务选择和任务难度的交互作用不显著（$F_{1,59}=2.744$，$p=0.103$，$\eta^2=0.044$）。

本实验中，我们通过"自我报告"和"自由选择"两种方式测度了个体的内在动机。由于采用的是被试内设计，对于每一名被试，我们在四种不同实验条件下分别获得了"自我报告"和"自由选择"数据。为了检验"自我报告"和"自由选择"这两组变量整体间的相关关系，即"自我报告"的综合结果与"自由选择"的综合结果之间是否存在相关，我们对这两个变量进行了典型相关分析。典型相关分析的基本思路是降维，与主成分分析的基本思想非常类似。根据两组变量之间的相互关系，在每组变量中分别寻找一个典型变量作为实际观测变量的线性组合替代原变量，将两组变量之间的关系聚焦到一对典型变量之间的关系上（傅德印，黄健，2008）。在 SPSS 中，可以通过两种不同的方式进行两组变量整体间的典型相关分析，第一种方法是 MANOVA，第二种方法则需要调用专门的宏程序。本书在统计分析中调用了 Canonical Correlation 语句，获得了典型相关分析的结果。

表3.4说明，在"自我报告"和"自由选择"两种测度个体内在动机的指标中，共可提取出4对典型变量。其中前3对变量之间存在显著的相关，第一对典型变量的解释力最强，相关系数高达0.745，这说明"自我报告"和"自由选择"两个指标之间确实存在显著的相关，通过两种方式测度个体的内在动机，可以获得较为一致的结果。这一统计结果为我们通过"自我报告"和"自由选择"两种方式测度个体内在动机水平的可靠性提供了佐证。

表3.4　　两种内在动机指标的典型相关系数及其显著性水平

典型相关系数	Wilk's	Chi-SQ	DF	Sig.
1　　0.745	0.299	65.821	16.000	0.000
2　　0.422	0.672	21.653	9.000	0.010
3　　0.396	0.818	10.946	4.000	0.027
4　　0.172	0.970	1.639	1.000	0.200

资料来源：本书作者整理。

（二）自我决定倾向的统计分析结果

内在动机的统计结果显示，任务选择显著地激发了个体的内在动机。

为了研究个体的自我决定倾向是如何影响有、无选择对于个体的内在动机的作用的，我们通过量表测度了个体的自我决定倾向，并将这一指标分别与"自我报告"和"自由选择"两个内在动机指标在有、无选择两种实验条件下的差值进行了 Spearman 相关分析，统计分析结果如表 3.5 所示。

表 3.5　自我决定倾向与内在动机水平的 Spearman 相关分析结果

自我决定倾向	自我报告	自由选择
相关系数	0.351	0.330
显著性水平（双侧）	0.006	0.010

资料来源：本书作者整理。

统计结果显示，在个体内在动机的两项指标上，个体的自我决定倾向越高，选择权的提供对于个体内在动机的促进作用越大。其中，个体的自我决定倾向与个体在有、无选择实验条件下"自我报告"指标的差值存在显著的正相关（correlation = 0.351，p = 0.006）；在"自由选择"这一指标上也得到了类似的结果（correlation = 0.330，p = 0.010）。

（三）感知胜任水平的统计分析结果

与内在动机两个指标的统计分析方法相同，根据实验设计，我们针对个体的感知胜任水平进行了双因素的被试内重复测量方差分析，统计分析结果如下：

表 3.6　感知胜任的两因素重复测量方差分析结果

因素	F 统计量	显著性水平 p 值	效应量 η^2
任务选择	79.572	0.000	0.574
任务难度	139.279	0.000	0.702
任务选择 * 任务难度	4.403	0.040	0.069

资料来源：本书作者整理。

如表 3.6 所示，任务选择的主效应显著（$F_{1,59}$ = 79.572，p < 0.001，η^2 = 0.574），有选择情况下的感知胜任程度（Mean = 3.775，SE = 0.139）显著高于无选择情况（Mean = 2.758，SE = 0.122）。任务难度的主效应也是显著的（$F_{1,59}$ = 139.279，p < 0.001，η^2 = 0.702），常规模式下的感知

胜任水平（Mean = 3.867，SE = 0.135）显著高于困难模式（Mean = 2.667，SE = 0.121）。任务选择和任务难度的交互作用也是显著的（$F_{1,59}$ = 4.403，p = 0.040，η^2 = 0.069），但效应量并不大。与我们的预测一致，在常规模式、有选择情况下个体的感知胜任程度最高。

由于任务选择、任务难度两因素的交互作用显著，我们进一步分析了简单效应，4个简单效应均是高度显著的。具体的统计分析结果如表3.7所示。

表3.7　　　　　　　　感知胜任的简单效应分析结果

	均差	显著性水平 p 值	95% 置信区间 下限	95% 置信区间 上限
（常规，有选择）—（常规，无选择）	1.100	0.000	0.873	1.327
（困难，有选择）—（困难，无选择）	0.933	0.000	0.678	1.189
（常规，有选择）—（困难，有选择）	1.283	0.000	1.065	1.502
（常规，无选择）—（困难，无选择）	1.117	0.000	0.898	1.335

资料来源：本书作者整理。

综上所述，我们对研究一涉及的全部研究假设的验证情况进行总结。

表3.8　　　　　　　　对于研究一假设验证情况的总结

假设对象	假设内容	验证情况
内在动机水平	H1：任务选择对于个体内在动机水平的主效应显著 H2：任务难度对于个体内在动机水平的主效应显著	成立 成立
自我决定倾向	H3：个体的自我决定倾向越高，任务选择对于个体内在动机的促进作用越大	成立
感知胜任水平	H4：任务难度对个体感知胜任水平的主效应显著 H5：任务选择对个体感知胜任水平的主效应显著	成立 成立

资料来源：本书作者整理。

五　结论与讨论

本章对本书的第一项研究进行了全面的阐述，在这项行为学实验中，我们研究了影响个体自主和胜任两种心理需要满足的两项任务特征（任务选择、任务难度)。这项研究采用的是被试内设计,具体实验任务为"找茬游戏",参与实验的被试需要在规定的时间内尽可能多地找出两幅高度相似图片存在的细微差别。影响自主心理需要满足程度(即自我决定感)的一项重要任务特征是任务选择,为了对任务选择进行操纵,被试在一半轮次实验中,可以根据"找茬"素材的文字提示,在两项"找茬"素材中进行自主选择(供被试选择的两项"找茬"素材在难度上无差异);在另一半轮次中,则没有选择权,需完成计算机为其随机分配的一项"找茬"任务。影响胜任心理需要满足程度(即感知胜任程度,或胜任感)的一项重要任务特征是任务难度,为了对任务难度进行操纵,被试在一半的轮次中在较短的时间内完成难度较高的"找茬"任务,而在另外一半轮次中在较长的时间内完成难度适中的"找茬"任务。在这项行为学研究中,我们测度了个体的自我决定倾向以及个体在不同的实验条件下的感知胜任水平。除此之外,我们通过"自我报告"和"自由选择"两种不同的方式测度了个体的内在动机水平。以下的各小节将依次介绍研究一的结论,并对获得的结论进行进一步的讨论。

(一) 内在动机水平的结论与讨论

本研究中,我们通过两种不同的方式测度了个体在 4 种不同实验条件下的内在动机水平。其中,第一种方式是"自我报告",即通过问项测度个体自汇报的对于活动本身的兴趣程度、心理状态以及情感体验。我们采用的第二种方式启发自实验研究中内在动机的行为学测量指标"Free-Choice",由于我们采用的是被试内设计,不能直接通过记录被试再次主动完成不同版本"找茬游戏"的时长获得这一指标,因此,实验结束后我们请被试对自己希望能继续完成不同版本"找茬游戏"(对应本研究的不同实验条件)的意愿,按照从最想玩儿到最不想玩儿的顺序进行排序。本研究中,我们把通过这种方法获得的内在动机指标称为"自由选择"。在"自我报告"和"自由选择"两项指标上我们得到了一致的结果,二者之间存在显著的典型相关,说明两种方式均可以较好地测度个体的内在动机。

具体的,对于个体内在动机来说,任务选择和任务难度的主效应均显著,二者的交互效应则不显著。因此,假设 H1 和 H2 均是成立的,说明任务选择和任务难度均会显著地影响个体的内在动机。具体来说,有关任务的选择权可以促进内在动机，而远超个人能力水平的高难度任务会削弱个体的内在动机。在任务设计中，任务选择主要与个体自主心理需要的满足相关，任务难度主要与个体胜任心理需要的满足相关（Deci & Ryan, 2002）。因此，本研究的发现证实了自我决定理论中"基本心理需要的满足可以有效激发个体内在动机"的观点，说明可以从任务设计的角度出发对任务特征进行合理的设计、从而激发个体的内在动机，换言之，通过任务本身特征充分激发个体的内在动机是切实可行的。

自我决定理论体系中的认知评价理论指出，当一项外部因素同时满足个体的自我决定和胜任感时，个体从事一项活动的内在动机将会显著增强（Deci & Ryan, 1975）。这一观点也得到了本研究结果的证实：在常规模式、有选择的实验条件下，个体的自我决定感和胜任感较强，也表现出了最强的内在动机。如果把我们的研究结论应用到组织领域，这一发现提醒管理者：要想增强员工的内在动机，除了为员工设置难度合理的工作任务，还应当给予员工一定程度的自治权，这种自治权可以体现为允许他们在几项难度相当的工作任务之间根据自己的意愿进行自主选择，这有助于增强企业员工的工作责任感和主人翁意识。

在心理学导向的工作设计实践中，一项被广泛采用的具体举措是工作丰富化。工作丰富化的基本观点是：更加复杂、更具挑战性的工作内容，可以起到激励员工、增强员工内在工作动机的作用。这一举措提出的现实背景是：工程导向以及工效学导向的工作设计将工作任务高度简化、以期降低员工犯错的概率；然而，从事过于简单的工作任务无法很好地满足员工的胜任感。工作丰富化的本意是提升个体的内在动机。然而在本研究中我们发现，相比难度适中的任务，个体面对高难度任务时的感知胜任水平较低、内在动机也削弱了。这提醒管理者：在应用工作丰富化这一举措时，应对工作丰富化的程度进行合理地把控。事实上，一系列的研究显示，企业员工往往更倾向于较低水平的挑战，因为这意味着他们获得成功的概率更大（Abuhamdeh, 2012）。

任务本身诱发的内在动机水平取决于个体对于任务本身的兴趣程度、个体在参与任务的过程中体会到的乐趣以及任务对于个体能力的适度挑战（Vallerand, 2000）。如果企业员工原本从事的工作过于简单、不具备挑战性，适度的工作丰富化会起到增强员工内在工作动机的作用。然而，假如员工从事的工作本就具备一定的挑战性，考虑进一步增加工作的挑战性时需要慎重，不能让新的工作内容超出员工的能力水平；否则，员工胜任的基本心理需要不能在工作过程中获得很好的满足，将在很大程度上打击他们的工作积极性、削弱其内在工作动机。

（二）自我决定倾向的结论与讨论

通过将个体的自我决定倾向（亦即自主特质，Trait Autonomy）与通过两种不同方式获得的内在动机指标在有、无选择两种实验条件下的差值分别做 Spearman 相关分析，我们发现，个体的自我决定倾向高低，将对任务选择对于内在动机水平的促进作用大小产生影响。具体来看，个体的自我决定倾向越强，任务选择对其内在动机的促进作用越大。因此，假设 H3 是成立的。

作为一个社会心理学理论，自我决定理论的提出者 Deci 和 Ryan 始终假设个体的动机、行为和特定情境下的感受是社会环境和个体内部资源的功能函数（张剑，张微，宋亚辉，2011）。因此，社会环境对于个体内在动机的影响，尽管在作用方向上是存在普遍规律的，在作用大小上会存在个体差异。在本书的研究二和研究三中，我们将采用认知神经科学研究中主流的事件相关电位技术研究个体的内在动机问题。由于认知神经科学技术手段的特殊性，我们与这一领域绝大多数发表论文一致，将采用15—20之间的样本量，这一样本数目对于认知神经科学研究而言非常合理，但与行为实验相比，样本数目较小。因此在认知神经科学研究中，更多地关注群体层面的效应，无法很好地探讨个体差异的影响（Picton et al.，2000）。本研究采用行为实验的研究方法，招募60余名被试参与一项被试内设计的研究。因此，在这项研究中，我们除了可以从群体层面探究影响个体内在动机的情景因素，还可以较好地关注到个体差异因素。

本研究中我们重点关注的个体差异因素是个体的自我决定倾向。自我决定理论体系中，专门测度个体自我决定倾向的量表最早是由 Sheldon 与自我决定理论的创始人之一 Deci 于1996年共同研发的，这一量表目前已经在大量实证研究中获得应用（Elliot & McGregor，2001；Elliot & Thrash，2002；Reis et al.，2000；Sheldon et al.，1996；唐本钰，张承芬，2005）。这一量表测度的是个体的自我决定倾向，换言之，是个体的自主特质。如果个体具有较高程度的自主特质，在日常生活中，他们会倾向于去做自己感兴趣或认为有意义的事情，并且在从事这些活动的过程中，更好地满足自己的自主心理需要。

应用自我决定倾向量表的大量实证研究结果一致地显示，个体的自我决定倾向与个体的积极、消极行为均密切相关。其中，自我决定程度较高的个体，会更多地表现出积极的行为；换言之，自主特质较高的个体，更容易受到正性的外部环境因素对其的正面影响（Deci & Ryan, 2002；暴占光，张向葵，2005；刘靖东，钟伯光，奴刚彦，2013；刘丽虹，李爱梅，2010；许拥旺，张卫，许夏旋，2015）。本研究中，选择权的提供可以很好地满足个体自主的心理需要，因此对于个体而言，是一种正性的外部环境因素，会对个体从事一项活动过程中的内在动机水平起到促进作用。实验结果也显示，任务选择对个体内在动机的促进作用大小确实是存在个体差异的：个体的自主定向越高，提供选择越能增强个体的内在动机。

如果把这一研究结论应用到组织领域，这一发现提醒管理者们：对于不同类型的员工，在设计工作任务时应当有不同的考量。对于自主定向水平较高的员工，在允许的范畴内应尽可能地赋予他们选择权，从而满足他们的自主心理需要，增强他们的内在动机。对于自主定向较低的员工来说，如果无法为他们提供任务上的选择，他们相对更容易接受，内在动机受到的负面影响较小。

（三）感知胜任水平的结论与讨论

重复测量方差分析的结果显示，对于感知胜任来说，任务选择、任务难度的主效应均显著，两个因素的交互效应也显著。因此，假设 H4 和 H5 均成立。由于两因素交互作用显著，我们又在两因素的不同水平上分别分析了四种简单效应。结果显示，四种简单效应也都是显著的。

根据自我决定理论，胜任的满足可以增强个体内在动机。在诸多影响感知胜任程度的因素当中，任务难度是其中重要的一项。大量实证研究显示，个体对于自身的胜任感知与其在任务中的表现密切相关：个体的绩效水平越高，感知胜任程度越高。因此任务难度会影响个体的胜任感，从而进一步影响个体从事一项活动的意愿（Eccles et al., 1998；Eccles & Harold, 1991；Eccles & Wigfield, 2002；Stodden et al., 2008）。与前人的研究结论一致，在本研究中我们也发现任务难度会显著的影响个体的感知胜任程度：相比高难度的实验任务，个体完成中等难度实验任务时的感知胜任程度更高。

本研究的一项有趣的发现是，对于感知胜任水平来说，任务选择的主效应也是显著的，有选择时个体的感知胜任程度更高。尽管有大量研究显示，提供选择可以很好地满足个体的自主心理需要，从而增强内在动机（二者之间存在关联是容易理解的），但很少有研究将选择和胜任感联系在一起（Patall et al., 2008）。通过我们对大量的文献进行仔细检索和梳理，我们发现有少量研究指出选择与个体的胜任感或者自信心之间可能存在联系（Cordova & Lepper, 1996；Dwyer, 1997；Tafarodi et al., 1999；Tafarodi et al., 2002；Wheeler, 1993）。尽管获胜的信心并不等同于感知胜任，两个概念在很大程度上存在相似之处：感知胜任，测度的是个体对自己能够在完成一项任务的过程中体现出能力，并且掌握实验任务的程度的主观评估；获胜信心，也是个体对于自己能够在一项任务中获胜的可能性的主观评估。然而，由于支持这一联系的研究数目有限，选择与胜任感之间可能存在的联系有必要获得进一步论证。本实验中，我们通过感知胜任的相关问项测度了个体在不同实验条件下的胜任感，从而为"选择权的提供可以满足个体胜任的基本心理需要"这一论断提供了直接的证据。

基于这一发现我们认为，在日常生活中，选择之所以可以显著地增强个体的内在动机，除了因为它可以直接地满足个体自主的心理需要，还因为它可以增强个体的胜任感。任务设计中的其他因素，往往只与个体一种基本心理需要的满足有关。比如，本研究中探讨的任务难度，通常不会对个体的自我决定感产生影响。因此，与任务设计中涉及到的其他因素相比，任务选择对于个体内在动机的促进作用可能更强，在企业的管理实践中，对员工的合理授权也应获得管理者更大程度的重视。遗憾的是，由于大量的实证研究显示，选择与个体自主心理需要的满足程度有着密切的关系（Patall et al., 2008），在本研究中我们没有通过相关量表测度个体在不同实验条件下的感知自主性。未来的研究可以弥补我们的这一不足，从而建立起以感知自主、感知胜任水平为中介变量的模型，更好地解释任务选择是如何通过满足个体自主、胜任两项基本心理需要，实现对个体内在动机的促进作用的。

（四）综合讨论
1. 研究一选择行为学实验方法的原因

在本书的第二章中我们介绍过，研究二和研究三将采用认知神经科学实验方法，试图把人类复杂的动机过程拆分为多个阶段，并在各阶段找到可以客观测度个体内在动机水平的认知神经科学指标，从而建立起复杂动机过程的认知加工模型。尽管应用认知神经科学的实验方法可以获得丰富的结论，但也存在一定的局限性。具体来说，为了确保测量获得的认知神经科学指标的准确性，认知神经科学实验要求每个实验条件下的有效试次数目在 30 次以上；由于实验的组织难度和实验成本，招募的被试数目限制在 20 人左右（Picton et al., 2000）。为了符合这些限制条件的要求，在认知神经科学实验中我们只能研究单个任务特征对个体内在动机的影响（比如任务选择），很难在一个实验中，把影响个体内在动机水平的多项任务特征同时纳入其中；另外，受限于被试数，只能关注群体层面具有普遍性的认知加工过程，不能很好地测度个体差异。由于行为学实验没有认知神经科学实验对于试次重复次数和实验时长方面的限制，我们可以在一个被试内设计的实验中研究影响个体基本心理需要满足的两项任务特征（任务选择、任务难度）与个体内在动机水平之间的关系。另外，工作动机的自我决定理论模型认为，影响个体内在动机水平的因素还包括一项重要的个体差异因素，即个体的自我决定倾向。研究个体差异因素需要招募足够数目的被试，这是本研究选择行为实验方法的另一重要原因。

2. 对于测量个体内在动机水平的行为指标的创新

认知神经科学的技术手段可以记录下个体在实验全过程中的认知加工过程。在研究二和研究三中，我们充分利用这一技术优势，把个体复杂的动机过程拆分为情景线索加工、任务启动准备、任务绩效监控、反馈结果期待和反馈结果加工五个子阶段，在不同阶段找到了可以客观表征个体动机水平的脑电指标，并且在这些指标上获得了稳定而一致的结论（具体内容将在后续章节中介绍）。本研究采用的是行为学实验方法，因此无法通过认知加工过程获知个体的内在动机水平，但为了增强研究结果的可靠性，本研究中我们也通过两种不同方式测度了个体的内在动机水平。

第一种方法是在实验结束后，通过自汇报的方式请个体对自己在不同实验条件下完成任务过程中的享受程度以及任务本身的趣味程度进行主观评分；另一种方法则参考观察被试在完成实验之后自主选择完成任务的时长（Free-Choice）这一手段，通过问卷的排序题目测度个体在不同模式下（对应于本实验中的不同实验条件）希望继续完成任务的倾向。本研究中，为避免产生混淆，我们将前一指标称为"自我报告"，将后一指标称为"自由选择"。在"自我报告"以及"自由选择"两个测度个体内在动机的指标上，我们得到了相似的结论。结果显示，任务选择和任务难度均会显著地影响个体的内在动机。

值得一提的是，通过问卷的排序题目，即"自由选择"指标测度个体的内在动机水平，对于内在动机的测度是一种方法上的创新。在之前的行为学研究中，假如采用了类似本研究的被试内设计，无法通过Free-Choice的时长测度个体的内在动机（Free-Choice只适合被试间设计的实验，不同组被试在不同实验条件下完成实验，观察不同组被试的Free-Choice时长）。后续的研究如果采用类似本研究的被试内设计，可以参考本研究中排序题目的方法测度个体的内在动机水平，结合通过"自我报告"法获得的内在动机指标，获得关于个体内在动机水平的更加稳定、可靠的结果。

3. 影响个体内在动机水平的个体差异因素

本研究除了探讨任务设计中与个体基本心理需要的满足有关的两项任务特征对于个体内在动机的影响，还充分考虑了个体差异。具体来说，我们发现个体的自我决定倾向会显著影响任务选择对于个体内在动机的促进作用的大小。这一发现对于本研究的结论在现实生活中的应用提供了指导，提醒我们在今后的研究中更加重视个体差异因素，寻找合适的量表测度其他与内在动机相关的个体特质。

举例来说，自我决定理论的学者在对个体的基本心理需要进行进一步深入研究的过程中，发现目标内容的不同会影响个体的幸福感（Deci & Ryan，2002；Kasser & Ryan，1993，1996）。假如个体在完成一项任务的过程中设置了内在目标（如自己享受任务过程），与选择外在的目标相比（如获得他人认可）能够更好地满足个体基本心理需要，从而增强个体的动机水平和幸福感。因此，未来的相关研究也可以考虑个体在目标内容上的差异。

除了应用自我决定理论体系中的成熟量表及其核心问项，在个体内在动机问题的研究上，还可以与其他理论有机结合。例如，成就目标理论认为个体在成就目标的设置方面存在差异，有的人为自己设定了掌握目标，关注完成任务过程中自身能力的提升；其他人则为自己设定了绩效目标，关注的是结果本身（Dweck，1986）。本研究中我们发现，个体的自我决定倾向会显著地影响任务选择对于个体内在动机的促进作用大小。从这一项结论出发，我们猜测个体在成就目标设置方面的不同可能会对任务难度对于个体内在动机的作用产生影响。具体来说，如果个体设置的是绩效目标，会过于关注自身的任务表现，因而高难度的任务会显著地削弱个体的胜任感，从而降低个体的内在动机水平；反之，如果个体设置的是掌握目标，个体可能会更享受高难度任务带来的挑战和对自身能力的提升，因而不会显著削弱个体的感知胜任水平，进而对个体的内在动机产生明显的负面作用。当然，目前这只是我们的理论推演，具体的结果还有待未来研究的进一步探讨。

4. 研究一存在的不足之处及后续研究设想

作为本书第一项研究，研究一将动机问题的自我决定理论应用于任务设计中，探讨了任务设计中的任务选择、任务难度两项任务特征与个体的内在动机水平之间的关系。本研究的结论证实了在任务设计乃至组织情景下的工作设计中，可以通过合理的任务设计充分满足个体自主、胜任的基本心理需要，从而激发个体的内在动机。研究二和研究三将延续这一视角，关注任务设计中可以满足个体基本心理需要的其他任务特征，以期达到增强个体内在动机的目的。

尽管研究一为本书奠定了重要基础，这项研究也存在一定的局限性。研究一中我们通过"自我报告"和"自由选择"两个指标测度了个体的内在动机，尽管两个指标均可以在一定程度上表征个体的内在动机水平，但它们都不能在实验的过程中实现对个体内在动机水平的实时、客观测度。具体来看，"自我报告"是在实验完成之后，请被试对于自己在不同实验条件下完成任务时的内在动机的回忆和主观评价。一方面，它不是对个体内在动机水平的实时测度；另一方面，这种方法获得的数据不是大脑最初的直接响应，容易受到外部因素影响，从而偏离被测指标的真实水平。"自由选择"测度的是被试希望再次参与活动的意愿，虽然很多研究指出这种意愿的强弱可以较好地反映个体内在动机水平（Harackiewicz, 1979; Ryan, 1982），但个体再次参与活动的意愿可能与个体在实验过程中的感受以及真实的内在动机水平之间存在一定的差异（Camerer, 2010）。总结来看，内在动机实际上反映的是个体的一种心理状态，而通过量表和行为观察只能间接地、在活动之后对其进行测度。

相比之下，认知神经科学在内在动机问题的研究上可以充分发挥其优势，实现在个体从事一项活动的过程中对其内在动机水平的实时、客观测度。自我决定理论的创始人之一 Richard Ryan 在其编著的《牛津人类动机研究手册》中曾指出，应用认知神经科学技术手段研究人类的动机问题，是未来动机和激励问题研究的一个重要发展趋势（Ryan，2012）。近年来，管理学界越来越多地开始尝试采用实验方法研究动机与激励问题。然而，只有很少的几项研究采用神经科学的测量仪器进入认知神经科学层面，客观测度个体对于不同激励手段的大脑响应（Albrecht et al.，2014；Ma，Jin，Meng et al.，2014；Marsden et al.，2015；Murayama et al.，2010）。从任务设计的视角出发，研究个体对于不同任务本身的大脑响应以及不同任务特征对个体内在动机的激发的认知神经科学研究，目前更是一片空白。

此外，目前仅有的几篇文献，都是通过大脑对于反馈结果的认知加工过程测度个体的内在动机的（Albrecht et al.，2014；Ma，Jin，Meng et al.，2014；Marsden et al.，2015；Murayama et al.，2010），但不同的实验范式下不一定都会出现反馈结果加工阶段；在复杂动机过程中的其他阶段，也可以找到能够客观测度个体内在动机水平的其他认知神经科学指标，这也为本书留下了充分的研究空间。本书的研究二和研究三将应用认知神经科学技术的手段研究个体的内在动机问题，一方面，将探索其他可以客观测度个体内在动机水平的脑电指标，为后续研究奠定基础，提供可拓展延伸的实验范式；另一方面，我们将继续从任务设计的视角出发，应用自我决定理论探讨与个体基本心理需要的满足密切相关的其他任务特征对于个体内在动机的影响，并采用相应的脑电指标作为依据。

六　本章小结

本书从自我决定理论出发，探讨了任务设计中与自主、胜任两种心理需要的满足有关的不同任务特征与个体的内在动机之间的关系。研究一在一项被试内设计的实验中，探讨了两项重要任务特征（任务选择、任务难度）与个体内在动机之间的关系，并得到了可以通过合理的任务设计充分激发个体内在动机的结论，为本书奠定了研究基础。此外，研究一采用行为实验的研究方法，对研究二、研究三即将采用的认知神经科学实验研究方法是一种有机的补充。

具体来说，根据自我决定理论，在个体完成任务的过程中，任务选择、任务难度分别是影响个体自主、胜任心理需要获得满足程度的重要任务特征。因此，在研究一的实施过程中，我们将任务选择、任务难度作为被试内的因素，研究了它们对于个体内在动机的影响。我们通过"自我报告"和"自由选择"两种方式测度了个体的内在动机水平，并且得到了一致的结论：任务选择、任务难度均会显著地影响个体的内在动机。其中，"自由选择"（即个体对于自己在不同的条件下完成任务意愿的主观排序）这种测量方法是本书的一个创新之处，后续研究如果采用了被试内设计，可以参考这一方法，与"自我报告"方法有机结合，共同测度个体的内在动机水平。研究一还测度了个体在不同实验条件下的胜任感。结果显示，任务选择显著增强了个体的感知胜任程度，这一发现帮助我们更好地理解任务选择是如何增强个体的内在动机的。

  本研究的另一个重要发现是个体的自我决定倾向会显著影响任务选择对于个体内在动机促进作用的大小。这一发现提示我们，在内在动机问题的研究中应当充分地关注包括目标内容、成就目标在内的个体差异因素，为内在动机问题的后续研究提出了一个可以拓展延伸的方向。本章的最后，我们将本研究的几项结论结合在一起进行了讨论，并且指出本研究可能存在的一项不足之处是没能在实验过程中实现对个体内在动机水平的实时、客观测度。基于这一不足，我们提出认知神经科学的研究方法可以在内在动机问题的研究上充分发挥优势，从而为本书的研究二和研究三指明了方向。

第四章

任务设计中的任务选择与个体的内在动机

一 研究目的

根据自我决定理论，自主的心理需要即自我决定的心理需要，个体希望在从事各种活动的过程中可以根据自身的意愿进行自主选择，从而感受到对环境的一种控制感和自我决定感。自我决定理论认为，尽管影响个体内在动机的因素多种多样，但自主性是最基本的条件。自我决定理论的两位创始人 Ryan 和 Deci 对自主支持和自主抑制两种不同环境的比较研究发现，自主支持的环境更能激发个体的内在动机，并且与胜任需要和归属需要相比，自主需要对内在动机的影响最大（Ryan & Deci, 2000）。在研究一中，我们已经通过一项行为实验，得出任务设计中的任务选择会显著增强参与任务过程中个体的内在动机水平的结论。与研究一类似，本研究也在实验室的情境中对个体的自主选择权进行了操纵，从而设计了自主支持和自主抑制两种不同的任务特征。与经典的量表测量和行为观察不同，本研究借助于认知神经科学的技术手段，试图通过记录大脑实时的认知加工活动实现对个体内在动机水平更加客观的测度。具体来说，本研究有以下三个研究目的。

研究目的1：在前人对于个体内在动机的认知神经科学研究发现的基础上，进一步找到能够客观测度个体内在动机强度的认知神经科学指标。本研究中，我们记录了被试完成实验任务全过程中头皮表面的神经元放电活动。以往的神经科学研究显示，我们可以通过分析大脑头皮表面的电生理活动来了解个体对某种事物的情绪反应、投入的注意力水平以及对于刺激材料的认知加工状态等（Luck, 2005）。截至2014年，已有的研究个体内在动机问题的唯一一项事件相关电位研究指出，个体在反馈结果加工阶段面对任务完成情况的反馈信息诱发的反馈相关负波的差异波（d-FRN）的波幅，可以客观地测度个体内在动机水平（Ma, Jin, Meng et al., 2014）。该结论为国际范围第一项研究个体内在动机问题的磁共振研究提供了重要的佐证（Murayama et al., 2010），也获得了其他几项认知神经科学研究的支持（Albrecht et al., 2014；DePasque & Tricomi, 2015；Marsden et al., 2015；Meng & Ma, 2015）。由于人类的动机过程十分复杂，可以分解为若干个重要阶段。反馈结果加工阶段尽管十分重要，但在研究中具体采用的实验范式是根据实验目的设计的，并非所有的实验范式都会涉及反馈结果加工阶段。本研究中，除了反馈结果加工阶段之外，我们还将关注到情景线索加工阶段和反馈结果期待阶段，以期在大脑层面发现更多能够客观表征个体动机水平强弱的认知神经科学指标。因此，本研究的第一项重要目的是实现活动过程中个体内在动机强度的定量化测量，并为后续研究提供可以拓展延伸的实验范式。

研究目的2：研究一的结果显示，在任务设计中，提供关于任务的选择权是满足个体自主、胜任基本心理需要的一种重要手段。从大脑认知加工的角度来看，心理需要的满足会被个体视为一种奖赏（Leotti & Delgado, 2011），因此，对于有、无选择的任务提示的认知加工，可能与大脑对奖赏、惩罚的认知加工具有相似的机制。本研究中，我们借助于认知神经科学的技术手段，试图探索选择本身对于个体的积极作用。

研究目的3：为本研究框架中的后续研究做好铺垫。后续研究也将采用认知神经科学中的事件相关电位技术，关注在任务设计中如何通过合理的设计任务的内容与性质，充分满足个体胜任的心理需要，从而增强个体的内在动机。因此，本研究的一个重要目的是选取一项恰当的实验任务，适合在认知神经科学的实验研究中被采用。研究一中采用的"找茬"游戏，单轮实验任务耗时超过一分钟，虽然可以让参与实验的被试很好地进入任务状态中，并且对于自己在不同的实验条件下完成任务时在内在动机水平上的差异有更加强烈和直观的感受，但不符合认知神经科学对于每个实验条件下需完成30轮以上任务（多次叠加的目的是实现降噪、确保良好的数据质量）的要求（Luck, 2005）。因此，设计出适合认知神经科学研究的实验任务是应用认知神经科学的技术手段探索个体内在动机问题的前提条件，也是本研究的重要目标之一。

二 研究假设

本研究应用认知神经科学领域的一项主流技术——事件相关电位技术记录下参与实验被试在实验全过程中的脑电数据。除此之外，我们还通过软件记录下了被试的行为表现，并且通过语义差异量表测度了个体在不同实验条件下的主观感受。综合来说，本研究的假设可以分为行为和神经两个层面。

（一）行为层面的假设

1. 任务表现的假设

本研究采用"估算时间"作为基本的实验任务，被试的目标是在不借助外部计时工具的前提下，尽可能准确地估算出3秒左右的时间。具体的"估算时间"任务有难度相当的两项：第一项任务要求被试估算的时间在2.7—3秒之间（任务1），另一项任务则要求被试估算的时间在3—3.3秒之间（任务2）。整个实验包含两种不同的实验情景，在一种情景下，个体可以根据自身偏好，在任务1和任务2之间进行自主选择；在另一种情景下，个体需要完成计算机为其随机分配的任务。我们预测，提供关于实验任务的选择权可以满足个体自主的心理需要，从而增强个体内在动机、进而帮助个体获得更好的任务表现。因此得到如下假设：

H1：个体在自主选择情景下的成功率显著高于随机分配情景。

2. 量表评分的假设

本研究的主要结论来自认知神经科学层面，但为了进一步佐证我们获得的电生理学结论，实验结束后我们请参与实验的被试完成了6分的语义差异量表，测度了个体在自主选择和随机分配两种实验情景下"享受程度""获胜信心""对结果的期待程度"共三个方面的主观感受。值得说明的是，由于量表只是本研究的辅助手段，考虑到认知神经科学实验的实际情况和限制因素，对于以上三个方面主观感受的测度均是通过单个题项完成的。

"享受程度"作为内在动机量表（Intrinsic Motivation Inventory）的核心题项之一，可以较好地反映个体的内在动机水平。根据自我决定理论，个体的自主心理需要在自主选择的实验情景下获得了更好的满足,从而会激发更强的内在动机。研究一中我们获得的一项重要结论是,自主选择对于感知胜任水平的主效应也是显著的,相应地,我们预测个体在自主选择的实验情景下对于在任务中获胜会表现出更强的信心,从而也会对自己的任务表现具有更高程度的期待。因此,我们做出如下假设:

H2:相较于随机分配的实验情景,个体在自主选择情景下的享受程度更高。

H3:相较于随机分配的实验情景,个体在自主选择情景下的获胜信心更强。

H4:相较于随机分配的实验情景,个体在自主选择情景下对于结果的期待程度更高。

(二) 神经层面的假设

本研究在被试完成实验任务的同时通过脑电设备记录下了被试在完成任务全过程中的大脑神经元的电生理活动,并从个体复杂动机过程的情景线索加工、反馈结果期待、反馈结果加工三个阶段找到内在动机水平的认知神经科学表征。

1. 情景线索加工阶段的假设

在认知神经科学的研究中,如果采用的是被试内设计,为了避免前后顺序对实验结果产生干扰,对应于不同实验条件的实验试次通常是随机打乱到整个实验过程中的。因此,在实验任务启动前我们会设置任务或者实验情景的提示阶段,并观察被试在该阶段的大脑活动情况,这也是探测被试对于这一任务或者这一实验情景的情感和心理响应的一种常见方法。在文献综述部分,我们提到线索诱发的反馈相关负波(Cue-FRN)是情景线索加工阶段出现的重要脑电成分,它的波幅可以客观地反映个体对于不同情景线索在认知加工上的差异(Baker & Holroyd, 2009; Dunning & Hajcak, 2007; Jin et al., 2015; Liao et al., 2011; Osinsky et al., 2013; Walsh & Anderson, 2011)。根据强化学习理论,刺激材料诱发的Cue-FRN的波幅反映了刺激材料偏离个体主观意愿的程度:刺激材料偏离个体主观意愿的程度越高,诱发的Cue-FRN的波幅越大。

本研究包含自主选择与随机分配两种实验情景,因此,我们在每轮实验的一开始设置了情景线索提示,并且记录下被试看到情景线索时的大脑活动情况。我们希望通过测度个体在这一阶段的大脑活动了解被试对于两种不同实验情景在情感和心理响应上的差异。本研究中，由于情景线索提示被试接下来将会在怎样的情景中完成实验任务，这一阶段的Cue-FRN的波幅实际上也是个体内在动机水平的一项预测性的指标：个体越喜欢一种实验情景，接下来在这种实验情景下完成任务时就会表现出越强的内在动机。本研究中我们预测个体在自主选择情景下的内在动机更强，因此更希望能看到自主选择的情景线索。相应地，随机分配的情景线索偏离个体主观意愿的程度更大，从而会诱发更大的Cue-FRN波幅。根据文献综述和理论推演，得到如下假设：

H5：在情景线索加工阶段，与自主选择的情景线索相比，个体看到随机分配的线索时，会诱发更大的Cue-FRN波幅。

2. 反馈结果期待阶段的假设

不同于绝大多数现有的研究，本研究中，个体通过按键完成实验任务之后，并不会马上获得任务完成情况的反馈信息，而是需要耐心等待一段时间。为了在最大程度上激发个体参与任务的内在动机，同时也是为了符合事件相关电位实验中对反馈相关负波进行分析的基本要求，我们设置了大小适中的成功区间，确保两项"估算时间"实验任务的成功率均在50%左右。因此，本研究中个体对于自身任务完成情况的不确定感很强，在等待阶段，会对反馈结果产生一定程度的期待。在这一阶段中，个体对于反馈结果的期待程度，可以很好地表征自身内在动机水平：个体的内在动机较强时，对于自身的任务表现会更加在意，从而对反馈结果的呈现表现出更高程度的期待；反之，个体的内在动机较弱时，不太关注自身任务表现，从而会对反馈结果的呈现表现出较低程度的期待（Donkers et al., 2005; Foti & Hajcak, 2012; Fuentemilla et al., 2013; Kotani et al., 2003; Masaki et al., 2006; Meng & Ma, 2015; Moris et al., 2013; Ohgami et al., 2004; Pornpattananangkul & Nusslock, 2015）。我们预测个体在自主选择情景下的内在动机水平较强，这种情景下个体对于反馈结果应当具有更高程度的期待，从而诱发更明显的SPN波幅。因此，对于反馈结果期待阶段的脑电结果，我们做出如下假设：

H6：反馈结果期待阶段，与随机分配的实验情景相比，个体在自主选择的实验情景下会诱发更大的SPN波幅。

3. 反馈结果加工阶段的假设

个体对于反馈结果的认知加工是应用认知神经科学的技术手段研究个体决策与判断的重要阶段，而反馈相关负波（FRN）是反映个体对于反馈结果的认知加工过程的核心脑电成分（San Martín，2012）。根据 FRN 的情感动机假说，反馈相关负波的差异波（即 d-FRN，任务失败的反馈信息诱发的 FRN 减去任务成功反馈信息诱发的 FRN）的波幅，很好地反映了任务结果对于个体来说的主观重要程度，换言之，d-FRN 的波幅客观地表征了个体对于自身任务表现的主观价值评估以及在意程度。本研究中，我们设置了自主选择和随机分配两种实验情景。基于我们的预测，个体在自主选择的情景下具有更强的内在动机，因此会更在意自己在自主选择情景下的任务表现。因此，我们得出如下假设：

H7：反馈结果加工阶段，与随机分配的实验情景相比，在自主选择的实验情景下，反映个体任务完成情况的反馈结果的呈现会诱发更大的 d-FRN 波幅。

FRN 对于负性的反馈信息（包括任务失败、金钱损失等）是高度敏感的。根据 FRN 的强化学习假说，刺激材料诱发的 FRN 波幅，反映了刺激材料偏离个体主观意愿的程度：刺激材料越偏离个体的主观意愿，诱发的 FRN 成分波幅越大（Ma，Meng et al.，2014；San Martín，2012；Wang et al.，2016）。本研究的反馈结果期待阶段中，SPN 成分的波幅实际上很好地反映了个体对于自身任务完成情况的主观意愿：根据 SPN 成分的认知含义，我们预测个体在自主选择情景下对于正性反馈结果具有更高程度的期待，从而会诱发更大的 SPN 波幅。因此，在自主选择情景下，任务失败会被视为与个体主观意愿更为严重的偏离，从而与随机分配情景下的任务失败相比，将会诱发更大的 FRN 波幅。

因此，在本研究中，我们继续做出如下假设：

H8：相较于随机分配的实验情景，在自主选择情景下任务失败的反馈结果，会诱发更大的 FRN 波幅。

（三）对于研究二假设的总结

接下来对以上行为、神经两个层面的假设进行列表总结。

表 4.1　　　　　　　　　对于研究二假设的总结

假设对象	假 设 内 容
行为层面	H1：个体在自主选择情景下的成功率显著高于随机分配的实验情景 H2：相较于随机分配的情景，个体在自主选择情景下的享受程度更高 H3：相较于随机分配的实验情景，个体在自主选择情景下的获胜信心更强 H4：相较于随机分配的情景，个体在自主选择情景下对结果的期待程度更高
神经层面	H5：在情景线索加工阶段，与自主选择的情景线索相比，个体看到随机分配的线索时，会诱发更大的 Cue-FRN 波幅 H6：在反馈结果期待阶段，与随机分配的实验情景相比，个体在自主选择实验情景下会诱发更大的 SPN 波幅 H7：反馈结果加工阶段，与随机分配的实验情景相比，在自主选择的实验情景下，反映个体任务完成情况的反馈结果的呈现会诱发更大的 d-FRN 波幅 H8：相较于随机分配的实验情景，自主选择情景下任务失败的反馈结果的呈现会诱发更大的 FRN 波幅

资料来源：本书作者整理。

三　研究方法

（一）实验被试

通过对认知神经科学领域 SCI/SSCI 期刊上的发表论文进行梳理可以发现，除了将研究对象锁定为特殊群体（如病人、幼儿）的研究之外，绝大多数认知神经科学的实验均招募在校大学生参与实验，并且要求参与实验的被试的年龄在 18—40 岁。2000 年，Picton 等学者发表在电生理学领域的权威期刊 *Psychophysiology* 上的事件相关电位研究指南中，对于脑电研究的被试招募，也是这样作介绍的（Picton et al., 2000）。

如果把研究问题锁定为个体的内在动机，并且对研究个体内在动机的实验研究进行梳理，我们发现开展相关研究的学者也大都选择在校大学生作为被试群体。这其中包括自我决定理论创始人之一的 Deci，也包括国际范围内研究个体内在动机问题的第一项认知神经科学研究的作者 Murayama（Deci, 1971; Murayama et al., 2010）。Deci 等在研究个体内在动机问题的经典研究中招募了 24 名在校大学生参与实验，并将被试划分为实验组和控制组，每组招募 12 名大学生参与实验。Murayama 等学者开创性的磁共振研究中，也招募了实验组、控制组两个组别共计 28 名大学生参与实验。

与认知神经科学研究的学术惯例以及内在动机实验研究的传统保持一致，我们通过浙江大学网络论坛招募了 18 名在校大学生参与实验，其中男生 14 名。他们的年龄在 20—25 岁之间，平均年龄为 21.67 岁，标准差为 1.37 岁。18 名被试符合脑电研究的基本要求，全部为右利手，视力正常或佩戴了度数合适的眼镜，并且没有精神或神经病史。研究二的实验设计通过了相关机构的伦理委员会的批准。正式实验开始前，参与实验的同学首先阅读了脑电实验的流程介绍，并签署了脑电实验的实验知情书，表明自己了解脑电实验对于人体没有伤害，并且自愿参加实验。

（二）实验材料

本研究在以往研究的基础上设计了估算时间的实验任务。具体来说，被试需要在不借助于任何外力的情况下尽可能准确地估算出规定的时间区间。估算时间的任务启动后，如果被试感觉距离任务启动已经过去的时间恰好可以落入规定的时间区间内，他们应当马上按键确认。具体的，本研究涉及两个难度相当但略有差别的估算时间任务，区别在于要求被试估算的具体时间区间不同：任务 1 要求被试估算 2.7—3 秒的时间区间（任务提示为黄色图标），而任务 2 要求被试估算 3—3.3 秒的时间区间（任务提示为蓝色图标）。为了避免图标位置对实验结果产生影响，我们对图标在屏幕上出现的位置进行了平衡：对于一半的被试而言，代表任务 1 的黄色图标呈现在屏幕左方、代表任务 2 的蓝色图标呈现在屏幕右方；对于另外一半被试而言，两个图标的相对位置互换。

两项任务规定的具体时间区间大小是通过预实验确定的，参与预实验的被试估算 2.7—3 秒以及 3—3.3 秒时间区间的成功率均在 50% 左右。我们希望在正式实验中，两项任务都可以获得 50% 左右的成功率，目的主要有两个：一方面，在文献综述部分中我们介绍过，任务本身诱发的内在动机水平取决于个体对于任务本身的兴趣程度、个体在参与任务的过程中体会到的乐趣以及任务对个体能力的适度挑战（Vallerand, 2000）。因此，50% 左右成功率的任务难度适中，既没有过难又没有过易，人们在完成难度适中的任务时具有较强的内在动机。另一方面是反馈相关负波（FRN）对于任务成功、失败的概率高度敏感，小概率事件可能会诱发更大的 FRN 波幅，只有在成功率、失败率相近时，个体面对任务成功、失败结果时诱发的 FRN 才是直接可比的（San Martín, 2012）。

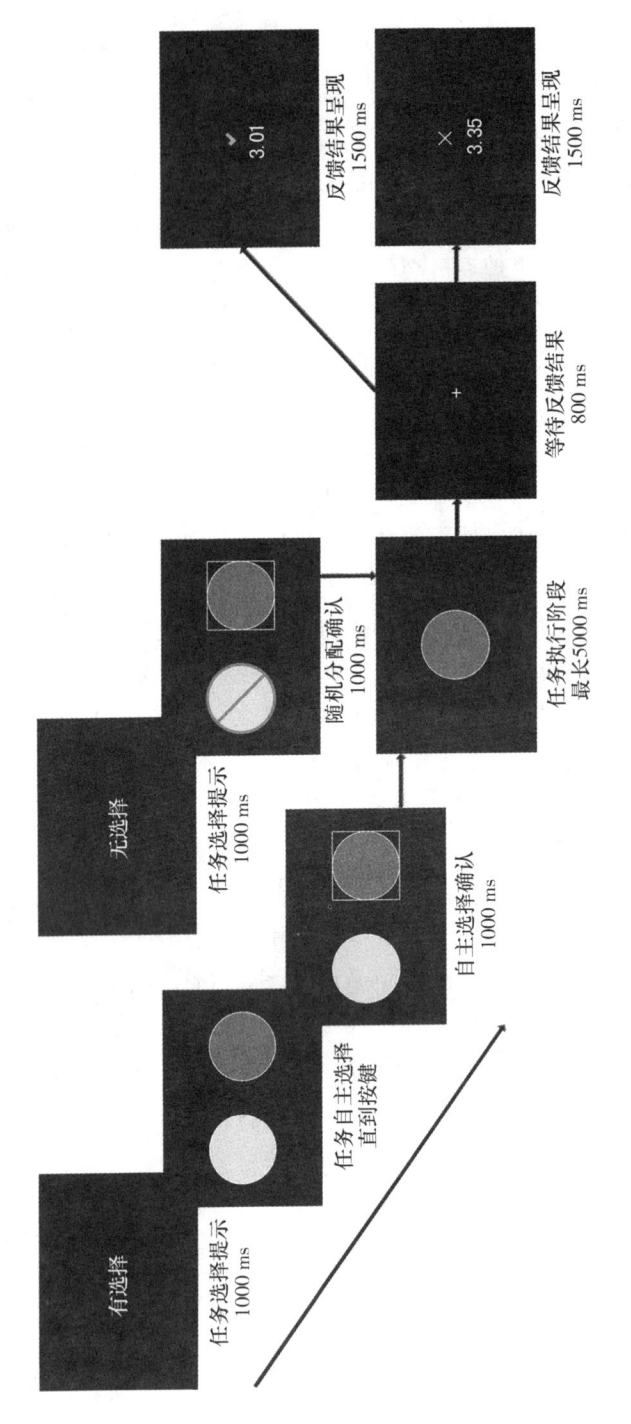

图 4.1 研究二的实验流程图

资料来源：本书作者整理。

在 Murayama 等开创性的磁共振研究中，学者们采用了更有趣、可以诱发更强内在动机水平的停止秒表任务。在停止秒表任务中，屏幕中央将呈现一个秒表，秒表将从 0.00 开始走动，被试的目标是尽可能准确地将秒表停在特定的时间点上，比如 3.00 秒（Murayama et al., 2010）。研究二中，我们没有采用这一实验任务，原因是被试在通过按键停下秒表的瞬间可以看到自己的任务表现，而反馈结果的呈现只是对自身任务表现的进一步确认。本研究关注的一个重要阶段是被试完成按键之后对反馈结果的期待，因此被试需要对于自身任务表现具有一定的不确定性。与停止秒表相比，估算时间任务中没有走动的秒表作为提示，按键后对于结果的不确定感较强，可以很好地诱发对于反馈结果的期待，并且通过个体对于反馈结果期待程度上的差异可以客观测度个体的内在动机水平，因此估算时间是与本研究的目的更加匹配的、更合理的实验任务。

（三）实验范式

每轮实验一开始，屏幕中央将呈现时长为 1000 ms 的情景线索提示。如果被试看到"有选择"，意味着在本轮实验中，他/她可以在任务1和任务2中进行自主选择；如果被试看到"无选择"，意味着在本轮实验中，被试需要完成计算机为其随机分配的实验任务。需要说明的是，尽管被试在自主选择的情况下，可以在两项任务之间根据自己的意愿进行选择，我们在实验指导语中提示被试应当尽量避免总是选择同一项任务。"有选择"情况下被试所选择的任务，以及"无选择"情况下系统随机分配的任务图标会被加框，提示被试本轮实验中将要完成的具体任务是什么。

一段随机黑屏过后，本轮中被选择或者被分配的任务图标会再次呈现在屏幕中央，提示被试应立即开始估算时间。当被试感觉距离任务图标呈现的时间恰好落在规定的时间区间内时，他/她可以立即按下小键盘上的任意键以作答。按键过后，被试需要经历一段时间的等待；等待阶段后，这一轮中的任务完成情况（成功或失败，以及按下键盘的时间点距离任务图标呈现的具体时长，即被试在本轮中估算的具体时长）将呈现在屏幕上。如果按键时间落在规定时间区间内，屏幕上将呈现绿色的对号；如果按键时间落在规定时间区间外，屏幕上将呈现红色的叉号。被试估算的具体时长也将通过相应颜色的字体显示。

为了让被试更好地熟悉实验流程，在正式实验开始之前，会进行预实验的练习。预实验的内容与操作与正式实验中完全相同。正式实验结束之后，参与实验的被试将获得 40 元的固定报酬。值得注意的是，本实验中，我们没有给予被试浮动报酬；换言之，被试在实验中的任务表现与他们获得的最终报酬无关。我们采用这样举措的目的是确保可以在实验中真实、准确地测度内在动机。

（四）实验过程

由于脑电实验被试的招募相比行为实验更复杂，在计划进行实验的一周前，主试通过浙江大学校内论坛发布被试招募信息，对事件相关电位技术进行简要的介绍，说明实验设计已通过伦理委员会的严格审查，并详细列出实验的基本内容、实验的可选时间段以及报酬信息，并留下自己的联系方式。有同学报名时，实验主试主动与其进行电话沟通，对于报名者的精神状态以及之前参与实验情况进行了解和判断，并与符合本研究要求的被试约定具体的实验时间。

正式实验当天，被试进入隔音、隔光、隔磁的专业脑电实验室后，首先会阅读实验流程的介绍材料并签署脑电研究的实验知情书。此后，开始进行脑电实验的准备，请被试在实验室内用实验专用的不含护发素的洗发水对头皮进行清洁（含有护发素的普通洗发水可能会对实验结果产生干扰），并完全吹干头发（头发不能完全吹干的话会拉长实验的准备时间）。准备工作完成之后，被试在实验主试的引导下进入实验间，主试为被试佩戴电极帽、粘贴外接电极并注射导电膏，这一环节一般耗时在 20 分钟以上；为了保证被试以最佳的精神状态参与实验，在这一环节中主试一般与被试简单交流，引导被试保持平和的心情。注射导电膏的目的是降低被试的头皮阻抗，导电膏注射完毕后，应当观察被试头皮的实时阻抗水平，如果阻抗水平下降到 5000 欧姆以下，可以开始正式实验，否则应等待阻抗继续下降。在注射导电膏的过程中，可以为被试提供纸质的实验指导语供其阅读。如果被试对于实验存在任何疑问或者不明之处，主试会及时地向其解释说明。实验指导语阅读完毕后，会进行实验操作与正式实验完全一致的几轮预实验，帮助被试熟悉实验流程，确认没有疑问后实验正式开始。

（五）脑电数据记录

脑电实验的数据采集是通过美国神经软件实验室开发的 NeuroScan

Synamp2 放大器和 64 电极点的 NeuroScan 电极帽实现的。脑电数据的采样频率设置为 500 Hz, 采样带宽设置为 0.05—70 Hz, 头皮表面的电极点分布遵循国际标准的 10—20 系统。6 个外接电极点中, 左耳后的骨性突起（即左侧乳突）是参考电极点, 我们在右侧乳突处也粘贴了一个外接电极, 采集到的数据将用于脑电数据的预处理中离线分析阶段的参考转换。除此之外, 我们还在双眼外侧大约 1 厘米处设置了两个记录水平眼电的外接电极, 并在左眼上下 1 厘米处安置了两个记录垂直眼电数据的外接电极。记录眼电数据的原因是, 由眨眼带来的明显眼电会对正常的脑电波产生干扰。通过记录下眼球向不同方位运动导致的电位变化, 可以在数据处理环节通过特殊的算法消除掉眼动对于脑电的影响。整个实验过程中, 为了保证数据质量的可靠性, 被试的头皮阻抗需要保持在 5000 欧姆以下。由于存在 50 Hz 的工频交流电干扰, 在脑电数据的实时采集和记录过程中, 软件对采集到的脑电数据进行 50 Hz 的滤波处理, 从而消除可能存在的市电影响（Luck, 2005; 魏景汉, 罗跃嘉, 2002）。

四 数据分析

（一）行为数据分析

本研究通过 E-Prime 2.0 软件（美国匹兹堡心理学软件公司）编程, 呈现实验刺激材料, 并且记录下与被试者按键相关的全部行为数据。根据研究的假设, 本研究主要分析两方面行为数据: 一是"自主选择"和"随机分配"两种实验条件下被试的成功率; 二是被试在两种实验条件下对于"享受程度""获胜信心"和"对结果的期待程度"三个题项的主观评分。我们对获得的行为结果根据统计学原理进行分析（贾俊平, 2006; 马庆国, 2002）, 得到以下两方面行为结果:

1. 估算时间的正确率分析

表 4.2 "有选择"与"无选择"实验条件下估算时间的正确率

"有选择"—"无选择"	t 值	自由度	p 值	标准差	95% 置信区间	
					下限	上限
正确率	-1.819	17	0.087	-0.030	-0.066	0.005

资料来源: 本书作者整理。

在估算时间任务中，被试通过按键完成时间估算之后，经过一段固定时长的等待，被试将获得本轮任务表现的反馈信息，包括实际按键的时间以及按键时间是否落入了规定的成功区间。实验后对18名被试估算时间的正确率进行了统计分析，"有选择"情况下的平均正确率为47.10%，标准差为0.123；"无选择"情况下正确率的均值为50.14%，标准差为0.152。配对样本T检验结果显示，两种情况下，被试估算时间的正确率没有显著差异 [$t(17) = -1.819, p = 0.087$]。有趣的是，尽管差异并不显著，"有选择"情况下的平均正确率略低于"无选择"情况下的平均正确率，这与我们的最初假设不符，可能原因将在后续章节讨论。

2. 主观评分的统计分析

主观评分数据显示，相较于"无选择"的实验条件，被试更享受完成"有选择"实验条件下的估算时间任务 [$M = 1.222, SD = 1.353; t(17) = 3.833, p = 0.001$]。除此之外，相较于系统为其随机分配的实验任务，他们对于在自主选择的任务中获胜具有更强的信心 [$M = 1.278, SD = 0.752; t(17) = 7.210, p < 0.001$]，并且在完成自主选择的实验任务后，对于反馈结果具有更高程度的期待 [$M = 0.889, SD = 1.323; t(17) = 2.849, p = 0.011$]。

表4.3　"有选择"与"无选择"实验条件下的主观评分结果

"有选择"—"无选择"	t值	p值	均值	标准差	95%置信区间 下限	95%置信区间 上限
享受程度	3.833	0.001	1.222	1.353	0.549	1.895
获胜信心	7.210	0.000	1.278	0.752	0.904	1.652
结果期待	2.849	0.011	0.889	1.323	0.231	1.547

资料来源：本书作者整理。

（二）脑电数据分析

1. 脑电数据的基本分析步骤

在统计分析之前，对脑电数据的预处理是通过美国神经软件实验室开发的脑电数据采集与分析软件Scan 4.5完成的。通过这一软件实时采集和记录被试的脑电数据之后，再应用这一软件完成数据的预处理。具体的分析步骤包括：

（1）将分段的脑电数据进行合并。在脑电数据的采集过程中，为了保证最佳的实验效果、确保被试不在疲劳的状态下参加实验，脑电实验通常会对实验进行分段，例如本研究就将实验分为了4段（4个Block）。每段实验之间会安排被试休息1—2分钟，从而保证被试在实验全程具有较好的精神状态。由于后续的脑电数据处理步骤是一致的，这一步中我们用Scan软件的Append功能，将4段脑电数据合并在一起。

（2）屏蔽受到明显扰动的脑电数据段。这一步中，实验人员应按照时间顺序浏览全部脑电数据，并应用Scan软件的Reject功能，将存在明显扰动或者飘移的脑电数据段屏蔽掉，进行这一步骤的目的是确保脑电数据的良好质量。这一步的进行主要依靠实验人员的个人经验判断，由实验人员屏蔽肉眼可见的干扰，这些干扰通常是由于被试的身体晃动或者外界非实验因素的意外刺激造成的。实验人员在浏览的过程中如果存在遗漏，后续步骤中Scan软件会通过去伪迹的功能进一步消除噪声。

（3）去除眼电影响。眨眼是人类正常的生理反应，因此被试在参与实验过程中，难免会眨眼。由于眨眼带来的眼电可能对收集到的脑电数据产生干扰，在对脑电数据进行分析的过程中，有必要通过运算消除这一影响。在实验流程部分，我们介绍到会在左眼眼眶上、下1厘米处粘贴外接电极、记录被试在实验过程中的垂直眼电。在这一步中，实验人员将垂直眼电的数据作为参考，通过Scan软件的科学算法消除掉眨眼对于脑电数据的影响。

（4）滤波。滤波有两个目的，一是实现对噪声的进一步过滤；二是过滤掉与研究无关的数据频段。本研究涉及的目标脑电成分的频率均在30 Hz以下，因此按照发表论文的通常做法，采用低通32Hz、24db/oct的参数进行滤波处理。

（5）针对拟研究的脑电成分，截取分析的时间段。事件相关电位技术是时间锁定的，因此，会根据研究目的选择特定的时间点作为零点，分析其前后一段时间的脑电数据。本研究重点关注动机过程的三个阶段，分别是情景线索加工阶段、反馈结果期待阶段和反馈结果加工阶段，根据我们的实验设计以及认知神经科学的研究规范，对于情景线索加工和反馈结果加工阶段，分别截取情景线索、反馈结果呈现前的200毫秒至其呈现后的800毫秒进行脑电数据的分析；对于反馈结果期待阶段，则截取反馈结果呈现前的800毫秒作为数据分析的时间段。

(6) 基线校正。基线校正与上一步紧密相关，在截取用于脑电数据分析的时间段之后，选取相应的时间段内前 200 毫秒的脑电数据作为基线，对时间段内的其他脑电数据进行校正。本研究中，对于情景线索加工和反馈结果加工两个阶段来说，刺激呈现之前的 200 毫秒是基线；对于反馈结果期待阶段来说，将反馈结果呈现前的 800—600 毫秒内的脑电数据作为基线。

(7) 转换参考电极。按照认知神经科学领域研究的国际惯例和通行做法，在实验过程中，采用单侧乳突作为参考电极；后期数据处理中，则通过 Scan 软件的科学算法将脑电数据转换为以双侧乳突作平均参考。

(8) 去除伪迹。在之前的步骤中，实验人员已经手动屏蔽掉肉眼可见的受到干扰的脑电数据段，这一步中，将通过 Scan 软件的科学算法进一步去除肉眼不可见的干扰，从而进一步提升最终用于统计分析的脑电数据的质量。

(9) 叠加平均。针对每一位被试，将每一阶段（本研究关注情景线索加工、反馈结果期待和反馈结果加工三个阶段）的脑电数据根据不同的实验条件（本研究主要包含自主选择和随机分配两个实验条件）进行平均。由于每一个实验条件一般包含超过 30 个试次，而脑电研究中单试次的噪音较大，根据国际惯例，这里获得的是每个实验条件下全部试次的均值。

完成以上步骤脑电数据的预处理之后，可以应用统计学软件进行脑电数据的统计分析。具体来说，在对以往的研究发现以及本研究的实验设计进行梳理的基础上，明确在本研究中需要分析的脑电成分，并根据这些脑电成分的特点分别选择特定时间窗和电极点的脑电数据进行统计分析。本研究中，根据统计原则，我们将对脑电数据进行被试内的重复性测量方差分析，获得实验因素的主效应以及交互效应情况；当交互效应显著时，将根据研究假设进行进一步的简单效应分析。

2. 脑电数据的统计分析

根据本研究的目的与假设，我们关注复杂动机过程的情景线索加工、反馈结果期待和反馈结果加工三个重要阶段。本研究设置的两个基本实验条件分别是自主选择和随机分配，因此，在情景线索加工和反馈结果期待两阶段，我们把脑电数据划分为自主选择和随机分配两类。在反馈结果加工阶段，在对 d-FRN 成分进行分析时，脑电数据也划分为自主选择、随机分配两类；由于反馈结果进一步分为成功、失败两类，在对原始的 FRN 成分进行分析时，我们根据实验情景和任务表现（成功 vs. 失败）对脑电数据进行了 2 * 2 的划分。

（1）情景线索加工阶段的脑电数据

在情景线索加工阶段，我们依据"有选择"和"无选择"两种实验情景的线索，将每位被试的脑电数据分为两类进行叠加、平均，得到两种实验情景下的波形图。脑电数据的基本分析方法是根据研究关注的特定的大脑认知加工过程、聚焦于特定的脑电成分，根据前人针对该成分的文献，选择特定的时间窗，比较不同实验条件下这一成分在该时间窗内的平均振幅是否存在显著差异（Luck，2005）。情景线索加工阶段涉及的最经典的脑电成分是线索诱发的反馈相关负波（Cue-FRN），因此本阶段我们选取 Cue-FRN 成分进行统计分析。以往研究一致显示，Cue-FRN 的波幅在前额区达到最大值，并且一般选取位于前额的 F1、FZ、F2、FC1、FCZ 和 FC2 共 6 个电极点进行 Cue-FRN 成分的统计分析。本研究中 Cue-FRN 成分的幅值也在前额区达到了峰值，因此我们也选择了这 6 个电极点进行统计分析，6 个电极点在全脑电极点中所处的位置如图 4.2 所示。

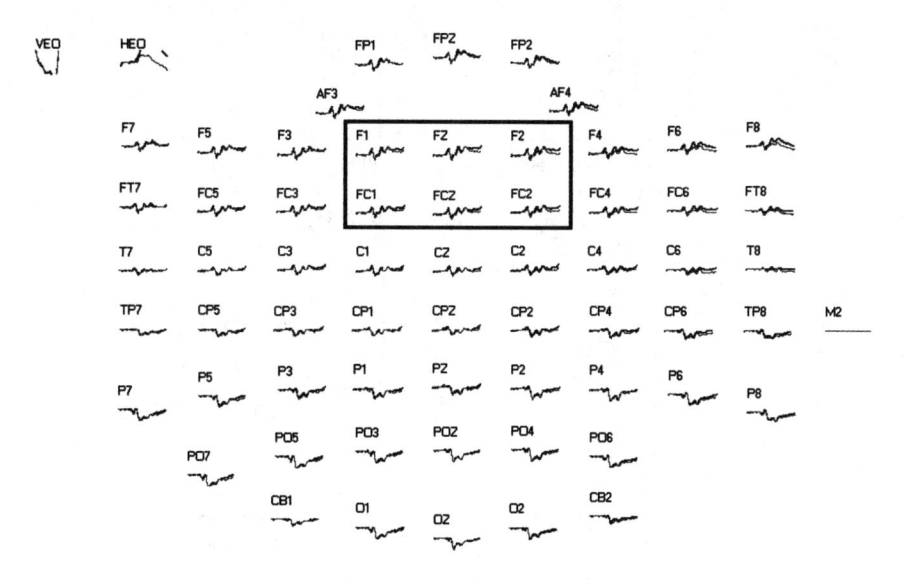

图 4.2　64 个电极点的分布情况以及 Cue-FRN 成分的统计分析选取的电极点

资料来源：本书作者整理。

为了展示 Cue-FRN 在两种不同实验条件下的波形和波幅情况，我们做出了 6 个电极点在情景线索加工阶段的波形图。根据前人对于 Cue-FRN 成分的发表论文以及本研究在情景线索加工阶段的脑电波形，我们选择情景线索呈现后的 270—350 毫秒作为 Cue-FRN 成分统计分析的时间窗（图 4.3 中的阴影部分），并对这一时间窗内的脑电波幅进行了平均。按照事

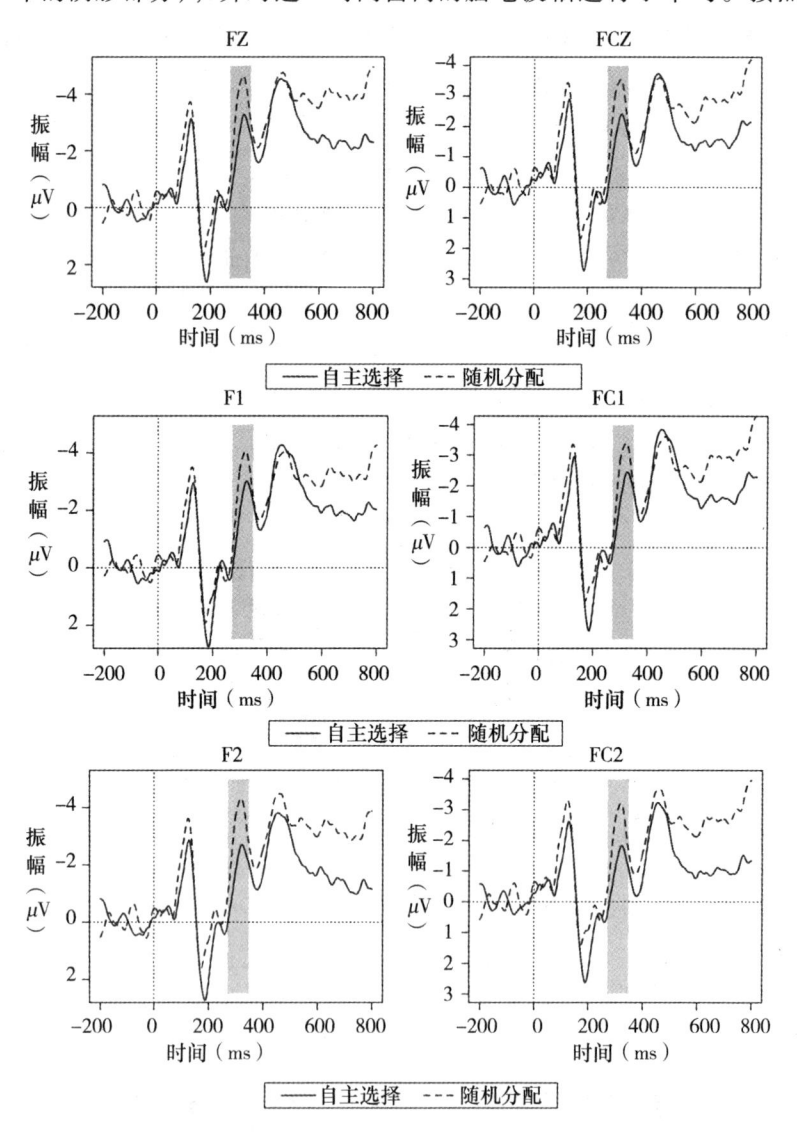

图 4.3　情景线索加工阶段 FZ、FCZ 等电极点 Cue-FRN 成分的波形图

资料来源：本书作者整理。

件相关电位研究的惯例，纵轴的负坐标在上、正坐标在下（Luck，2005）。

为了分析个体在"有选择"和"无选择"两种实验条件下在情景线索加工阶段的大脑活动是否有显著差异，我们对于这一阶段的脑电数据进行了2（两种实验情景：自主选择、随机分配）×6（6个电极点：F1、FZ、F2、FC1、FCZ、FC2）的重复测量方差分析（Repeated Measures of ANOVA）。重复性方差分析结果显示，"有选择"和"无选择"的情景线索的呈现诱发的Cue-FRN成分在振幅上存在显著差异（$F_{1,17}=9.799$，$p=0.006$，$\eta^2=0.366$）。两种实验条件下各个电极点的Cue-FRN波幅的均值、标准差如表4.4所示。Cue-FRN为脑电的负波（对负波的定义是通常情况下呈现负向走向的脑电波），因而数值越小、振幅越大。

表4.4　两种实验条件下6个电极点Cue-FRN波幅的均值、标准差

电极点	自主选择				随机分配			
	均值	标准误差	95%置信区间		均值	标准误差	95%置信区间	
			下限	上限			下限	上限
F1	-1.963	1.217	-4.532	0.605	-2.932	0.949	-4.934	-0.929
FZ	-2.229	1.208	-4.777	0.320	-3.483	0.971	-5.532	-1.434
F2	-1.774	1.175	-4.253	0.706	-3.226	1.006	-5.348	-1.104
FC1	-1.521	1.172	-3.993	0.952	-2.368	0.923	-4.315	-0.421
FCZ	-1.522	1.224	-4.105	1.062	-2.552	1.021	-4.707	-0.397
FC2	-1.058	1.162	-3.509	1.394	-2.248	0.994	-4.346	-0.150

资料来源：本书作者整理。

从6个电极点的均值上来看，"无选择"的情景线索诱发的Cue-FRN振幅（均值=$-2.801\ \mu V$）大于"有选择"的情景线索诱发的Cue-FRN振幅（均值=$-1.678\ \mu V$）。结合Cue-FRN的认知含义，这一结果说明，相较"无选择"的情景线索，"有选择"是被试更希望看到的情景线索；换言之，"有选择"被视为一种奖赏，而"无选择"被视为一种惩罚。对于电极点的主效应进行分析发现，6个电极点的主效应也是显著的（$F_{5,85}=5.700$，$p=0.005$，$\eta^2=0.687$），电极点和任务选择的交互效应则不显著（$F_{5,85}=1.080$，$p=0.416$，$\eta^2=0.293$）。

(2) 反馈结果期待阶段的脑电数据

反馈结果期待阶段的脑电数据同样划分为自主选择和随机分配两类。根据实验范式和前人以往的研究成果，本阶段重点关注了刺激前负波（SPN）。根据前人对于 SPN 成分的发表论文以及本研究在情景线索加工阶段的脑电波形，选取的时间窗为反馈信息呈现之前的 -600—0 ms，并计算这一时间范围内的脑电平均波幅做统计分析。由于文献显示，SPN 通常在前额区域振幅最大（Brunia et al., 2012），本研究选取 F1、FZ、F2、FC1、FCZ 和 FC2 共 6 个电极点做方差分析，电极点在全脑的分布如图 4.4 所示。为展示 SPN 在两种不同实验条件下的波形和波幅情况，我们做出了 6 个电极点在反馈结果期待阶段的波形图，如图 4.5 所示。按照 ERP 研究的惯例，纵轴的负坐标在上、正坐标在下（Luck, 2005）。

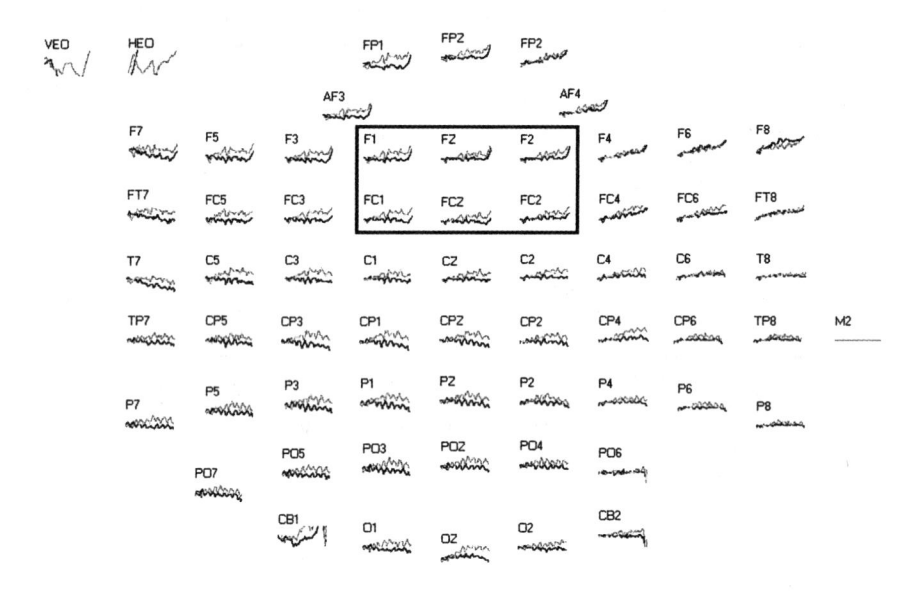

图 4.4 64 个电极点的分布情况以及 SPN 成分的统计分析选取的电极点
资料来源：本书作者整理。

重复测量方差分析的结果显示，自主选择与随机分配两种实验条件下个体在反馈结果期待阶段的 SPN 成分的振幅上存在显著差异（$F_{1,17} = 4.935, p = 0.040, \eta^2 = 0.225$）。两种实验条件下各个电极点的 SPN 成分的振幅的均值、标准差如表 4.5 所示。

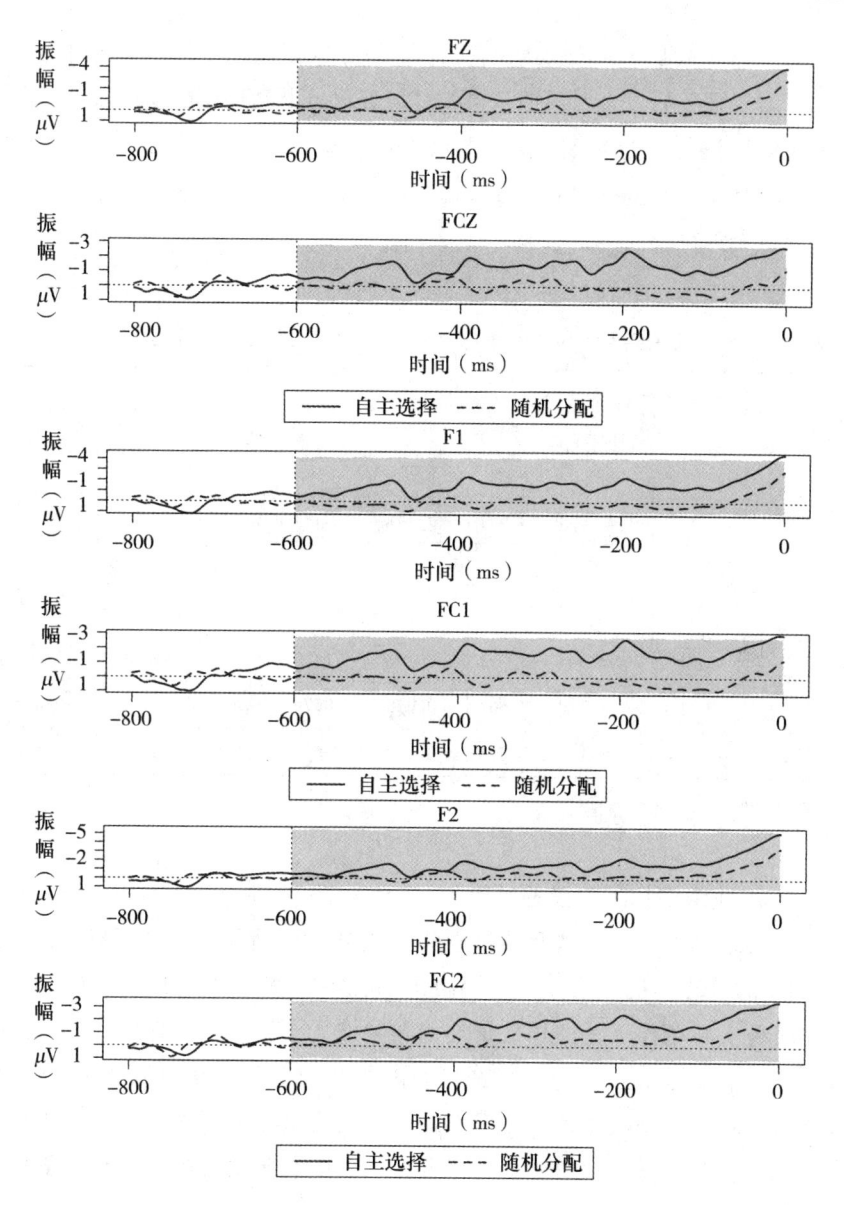

第四章 任务设计中的任务选择与个体的内在动机　　115

图 4.5　反馈结果期待阶段 FZ、FCZ 等电极点 SPN 成分的波形图
资料来源：本书作者整理。

SPN 同样也是脑电的负波，数值越小、振幅越大。从 6 个电极点的均值上来看，自主选择实验条件下反馈结果期待阶段的 SPN 波幅（均值 = -1.517 μV）大于随机分配实验条件下的 SPN 的振幅（均值 =

$-0.181\,\mu\mathrm{V}$)。结合 SPN 的认知含义,这一结果说明,个体在完成自己选择的估算时间任务后,会对反馈结果的呈现表现出更高程度的期待。对于电极点的主效应进行分析发现,6 个电极点的主效应并不显著($F_{5,85} = 1.040$,$p = 0.435$,$\eta^2 = 0.286$),电极点与选择的交互效应也不显著($F_{5,85} = 0.837$,$p = 0.547$,$\eta^2 = 0.243$)。

表 4.5　两种实验条件下 6 个电极点 SPN 波幅的均值、标准差

电极点	自主选择 均值	标准误差	95% 置信区间 下限	95% 置信区间 上限	随机分配 均值	标准误差	95% 置信区间 下限	95% 置信区间 上限
F1	-1.620	0.654	-2.999	-0.241	0.039	0.497	-1.009	1.088
FZ	-1.261	0.637	-2.604	-0.083	-0.184	0.453	-1.139	0.772
F2	-1.626	0.535	-2.755	-0.497	-0.496	0.509	-1.569	0.577
FC1	-1.604	0.667	-3.011	-0.197	0.147	0.500	-0.909	1.203
FCZ	-1.354	0.619	-2.661	-0.048	0.017	0.378	-0.780	0.815
FC2	-1.636	0.593	-2.773	-0.499	-0.612	0.487	-1.640	0.415

资料来源:本书作者整理。

3. 反馈结果加工阶段的脑电数据

反馈结果加工阶段涉及的核心脑电成分是反馈相关负波(FRN)。根据 FRN 的情感动机理论,在反馈结果加工阶段需要比较自主选择、随机分配两种实验条件下反馈相关负波的差异波(d-FRN)的波幅。在比较 d-FRN 时,将脑电数据分为自主选择和随机分配两类。比较原始的 FRN 成分波幅时,则根据实验条件以及有关任务表现的不同反馈,将脑电数据分为 4 类:自主选择—成功、自主选择—失败、随机分配—成功、随机分配—失败。

根据对 FRN 相关文献的综述和梳理,可以发现 FRN 通常在前额区达到最大的振幅(San Martín,2012),因此,本研究选取 F1、FZ、F2、FC1、FCZ 和 FC2 共 6 个电极点分析 FRN 成分,选定的电极点在全脑的分布情况如图 4.6 所示。

根据 FRN 成分在本研究的反馈结果加工阶段出现的具体时间,本研

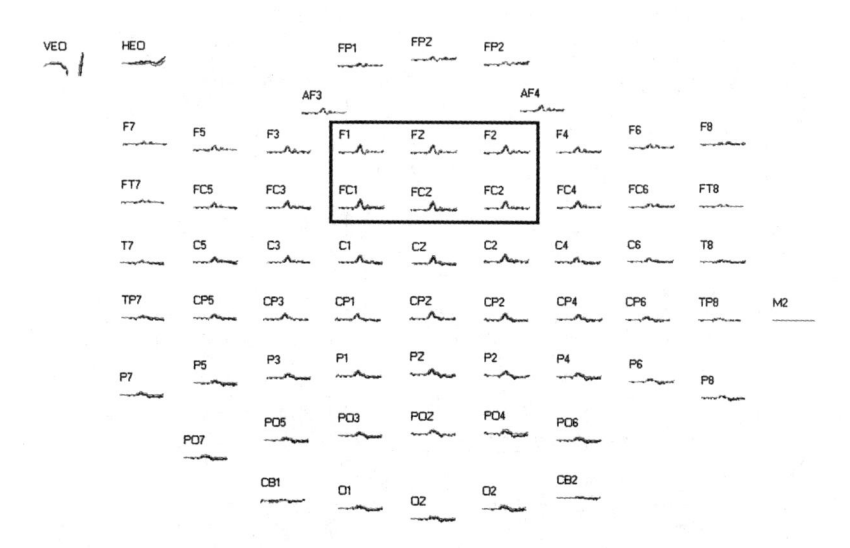

图 4.6 64 个电极点的分布情况以及 FRN 成分的统计分析选取的电极点
资料来源：本书作者整理。

究在对 FRN 成分进行分析的过程中，选取时间窗 220—320 ms 内脑电的平均幅值进行了统计分析。为了展示 FRN 在四种不同实验条件下的波形和波幅情况，我们做出了 6 个电极点在反馈结果加工阶段的波形图，如图 4.7 所示。按照 ERP 研究的惯例，纵轴的负坐标在上、正坐标在下（Luck，2005）。

FRN 为脑电的负波，它的数值越小、振幅越大。由表 4.6 可知，自主选择、任务成功情况下的 FRN 波幅为 20.401 μV（4 种情况中，这种情况下 FRN 波幅最小），自主选择、任务失败情况下的 FRN 波幅为 13.174 μV（4 种情况中，这种情况下 FRN 波幅最大），随机分配、任务成功情况下的 FRN 波幅为 19.464 μV，而随机分配、任务失败情况下的 FRN 波幅为 14.024 μV。

对 FRN 做 2（任务选择：自主选择、随机分配）* 2（反馈结果：成功、失败）* 6（6 个电极点：F1，FZ，F2，FC1，FCZ 和 FC2）的重复性测量方差分析（Repeated Measures of ANOVA）。统计分析结果显示，反馈结果的主效应显著（$F_{1,17} = 32.002$，$p < 0.001$，$\eta^2 = 0.653$），电极点的主效应也是显著的（$F_{5,85} = 11.938$，$p < 0.001$，$\eta^2 = 0.821$），任务选择的主效应则并不显著（$F_{1,17} = 0.021$，$p = 0.886$，$\eta^2 = 0.001$）。反馈结果的主效

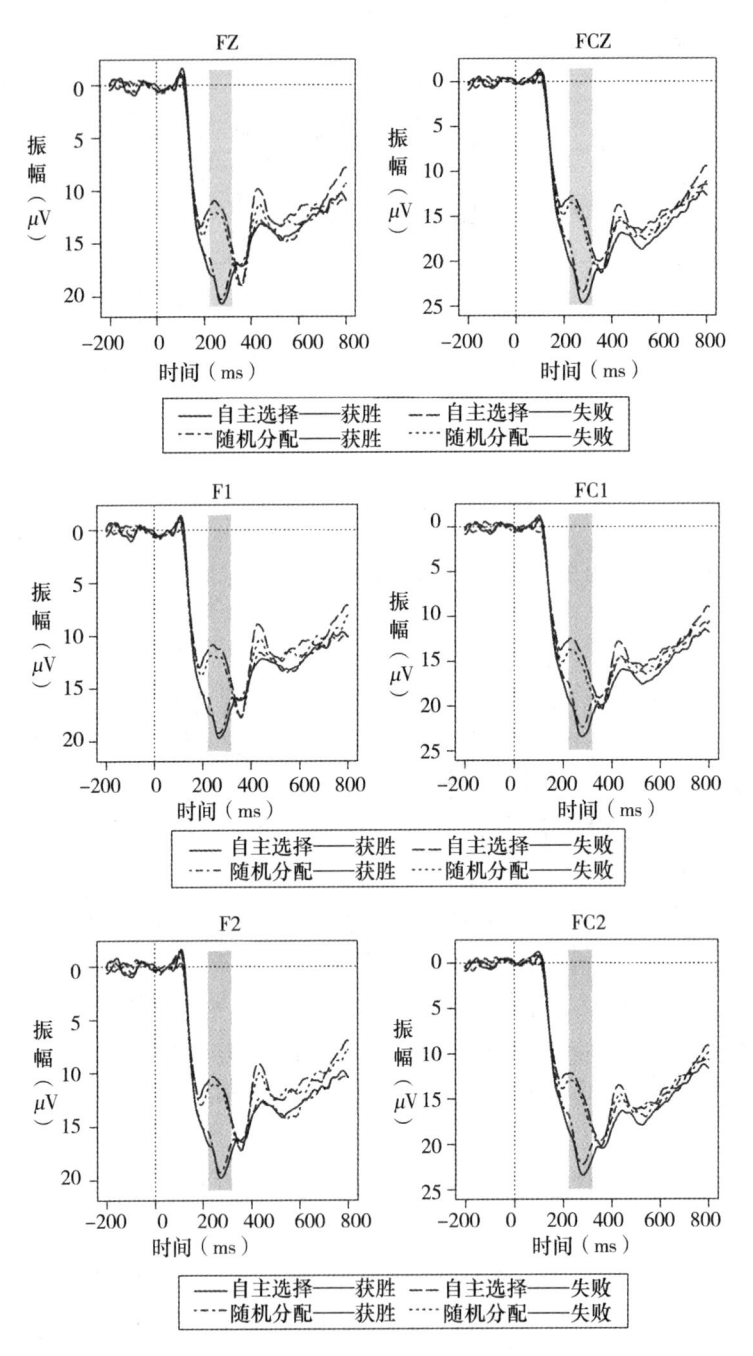

图 4.7 反馈结果加工阶段 FZ、FCZ 等电极点 FRN 成分的波形图

资料来源：本书作者整理。

表 4.6　　　　　四种实验条件下 FRN 波幅的均值、标准差

实验情况	均值	标准误差	95% 置信区间	
			下限	上限
自主选择——成功	20.401	1.265	17.731	23.070
自主选择——失败	13.174	1.312	10.406	15.941
随机分配——成功	19.464	1.305	16.710	22.217
随机分配——失败	14.024	1.302	11.276	15.941

资料来源：本书作者整理。

应显著，说明任务失败相较于任务成功诱发了更大的 FRN 波幅。这一因素与任务选择的交互效应显著（$F_{1,17} = 8.336$, $p = 0.010$, $\eta^2 = 0.329$）。由于交互效应是显著的，我们进一步分析了简单效应。结果显示，在自主选择（$F_{1,17} = 43.488$, $p < 0.001$, $\eta^2 = 0.719$）和随机分配（$F_{1,17} = 19.762$, $p < 0.001$, $\eta^2 = 0.538$）两种情况下，任务失败均比任务成功诱发了更大的 FRN 波幅。除此之外，在任务失败的情况下，自主选择相比随机分配模式诱发了更大的 FRN 波幅（$F_{1,17} = 4.616$, $p = 0.046$, $\eta^2 = 0.214$）。因此，假设 H8 成立。

d-FRN 是反馈结果加工阶段可以客观表征个体内在动机水平的脑电指标（Ma, Jin, Meng et al., 2014）。为了展示 d-FRN 在两种实验条件下的波形和波幅情况，我们做出了反馈结果加工阶段 d-FRN 的波形图，如图 4.8 所示。

对 d-FRN 做 2（任务选择：自主选择、随机分配）* 6（6 个电极点：F1、FZ、F2、FC1、FCZ 和 FC2）的重复性测量方差分析（Repeated Measures of ANOVA）。统计分析结果显示，任务选择的主效应显著（$F_{1,17} = 8.340$, $p = 0.010$, $\eta^2 = 0.329$），电极点的主效应则边际显著（$F_{5,85} = 2.750$, $p = 0.052$, $\eta^2 = 0.139$），电极点与任务选择的交互效应不显著（$F_{1,17} = 1.653$, $p = 0.199$, $\eta^2 = 0.089$）。

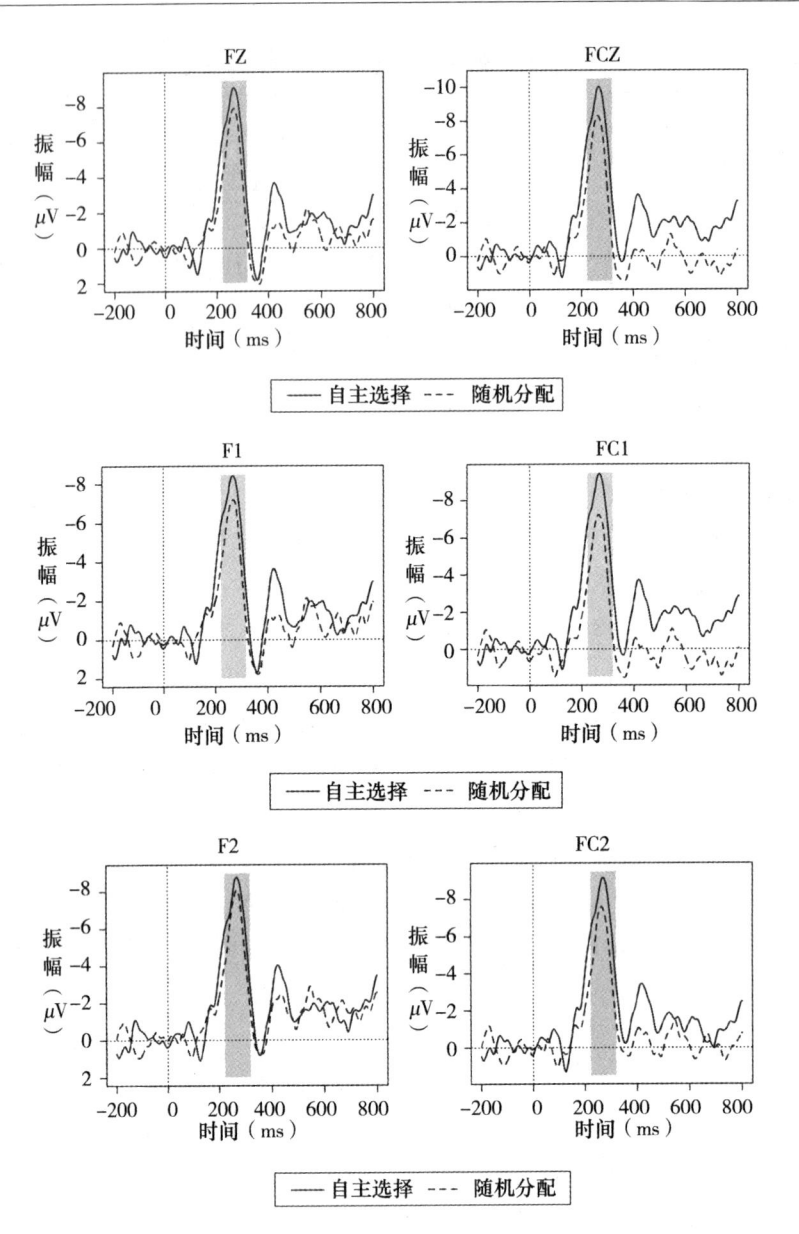

图 4.8 反馈结果加工阶段 FZ、FCZ 等电极点 d-FRN 成分的波形图
资料来源：本书作者整理。

两种实验条件下 6 个电极点 d-FRN 成分波幅的均值、标准差如表 4.7 所示。这一结果说明，自主选择模式下 d-FRN 的波幅显著大于随机分配

模式下 d-FRN 的波幅（即两种实验条件下 FRN 的差异波的波幅存在显著差异）。因此，假设 H7 也成立。结合反馈结果加工阶段 d-FRN 成分的认知含义，这说明人们更加在意自己在自主选择模式下的任务完成情况。

表 4.7　两种实验条件下 6 个电极点 d-FRN 波幅的均值、标准差

电极点	实验条件	均值	标准误差	95% 置信区间 下限	95% 置信区间 上限
F1	自主选择	-6.689	1.136	-9.086	-4.293
F1	随机分配	-5.156	1.271	-7.836	-2.475
FZ	自主选择	-7.083	1.086	-9.374	-4.792
FZ	随机分配	-5.494	1.249	-8.130	-2.859
F2	自主选择	-6.829	0.954	-8.842	-4.816
F2	随机分配	-5.722	1.220	-8.296	-3.147
FC1	自主选择	-7.536	1.259	-10.191	-4.880
FC1	随机分配	-5.080	1.240	-7.697	-2.463
FCZ	自主选择	-7.929	1.201	-10.463	-5.394
FCZ	随机分配	-5.774	1.308	-8.533	-3.016
FC2	自主选择	-7.298	1.079	-9.575	-5.021
FC2	随机分配	-5.413	1.176	-7.894	-2.931

资料来源：本书作者整理。

五　结论与讨论

在研究一的基础上，研究二中我们探讨了任务设计中影响自主、胜任两种基本心理需要满足程度的一项重要任务特征——任务选择对于个体内在动机的影响。实验采用了被试内设计，在一半的轮次中，被试可以在两项难度相当的估算时间任务中根据自身偏好自主选择；在另一半的轮次中，需要完成系统为其随机分配的任务。研究二是基于事件相关电位（ERP）技术的脑电实验，我们在实验全过程中记录了 18 名参与实验被试的行为和脑电数据。其中，行为数据包括被试的任务表现和主观评分结果（后者测度了被试在自主选择和随机分配两种实验条件下的享受程度、获胜信心以及对于反馈结果的期待）；脑电数据则涵盖了被试在情景线索加

工、反馈结果期待、反馈结果加工三个阶段的大脑的认知加工情况。我们对研究二涉及的全部研究假设的验证情况总结如下：

表 4.8　　　　　　　　对于研究二假设验证情况的总结

假设对象	假设内容	验证情况
行为层面	H1：个体在自主选择情景下的成功率显著高于随机分配的实验条件	不成立
	H2：相较于随机分配情景，个体在自主选择情景下的享受程度更高	成立
	H3：相较于随机分配情景，个体在自主选择情景下的获胜信心更强	成立
	H4：相较于随机分配情景，个体在自主选择时对结果期待程度更高	成立
神经层面	H5：在情景线索加工阶段，与自主选择的情景线索相比，个体看到随机分配的线索时，会诱发更大的 Cue-FRN 波幅	成立
	H6：反馈结果期待阶段，与随机分配的实验情景相比，个体在自主选择实验情景下会诱发更大的 SPN 波幅	成立
	H7：在反馈结果加工阶段，与随机分配的实验情景相比，在自主选择的实验情景下，反映个体任务完成情况的反馈结果的呈现会诱发更大的 d-FRN 波幅	成立
	H8：相较于随机分配的实验情景，自主选择情景下任务失败的反馈结果的呈现会诱发更大的 FRN 波幅	成立

资料来源：本书作者整理。

以上我们通过从脑电、行为两个层面对于自主选择和随机分配两种实验条件下个体的内在动机水平进行综合考察，得到了较为丰富的结论，这是本书的核心内容之一。依托 ERP 技术，我们将人类复杂的动机过程拆分为情景线索加工、反馈结果期待和反馈结果加工三个子阶段，并在每一阶段找到可以客观表征个体内在动机水平强弱的脑电指标。接下来将依次归纳研究二在行为和脑电两个层面的研究结论，并对获得的结论进行进一步的讨论。

（一）行为数据的结论与讨论

1. 行为数据的研究结论

本研究通过配对样本 T 检验的方法，比较被试在自主选择和随机分配两种实验条件下的任务表现。通过统计分析可以发现，被试在自主选择和随机分配模式下的成功率均接近 50%，符合本研究最初的设定。有趣的是，被试在随机分配模式下的成功率略高于自主选择模式，尽管二者的差异不显著。这一发现与我们的最初预测不符，因此假设 H1 不成立。

本研究的行为数据还包括被试的主观评分数据。我们通过配对样本 T 检验的方法比较了被试在自主选择和随机分配两种实验条件下享受程度、获胜信心以及对结果的期待程度三方面的主观感受。结果显示，相较于随机分配的情景，个体在自主选择情景下的享受程度更高，因此假设 H2 成立；相较于随机分配的情景，个体在自主选择情景下的获胜信心更强，因此假设 H3 成立；相较于随机分配的情景，个体在自主选择的情景下对结果的期待程度更高，因此假设 H4 也成立。

2. 对行为层面结论的讨论

上一节中我们总结了本研究任务表现、主观评分两方面的行为结果。主观评分的结果将结合脑电的结果进行讨论。本节主要对以下的问题进行讨论：为什么在自主选择和随机分配两种实验条件下，个体在估算时间任务中的正确率方面没有显著差异？

根据自我决定理论的预测，自主心理需要的满足（本研究中体现为对实验任务的自主选择）通常会带来更高的工作绩效（Deci & Ryan, 2000）。2008 年，杜克大学的著名学者 Erika A. Patall 发表了一篇综述性文章，对于 41 项在不同情景中、采用不同样本群体的有关选择权对内在动机影响的实证研究结果进行了元分析，结果发现，大多数的研究中，提供选择增强了个体的内在动机、使得个体在完成任务过程中付出更多努力，个体在任务中也通常获得了更好的工作绩效或任务表现（Patall et al., 2008）。令人意外的是，我们没能在本研究中重复出这一经典结果。

与 Patall 所综述的实证性研究相同的是，本研究也采用了需要个体付出认知努力去完成的实验任务（Effort Task）来研究内在动机问题，而没有采用赌博（Gambling）等无须付出认知努力去完成的任务（Non-effort Task）。然而，Patall 的综述中涉及的研究采用的实验任务还有一个共同特点，就是它们是纯粹的依靠认知努力或体力完成的任务（比如：找出并且纠正一段文字中的语法错误）；换言之，个体在完成实验任务过程中付出的认知努力程度，与个体的任务表现成正比。不同的是，要完成本研究中采用的估算时间任务，被试除了需要付出认知上的努力，还需探索出适合自己的任务策略（估算时间需要技巧）；换言之，如果不能找到适合自己的任务策略，即使被试付出了很高程度的努力，仍然不能很好地完成估算时间的实验任务。因此，尽管本研究中个体在自主选择的实验条件下具有更强的内在动机,并且可能在任务执行的过程中付出了更高程度的努力,付出的努力程度并不能直接转化为更好的任务表现。

假设 H1 在本研究中不成立还有另一个可能的原因。综合本研究行为和神经两个层面的结果可以发现,个体更加在意自己在自主选择实验条件下的任务表现。对于自己任务表现的高度关注,可能让被试产生焦虑心理,从而影响到个体在估算时间任务(策略性的认知努力任务)中的表现(Driskell & Salas, 2013; Jamal, 1984; Westman & Eden, 1996; Wu, 2011)。考虑到本研究中采用的实验任务的特殊性,被试在不同实验条件下的任务表现不能直接与个体的内在动机水平挂钩,对于个体的内在动机水平进行考察还需要结合个体关于享受程度的主观评分以及来自认知神经科学的证据。

(二) 脑电数据的结论与讨论

1. 脑电数据的研究结论

根据对现有认知神经科学研究的梳理,我们认为在整个动机过程中的情景线索加工阶段、反馈结果期待阶段和反馈结果加工阶段,分别可以通过 Cue-FRN、SPN 和 FRN 三个脑电指标,客观表征个体在任务过程中的内在动机水平。因此,本研究主要得出了以下结论:

(1)在情景线索的加工阶段,我们分析了自主选择、随机分配两种情景线索诱发的 Cue-FRN 波幅的差异。重复测量方差分析的统计结果显示,相较于自主选择的情景线索,随机分配的情景线索诱发了更大的 Cue-FRN 波幅,假设 H5 成立。

(2)在反馈结果的期待阶段,我们分析了自主选择、随机分配两种情景下 SPN 波幅的差异。重复测量方差分析的统计结果显示,相较于随机分配的实验条件,自主选择的实验条件诱发了更大的 SPN 波幅,假设 H6 成立。

(3)在反馈结果加工阶段,我们分析了自主选择、随机分配两种情景下反馈相关负波的差异波(d-FRN)波幅的差异。重复性测量方差分析的统计结果显示,自主选择相较随机分配的实验条件诱发了更大的 d-FRN 波幅,假设 H7 成立。这一阶段我们还分析了自主选择、随机分配两种情景下个体任务失败时的原始 FRN 波幅,统计结果显示,自主选择模式下任务完成失败诱发了更大的 FRN 波幅,因此假设 H8 成立。

以上分析结果可以通过表 4.9 加以总结。

表 4.9　　　　　　研究二神经层面的统计分析结果汇总

实验阶段	相关的 ERP 成分	ERP 成分波幅比较
情景线索加工	Cue-FRN	随机分配 > 自主选择
反馈结果期待	SPN	自主选择 > 随机分配
反馈结果加工	d-FRN	自主选择 > 随机分配
	FRN	自主选择任务失败 > 随机分配任务失败

资料来源：本书作者整理。

2. 对脑电层面结论的讨论

上一节中，我们对本研究在脑电层面的统计分析结果进行了总结，本小节中，我们将分别讨论情景线索加工阶段 Cue-FRN 成分、反馈结果期待阶段的 SPN 成分以及反馈结果加工阶段的 FRN 成分及其认知含义。

（1）情景线索加工阶段脑电结果的讨论

在第一项直接检验选择的情绪效价作用的研究中，学者们采用了赌博作为实验任务。与本研究的设计类似，被试首先看到"有选择"或者"无选择"的情景线索。情景线索呈现后，被试需要等待一段时间：如果刚刚看到的是"有选择"的情景线索，被试需要等待供其选择的两个选项的呈现；如果刚刚看到的是"无选择"的情景线索，被试需要等待系统为其随机分配一个选项。实验结果显示，被试在主观评分中表示自己更希望看到"有选择"的情景线索。相应地，与等待系统随机分配选项的过程相比，被试在等待供其选择的两个选项呈现在屏幕上的过程中，腹内侧纹状体获得了更高程度的激活（Leotti & Delgado, 2011）。在大脑的各脑区中，腹内侧纹状体与奖赏的加工密切相关，如果它的激活程度很高，说明选择本身是有益的、大脑将对选择的认知加工过程视为一种奖赏（Tricomi et al., 2004; Tricomi et al., 2006）。Leotti 等学者的研究发现说明大脑将赌博任务中的自主选择视为一种奖赏，希望能够在赌博任务中做出选择。

本研究关注情景线索加工阶段的主要目的是探索自主选择的情绪效价作用，并找到来自认知神经科学的证据。与 Leotti 等学者的先驱性研究不同，我们的研究采用了高时间精度的事件相关电位技术，而不是高空间精度的功能性磁共振成像技术。另外,在具体实验范式上,我们未设置对选择行为的期待环节,而是关注大脑对于不同情景线索(有、无选择)本身的认知加工过程。

近年来,有越来越多的研究表明,与更加普遍的结果诱发的反馈相关负波(Outcome-FRN)相类似,具有指向性的线索也可以诱发出反馈相关负波,称为线索诱发的反馈相关负波,即 Cue-FRN(Baker & Holroyd,2009;Dunning & Hajcak,2007;Jin et al.,2015;Liao et al.,2011;Osinsky et al.,2013;Osinsky et al.,2016;Walsh & Anderson,2011)。早期研究发现 Cue-FRN 的振幅受到线索指向有奖赏还是无奖赏的影响,预测接下来不能获得奖赏的线索诱发了更大的 Cue-FRN 振幅(Baker & Holroyd,2009)。值得注意的是,在这些早期的研究中,外部线索可以很好预测被试在实验中的收益(获得奖赏或者遭受损失),而不是在接下来的一轮实验中被试将要面对的实验情景或者将会发生的事件。

近年发表的一项研究显示,除了对奖赏和收益具有指向性的线索之外,对于被试接下来将要面对的实验条件具有指向性的线索也可以诱发明显的 Cue-FRN 成分。在这项研究中,研究者设置了两项不同的实验条件,其中一个实验条件是被试喜欢的,另一个实验条件则是被试不喜欢的。结果发现,当被试看到指向自己不喜欢的实验条件的情景线索时,诱发了更大的 Cue-FRN 波幅。研究者们指出,这说明 Cue-FRN 可以反映人们期望看到的线索与实际呈现的线索之间的匹配程度;匹配程度越低,诱发的 FRN 波幅越大(Jin et al.,2015)。本研究中,情景线索指向的也是被试接下来将面对的实验条件:被试看到"有选择"的情景线索,会了解到自己可以在这一轮次中自主选择实验任务;如果看到的是"无选择"的情景线索,则会了解到自己在本轮中不能自主选择。值得注意的是,本研究中的情景线索指向的既不是被试在实验中获得的收益,也不是被试在任务中的成败(行为结果显示,在自主选择和随机分配两种情景下被试估算时间的正确率没有显著差异),而单纯是实验条件本身。因此,本研究的 Cue-FRN 成分的波幅反映的是个体对于两种实验条件本身的偏好。

反馈结果诱发的 FRN 对于结果好坏是高度敏感的:由于人们对好的结果具有天然的偏好,损失会比收益诱发更大的 FRN 波幅,惩罚会比奖赏诱发更大的 FRN 波幅,失败会比成功诱发更大的 FRN 波幅,而批评会比鼓励诱发更大的 FRN 波幅;在线索诱发的 FRN 上也有相同的规律

(San Martín, 2012)。本研究中"无选择"的情景线索相比"有选择"诱发了更大的 Cue-FRN 波幅,这说明"有选择"的情景线索是被试喜欢的、更加希望看到的。换言之,在本研究中,情景线索很好地预测了被试即将进入自己偏好还是厌恶的实验情景。这一脑电层面的发现也获得了行为层面数据的支持。依据本研究的主观评分结果,人们更享受在自主选择的条件下完成任务,因此"有选择"的情景线索是被试偏好的,"无选择"的情景线索是被试不希望看到的。

综上所述,与"无选择"的情景线索相比,"有选择"被视为一种奖赏。因此,本研究应用事件相关电位技术,为 Leotti 等的研究发现提供了新的实证证据,并对 Leotti 等学者的研究发现进行了重要的拓展延伸。我们的研究发现说明,选择除了在赌博等非认知努力任务中发挥了重要的情绪效价作用,在估算时间等认知努力任务中,选择也会显著地影响个体的情感效价水平。

(2) 反馈结果期待阶段脑电结果的讨论

长期以来,个体对反馈结果的认知加工过程都是认知神经科学研究的热点问题。脑电方面,尽管已经有大量的论文通过 FRN 成分研究人们对于反馈结果的认知评估过程(San Martín, 2012),只有为数不多的几篇论文试图探索可以很好地表征个体的主观期待水平的电生理学指标。

刺激前负波(SPN)是一种负慢波,出现在反馈结果呈现之前、个体等待反馈结果呈现的阶段;如果个体对反馈结果是关注的,随着越来越临近反馈结果的呈现,它的波幅通常会慢慢增强(Foti & Hajcak, 2012; Fuentemilla et al., 2013)。几项先驱性的研究指出,在等待反馈结果呈现的阶段,SPN 的波幅可以很好地反映反馈结果对于个体来说在动机水平上的重要性:个体获知反馈结果的动机越强,通常会诱发越大的 SPN 波幅(Böcker et al., 1994; Donkers et al., 2005; Masaki et al., 2010)。本研究主观评分的结果显示,个体更加享受在自主选择的实验条件下完成估算时间任务。由于享受程度是通过量表测度个体内在动机水平的核心题项(Deci et al., 1994),这一结果说明任务的自主选择增强了个体的内在动机。伴随着内在动机水平的增强,个体更加在意自己在任务中的表现,更加希望了解到自己具体的任务表现(即反馈结果)。在本研究中,与随机分配的实验情景相比,个体在自主选择情景下的反馈结果期待阶段诱发了更大的 SPN 波幅;主观评分的结果也一致地显示,自主选择的实验情景下，个体对于反馈结果具有更高程度的期待。因此我们认为，反馈结果期待阶段的 SPN 波幅也可以很好地表征个体的内在动机水平。

(3) 反馈结果加工阶段脑电结果的讨论

反馈结果加工阶段涉及的脑电成分主要是反馈相关负波（FRN），准确地说，是结果诱发的反馈相关负波（Outcome-FRN）。之前的大量研究显示，FRN 波幅对于反馈信息的效价是高度敏感的，负性的反馈信息（如任务失败、金钱损失、受到批评）诱发的 FRN 波幅比正性的反馈信息（如任务成功、金钱收益、受到表扬）要大得多（San Martín, 2012）。相应地，本研究在自主选择和随机分配两种实验情景下的 FRN 的结果，均表现出了 FRN 的效价效应。重要的是，同样是在实验任务中落败，在自主选择的任务中落败诱发了更大的 FRN 波幅。根据 FRN 的强化学习理论，FRN 波幅对于负性预测偏误是高度敏感的。因此，一旦出乎意料地出现个体所不希望看到的结果，这种情况下的预测偏误最大，会诱发出最大的 FRN 波幅。研究一的结果显示，任务选择显著增强了个体的感知胜任水平；本研究的主观评分结果也显示，人们对于在自主选择的任务中获胜具有更强信心。因此，无论是在自主选择的任务中落败，还是在随机分配的任务中落败，都是个体所不希望看到的结果。在自主选择任务中落败既是被试不希望看到的结果，也是被试没有预料到会发生的结果，这种情况下的预测偏误最大，从而诱发了最为负性的 FRN 波幅。

根据 FRN 的情感动机理论，FRN 差异波（d-FRN）的波幅大小反映了个体对于反馈结果的主观价值评估，即个体对于反馈结果的在意程度（Luo et al., 2011; Ma & Meng et al., 2014; Zhou et al., 2010）。在之前的一项研究中，学者们采用赌博作为实验任务，被试或者需要在赌博中选择一个按键、或者需按下计算机为其指定的按键、或者什么都不用做（Yeung et al., 2005）。与 FRN 的情感动机理论预测一致，主动选择诱发了最大的 d-FRN 波幅，无行为响应诱发了最小的 d-FRN 波幅。我们的研究是这项研究的进一步深化，采用需要付出认知努力的估算时间任务，获得了类似的实验结果：个体更加在意自己在自主选择模式下的任务表现，对自主选择的任务的表现具有更高的主观价值评估。

截至 2014 年，国际上只有一项实证研究应用 ERP 技术探讨个体的内在动机问题。在这项研究中，研究者们指出，d-FRN 的波幅可以很好地表征个体的内在动机水平：个体的内在动机水平越强，对于自己的任务表现就越在意，反馈结果的呈现就会诱发越大的 d-FRN 波幅（Ma, Jin, Meng et al., 2014）。本研究中，我们给予被试的是固定的报酬。换言之，无论被试的任务表现好坏，得到的报酬数额都是一样的。当反馈结果只具有信息价值、与报酬无关时，人们完成实验任务的态度完全取决于他们的内在动机水平。内在动机水平较高的个体会付出更多认知努力去完成实验任务，同时也更加关心自己在任务中的表现；反之，内在动机不足的个体可能对于实验任务本身缺乏兴趣，也不关心自己在任务中的表现。因此，当一项实验方案中不涉及绩效薪酬时，本研究的发现进一步证实，d-FRN 可以作为反映个体内在动机水平的重要指标。这一提议也获得了近年发表的一项功能性磁共振研究的直接支持。这项研究关注了内在动机对于反馈结果加工的作用，研究发现，个体完成一项任务时的内在动机水平与大脑的纹状体对于正性、负性的反馈信息进行认知加工时激活程度的差异密切相关（DePasque & Tricomi, 2015）。综上所述，本研究中我们采用 d-FRN 作为脑电指标，证实任务选择会增强个体的内在动机，进一步证实了前人在行为实验中获得的结论（Humphrey et al., 2007; Patall et al., 2008; Zuckerman et al., 1978）以及本书在研究一中获得的结论。

（三）综合讨论

1. 现有的内在动机问题的认知神经科学研究的价值与不足

管理学和心理学界对于内在动机问题的研究大多集中于外部物质激励对于个体内在动机的削弱作用（亦被称为"挤出效应"）。由于"挤出效应"的经典性，认知神经科学的学者们也关注到了这一现象。2010 年，Murayama 等日本学者发表在顶尖学术期刊 *PNAS*（《美国科学院院刊》）上的全球第一篇研究个体的内在动机问题的认知神经科学研究，就是在实验室中重现了这一经典的现象（Murayama et al., 2010）。此后，有其他几组学者关注到这一选题，也应用磁共振现象对这一现象背后的认知神经科学机理进行了探讨（Albrecht et al., 2014; Marsden et al., 2015）。

Murayama 等的实验采用了被试间设计，设置了实验组、控制组两个不同的组别。实验被划分为两部分，实验组被试在参与第一部分实验的过程中获得的是与任务表现直接挂钩的浮动报酬，实验组被试在第二部分实验中以及控制组被试在实验全过程中获得的则是与其任务表现无关的固定报酬。Murayama 等学者认为，任务执行过程中大脑纹状体的激活程度可以很好地表征个体内在动机水平。他们发现在第一部分实验中，奖赏组的纹状体的激活程度高于控制组，在第二部分实验中，控制组的纹状体的激活程度则高于奖赏组。通过这一发现，他们认为"挤出效应"在大脑的认知加工活动上获得了直接的体现（Murayama et al.，2010）。

Murayama 等学者的开山之作具有重要的战略意义，将个体内在动机这一心理学和管理学中的重要概念引入了认知神经科学的研究中。然而，Murayama 等学者的研究存在一个小的缺陷：对于同一项任务来说，不同个体初始的内在动机水平是存在差异的，认知神经科学的研究由于样本量小于行为实验，很难消除掉个体差异的影响，这一问题在被试间设计中尤为突出。实验组被试在第二阶段中纹状体的激活程度弱于控制组，确实可能是由于"挤出效应"的存在而导致的，但也可能是因为控制组被试的内在动机水平本身就比实验组更高。

另外，外部物质激励对个体内在动机的削弱效应，严格来讲应当体现为当个体先给予外部物质激励、后来这种外部物质激励又被撤销，物质激励撤销后个体的内在动机水平相比给予之前更低了（Deci & Ryan，1975）。因此，更加严谨的做法是将实验划分为三个部分，第一部分和第三部分实验中，被试获得与自身任务表现无关的固定报酬，第二部分实验中则获得与任务表现直接挂钩的浮动报酬，通过比较个体在第一部分和第三部分实验中的内在动机水平判断"挤出效应"是否确实存在。然而，这又带来了新的问题，个体面对一项任务时的内在动机水平通常存在一个衰减的过程。个体刚开始接触一项活动时，会感到非常新鲜，这种新鲜感带来了较高的内在动机；随着个体对这项活动越来越熟悉，内在动机水平可能存在一定的衰退。这在认知神经科学研究中体现得尤为明显：当同一项刺激材料再次呈现时，个体对于这项刺激材料的认知加工会出现较大程度的衰减（Luck，2005；Steve，2005）。因此，应用认知神经科学的技术手段研究个体的内在动机时，必须对这一问题产生足够的重视。

由于 Murayama 等学者的开创性研究存在没有设置基线水平这一不足之处，2014 年，本书作者所在团队对这一范式进行了改进。我们的研究中也设置了实验组、控制组两个组别，不同之处在于，整个实验被划分为三个部分。对于实验组来说，实验的第二部分、第三部分分别对应 Murayama 等学者实验的第一部分、第二部分，给予被试的分别是与任务表现直接挂钩的浮动报酬以及与任务表现无关的固定报酬。实验组中，实验的第一部分与第三部分类似,被试获得的也是固定报酬;控制组被试在三个阶段中获得的都是固定报酬。在这项研究中,实验的第二部分仅仅作为实验操纵环节,研究者进行比较的是实验第一阶段与第三阶段之间个体的内在动机水平的差异。在实验组、控制组两个组别中,个体在第三阶段中的内在动机水平与第一阶段相比均存在一定程度的衰减,但实验组被试内在动机的衰减程度显著高于控制组被试,这为"挤出效应"提供了更加严谨的证据(Ma, Jin, Meng et al., 2014)。

作者所在团队的研究是通过事件相关电位的实验完成的,也是国际上第一项应用这项技术探讨个体内在动机问题的研究。FRN 的情感动机理论认为,反馈结果加工阶段的 d-FRN 波幅反映了个体对于反馈信息(提供个体任务完成情况的反馈)的重视程度(Ma, Meng et al., 2014; Zhou et al., 2010)。基于这一假说,我们认为,当个体获得的报酬与其任务表现无关时,d-FRN 的波幅可以客观表征个体的内在动机水平:个体内在动机水平越强,对于自身的任务表现就越在意,对于反馈信息就会赋予越高的主观价值,从而诱发出更大的 d-FRN 波幅;反之,个体的内在动机水平较低时,对于自身任务表现毫不在意,因此会诱发较小的 d-FRN 波幅(Ma, Jin, Meng et al., 2014)。

作为应用事件相关电位技术探讨个体内在动机问题的第一项研究,作者所在团队的研究具有一定的学术价值。基于该研究的实验范式和 d-FRN 这一脑电指标,未来研究个体内在动机问题的 ERP 实验可以进行进一步拓展延伸。然而,这项研究也存在一定的遗憾:尽管在 ERP 实验中重现了经典的"挤出效应",却没能给出这一效应的合理解释(Murayama 等学者的开创性研究也存在这一不足)。另外,这一研究关注的是外部情景因素对于个体内在动机的影响,没有关注到任务特征本身对个体内在动机的激发作用。这恰恰为本研究的开展提供了可以进行拓展延伸的空间。

2. 本研究对内在动机问题的认知神经科学研究的推动作用

关于"挤出效应",尽管学者们从不同的视角出发提出各种理论解释这一现象背后的机制,自我决定理论是唯一将这一效应与个体未被满足的自主心理需要联系在一起的理论(Deci & Ryan, 2000)。本研究中,为了从一个侧面解释"挤出效应",我们通过是否为被试提供任务选择,对被试自主性心理需要获得满足的程度进行了操纵:"挤出效应"之所以存在,很可能是因为物质奖励削弱了个体的自我决定感。值得一提的是,我们将复杂的动机过程划分为情景线索加工、反馈结果期待和反馈结果加工三个阶段,并找到了相应的可以客观表征内在动机水平的脑电指标,深入研究了自主选择对于个体内在动机的促进作用。

与作者所在团队"挤出效应"的研究一致,本研究也关注到反馈结果加工阶段的 d-FRN 指标。与随机分配的实验条件相比,自主选择的实验条件下反馈结果的呈现诱发了更大的 d-FRN 波幅,说明个体在自主选择情景下具有更强的内在动机。在情景线索加工阶段,我们关注到情景线索呈现诱发的 Cue-FRN 波幅。这一阶段中,随机分配的情景线索诱发了更为负性的 Cue-FRN 波幅,说明随机分配是个体不希望经历的一种事件,而个体更希望能在自主选择的实验条件下完成估算时间的实验任务。我们认为情景线索加工阶段的 Cue-FRN 成分是个体的内在动机水平的一项预测性指标,因为个体对于一项情景线索的认知加工过程很好地反映了个体对于这种实验条件的主观态度,这种态度和意愿决定了个体在这种实验条件下完成实验任务时的内在动机水平:个体越喜欢一种实验条件,看到这种实验条件的情景线索时会诱发越小的 Cue-FRN 波幅,在接下来从事这项活动时则会表现出越强的内在动机。未来的 ERP 研究中,如果每轮实验的一开始会呈现实验的情景线索,那么研究者可以通过这一预测性指标测度个体的内在动机水平。

在认知神经科学研究中,个体对于反馈信息的认知加工是一个被广泛和深入研究的阶段。相比之下,只有非常少的研究关注到反馈信息呈现前个体对于反馈信息呈现的期待阶段 (Kotani et al., 2015),在同一项实验中同时关注反馈结果期待、反馈结果加工两个认知加工阶段的实证研究就更加罕见了。反馈结果期待阶段中涉及的主要的脑电成分是 SPN,它实际上反映的是个体在刺激材料呈现之前投入的注意力资源的多少 (Brunia et al., 2012)。假如刺激材料是反馈信息,个体越期待反馈信息的呈现就会投入更多的注意力资源,从而诱发出更大的 SPN 波幅。最近的研究成果显示,SPN 波幅与个体的动机水平密切相关,一项刺激材料中包含的信息在情感和动机上对于个体来说越重要,在这项刺激材料呈现之前,个体就会表现出越大的 SPN 波幅 (Kotani et al., 2015)。由于 SPN 对于情感和动机是敏感的,在反馈结果期待阶段,它也可以成为一项可以客观地表征个体内在动机水平的脑电指标,这也是本研究的一项重要发现。事实上,SPN 相比 d-FRN 指标在适用的条件上要更为宽松,因此也将拥有更加广阔的应用前景，具体内容将在本书第五章中进行讨论。

为了更好地通过个体在反馈结果期待阶段和反馈结果加工阶段的认知加工过程测度个体的内在动机水平，本研究中我们没有选择 Murayama 等学者以及作者所在团队在之前研究中采用的停止秒表任务。停止秒表任务尽管本身足够有趣，在完成任务的过程中，由于秒表在不停地走动，被试在通过按键停止秒表的瞬间可以看到秒表停下的具体时间点。因此，如果希望研究与反馈结果相关的认知加工过程，采用这一实验任务存在一定的问题。本研究中采用的实验任务是估算时间，由于个体在完成这一任务过程中不能借助任何外力，个体完成按键之后对于自己的任务完成情况存在较大的不确定性，因此才会对反馈信息的呈现表现出较高水平的期待，而我们也得以通过这一阶段的 SPN 成分的波幅测度个体在任务过程中的内在动机水平。这也提醒我们在未来的研究中，应根据具体的研究问题，选择和设计与具体的研究目的更为贴切的实验任务。

除了作者所在团队"挤出效应"的研究之外，我们没有发现其他学者应用 ERP 技术研究个体的内在动机问题。我们猜测，这一重要问题之前没有在认知神经科学领域引发研究热潮的可能原因是：动机过程是在一段时间内个体表现出的一种稳定的状态，而事件相关电位技术是时间锁定的，只能研究特定时间点的前后几百毫秒中的大脑活动。因此，如果希望应用事件相关电位技术研究个体的动机问题，就必须把人类复杂的动机过程拆分为若干子过程，并且在各个子过程中找到可以直接测度个体动机水平的脑电指标。在没有过多前人研究可以参考的情况下，进行这样的探索性工作困难重重。本研究中，我们正式提出，当实验设计不涉及浮动报酬时，反馈结果加工阶段中个体面对正性、负性反馈结果时诱发的反馈相关负波的差异波（d-FRN）是一项可以客观表征个体内在动机水平的重要指标。除此之外，反馈结果期待阶段 SPN 成分的波幅以及情景线索加工阶段 Cue-FRN 成分的波幅也提供了个体内在动机水平的更多佐证。

除了提出两项可以客观表征个体内在动机水平的脑电指标之外，本研究还在研究选题方面对个体内在动机问题的认知神经科学研究起到了一定推动作用。现有的几项研究，实际上探讨的都是外部的情景因素对个体内在动机的影响：除了其中一篇文章探讨了口头鼓励对个体内在动机的影响（Albrecht et al., 2014），其他几篇文章关注的都是物质奖励对个体内在动机的削弱作用（Ma, Jin, Meng et al., 2014; Marsden et al., 2015; Murayama et al., 2010）。人力资源管理中的工作设计理论认为，除了外部情景因素之外，任务本身具备的特征也可以起到激发个体内在动机的作用。本研究从工作设计的视角出发，以动机问题的自我决定理论为理论基础，探讨可以满足个体基本心理需要的任务特征对个体内在动机的促进作用，丰富了内在动机问题的认知神经科学研究。

3. 本研究对管理实践的指导意义

本研究的发现对于工作场景中的工作设计具有重要的指导意义。传统意义上，组织中的管理者为了更好地激励员工，较多采用提供外部物质激励的方法。然而，这一举措并不总是有效，有时甚至还会产生负面的作用，因为一旦员工形成对于外部物质奖励的依赖，他们往往会感觉自己从事一项工作的目的单纯是为了报酬，感知自主程度会降低，内在动机水平也会相应地降低（Deci, 1971）。在本研究中我们发现，哪怕是提供对于最终的任务表现没有实际帮助的选择，也会增强个体的内在动机。这一发现说明，除了制定合理的薪酬方案之外，管理者应当对组织中的工作设计产生足够的重视。

友善的工作环境可以为个体提供更多的决策自主权，让员工在允许的范围内自主选择要做什么样的工作以及怎样去做自己从事的工作。这种工作上的自主性可以显著地提高员工在工作中的主观能动性和工作绩效，同时也会增强员工的工作满意度和幸福感（Humphrey et al., 2007; Macias et al., 2009; Zuckerman et al., 1978）。这些都说明了在管理实践中以支持自主心理需要的满足为导向的工作设计的重要意义。具体到管理实践中，在很多情况下，需要员工完成的工作很可能是由其他因素决定的，因此员工很可能无法自主地选择自己的工作内容。但是，工作设计中的选择，或者工作设计本身对于个体自主心理需要的满足，可以体现为多种方式：可以允许员工自主地选择通过怎样的方式去完成一项工作，也可以在工作时间方面给予员工一定程度的自由度，比如在保证全天工作时间不变的前提下，选择提前一小时上班、提前一小时下班，再比如允许员工每天多工作一小时、每周多休息半天。

之前的研究表明，选择、内在动机、努力程度、任务表现和感知胜任之间形成了一个回路。当人们可以获得自己任务表现的反馈信息时，如果得知自己在自主选择的任务中的成功率更高，胜任感会获得进一步的增强，从而进一步强化选择对于内在动机的促进作用（Patall et al., 2008）。

本研究中，尽管人们可以通过反馈信息逐渐地了解到自主选择并没有显著提升自身任务表现，他们仍然感觉自己更能够胜任自主选择的任务，并且希望获得实验任务的选择权。之前的研究表明，没有太多实际作用的选择可能被视作表达个人偏好的好机会，不会造成过重认知负荷，从而可以显著增强内在动机水平（Meng & Ma, 2015; Patall et al., 2008）。

与这一观点一致，我们在本研究中发现：对自身所处环境的控制感，即便只是一种错觉，也可能增强选择权的吸引力，从而增强个体的内在动机。这一发现在管理实践中可以获得很好的应用。在管理实践中，赋予员工的选择甚至可以体现为与工作无关的细节，比如允许员工按照自己的意愿搭配办公桌。这些工作场景中的小细节可以很好地满足个体偏好以及自主心理需要，并且不会给员工造成认知上的负荷，从而可以很好地激发个体在工作中的内在动机水平。

六 本章小结

本书从自我决定理论出发，研究任务设计中与自主和胜任两种心理需要满足有关的任务特征与个体内在动机之间的关系。研究二在本书的研究框架中起到了承上启下的作用。研究一通过一个行为学实验，发现可以满足个体自主、胜任心理需要的任务选择、任务难度两项任务特征会显著地影响个体的内在动机。在研究一中，我们通过"自我报告"和"自由选择"两种不同方式测度了个体的内在动机水平。尽管通过两种方式获得了一致的结论，它们分别请被试回顾自己在实验中的内在动机水平以及对自己在不同条件下继续从事一项活动的意愿进行排序，不能实现在实验过程中对个体内在动机水平的实时、客观表征。

为了实现对个体内在动机水平的实时、客观表征，研究二采用了认知神经科学中的事件相关电位技术进行实验，尝试将复杂的动机过程拆分为不同阶段，并找到可以客观地测度个体内在动机水平的脑电指标。由于研究二是一项探索性的研究，为了增强研究结论的说服力，我们设计了一项更加适合 ERP 研究的实验任务（估算时间任务），在研究一基础上，再一次探讨了任务设计中的任务选择与个体内在动机之间的关系。为了对个体的自主心理需要的满足进行操纵，我们设计了自主选择和随机分配两种实验情景，从行为和脑电两个层面来考察个体在两种实验条件下内在动机水平的强弱。一方面，我们请被试对于自己在实验过程中的享受程度、获胜信心、对结果的期待程度等进行主观评分；另一方面，通过 ERP 设备记录被试在完成任务全过程中的大脑活动情况，通过认知神经科学层面的指标来测度个体的内在动机。

在本研究的具体实施过程中，首先明确了三个研究目的，并根据研究目的和以往研究的基础，将个体复杂的动机过程拆分为情景线索加工、反馈结果期待、反馈结果加工三个阶段，提出行为和脑电两个层面的相关假设。通过对行为和脑电数据进行统计分析，我们发现个体在自主选择的模式下具有更强的内在动机。在对研究二从行为和脑电两个层面获得的结论分别进行讨论的基础上，在综合讨论中，我们正式提出个体面对正性、负性反馈信息时诱发的反馈相关负波的差异波（d-FRN）以及反馈结果期待阶段的刺激前负波（SPN）的波幅可以很好地表征个体的内在动机水平；而在情景线索加工阶段，由线索呈现诱发的反馈相关负波（Cue-FRN）可以很好地预测个体接下来完成相应任务时的内在动机水平。在本章的最后，我们讨论了现有的内在动机问题的认知神经科学研究的价值与不足、本研究对内在动机问题的认知神经科学研究的推动作用，以及本研究对于组织情景中工作设计的指导意义。

本研究最重要的贡献是形成了一项个体内在动机问题的 ERP 研究的基本范式，把个体复杂的动机过程划分为三个重要阶段，并找到了相应的可以客观表征个体内在动机水平的脑电指标。未来的研究中可以根据具体的研究目的，对这一范式进行拓展延伸，并通过这些指标客观地测度个体的内在动机水平。从这个意义上看，本研究将进一步推动个体内在动机问题的深入探索。有了研究二作为铺垫，研究三可以从找到的几项脑电指标出发，探究任务设计中与个体的基本心理需要满足有关的其他任务特征与个体内在动机之间的关系。

第五章

任务设计中的反馈机制与个体的内在动机

一 研究目的

根据自我决定理论，胜任是人类的基本心理需要之一，胜任感的满足可以增强个体的内在动机。胜任指的是个体可以与自身所处的环境进行有效互动、感觉自己可以胜任挑战的心理需要（Deci & Ryan, 1985a, 2000）。根据自我决定理论的重要基石、同时也是自我决定理论的重要组成部分——认知评价理论（Cognitive Evaluation Theory），个体所处的环境主要通过两种基本的认知过程对内在动机产生影响。第一种方法改变了个体认知过程中的因果关系路径，例如工作设计中的任务选择等要素可以使个体感受到自我决定，将会增强内在动机，这一种方法我们在研究一、研究二中已经讨论过。第二种方法导致胜任知觉的改变，当工作设计中的任务特征让个体感觉到胜任工作而不是削弱他们的胜任感时，个体的内在动机将会增强（Deci & Ryan, 2000; Ryan & Deci, 2000）。

在工作设计中可以通过多种方式增强个体的胜任感，从而增强个体的内在动机。在研究一中，我们已经讨论了其中一种有效方式，即为个体设置难度水平合理的任务。除此之外，在任务设计中还可以通过反馈机制的设置来满足个体的胜任感（Gagné & Deci, 2005）。工作设计理论中的工作特征模型提出了工作的五个核心任务维度，其中的一个重要维度是工作反馈。这里的反馈不仅包含员工的上级以及同事对员工的能力和工作态度的评估，而且包含对于工作本身的反馈，比如工作完成质量。通过工作中的反馈信息，员工可以对自己在工作中的表现形成全面认识，从而起到激发员工内在动机的效果，也为员工在工作绩效上的进一步提升指明了方向（Hackman & Oldham, 1980）。事实上，反馈机制是工作设计中影响个体胜任感满足的重要任务特征，个体在工作中的胜任感恰恰是通过反馈信息特别是正性的反馈信息逐步建立起来的（Deci & Ryan, 1975）。遗憾的是，管理学领域较少有研究从这一视角出发，研究个体的内在动机的激发问题。

本研究应用事件相关电位技术设计实验，研究反馈机制的设置与个体内在动机之间的关系。本研究的第一个重要目标，是将胜任心理需要的满足与个体的内在动机水平之间的关系这一研究视角引入管理学的实验研究，探讨在任务设计中如何通过设置合理的反馈机制，实现对个体内在动机的有效激发。研究的第二个目标是应用认知神经科学的技术手段，在研究二的结论基础上，验证在研究二中找到的可以表征个体内在动机水平的脑电指标的有效性，并且探索更多可以客观地表征个体动机水平的认知神经科学指标，从而建立起动机过程的认知加工模型，为内在动机问题的研究提供更多来自认知神经科学的证据。

二 研究假设

研究三采用了"停止秒表"作为实验任务，与"估算时间"任务的区别在于，"停止秒表"任务的屏幕中央有一个秒表，任务开始后，秒表将从0秒开始走动，个体的目标是尽可能准确地将秒表停在3秒左右的时间区间内。这一实验任务的特点是，个体在通过按键完成任务的瞬间可以看到秒表被停下的具体时间点，从而了解到自己基本的任务表现。反馈作为一个正式的环节，可以进一步确认个体在任务中的表现。本研究采用这一实验任务的原因是：在反馈信息非必需的情况下（即使没有反馈信息，被试也已经了解到自己基本的任务表现），如果个体仍然表现出了对于反馈信息特别是正性反馈信息的偏好，并且反馈信息依然增强了个体内在动机，将进一步证明在任务设计中合理设置反馈机制的重要性。

在研究三中，我们设置了两种不同的反馈机制：在第一种实验条件下，没有设置反馈环节，被试尽管了解自己的任务表现，但无法获得额外的反馈信息，目前我国部分企业的人力资源管理实践也存在这一问题

(李江峰，2006；孙艳，2013；郑佳，2007）。另一种实验条件下，个体有机会获得反馈信息。由于不同效价的反馈信息对个体胜任感的作用也存在着差异：正性的反馈信息可以直接帮助个体建立起胜任感，从而增强个体内在动机；然而，负性的反馈信息通常会削弱个体的感知胜任程度，从而降低个体的内在动机（Deci & Ryan, 2000）。因此，如果只是单纯地给出反馈信息，不一定能起到促进个体内在动机的作用；假如个体在一项任务中的表现欠佳，可能反而会起到相反的作用。

基于以上考虑，在第二种实验条件下，我们设计了自主反馈的机制，个体可以自主选择是否获取反馈信息；具体到本实验中，在这种实验条件下，被试完成每一轮次实验之后，可以根据自身的偏好，自主选择是否查看本轮的反馈信息。这种反馈机制一方面提供了反馈信息，增强了个体的胜任感；另一方面允许个体自主选择是否查看反馈信息，从而增强了个体的自我决定感。除此之外，如果个体更多地在自身表现良好时选择查看反馈信息，将更多地获得正性反馈信息，这将进一步增强个体的胜任感（Chiviacowsky & Wulf, 2002）。由于自主反馈机制同时满足了自主、胜任的心理需要，我们预测这一反馈机制可以在最大程度上激发个体对于任务本身的内在动机。

（一）行为层面的假设

由于研究三采用了"停止秒表"作为实验任务，与"估算时间"任务相比，在"停止秒表"任务过程中，被试可以看到不停走动的秒表，这一任务提示在很大程度上降低了任务的难度。因此，与"估算时间"任务 300 毫秒的成功区间不同，"停止秒表"任务的成功区间仅有 100 毫秒。具体来说，如果个体将秒表停在了 2.95—3.05 秒之间，判定任务成功；反之，判定任务失败。

研究三是一项被试内设计的实验研究，被试或者无法查看额外的反馈信息（"无反馈"），或者可以在每轮任务完成后，自主选择是否查看自己在本轮中的任务完成情况（"自主反馈"）。由于反馈信息的存在可以帮助个体建立胜任感，尽管个体在按键时可以通过观察秒表停止走动的时间点了解到自己的任务表现，我们预期个体通常情况下仍然会希望获得额外的反馈信息。因此，我们预测在"自主反馈"的情景中，个体选择查看反馈信息的概率显著高于选择不查看反馈信息的概率。相应地，得到如下假设：

H1："自主反馈"的实验条件下，个体选择查看反馈信息的概率会显著高于选择不查看反馈信息的概率。

由于个体存在胜任的心理需要，因此，我们预期在"自主反馈"的情景中，为了增强自身的胜任感，被试会更多地选择在自身任务表现良好的情况下查看额外的反馈信息。因此得到如下假设：

H2："自主反馈"的实验条件下，个体任务成功时选择查看反馈信息的概率显著高于任务失败时选择查看反馈信息的概率。

根据认知评价理论，环境因素可分为信息性、控制性与去动机性三种类型。信息性的事件促进个体内在的因果知觉与胜任感，从而提高个体内在动机水平，而任务完成情况的反馈结果是最普遍、最常见的信息性的事件（Deci & Ryan, 2000; Ryan & Deci, 2000）。一方面，与"无反馈"的实验情景相比，个体在"自主反馈"的情景下可以自主选择是否查看反馈结果，个体的自我决定感更强；另一方面，反馈结果属于信息性事件，它的提供本身就可以增强个体的胜任感，而根据 H2 的假设，个体更多地在任务成功时选择查看反馈结果，这会进一步增强个体的胜任感。由于自主与胜任心理需要的满足对于个体的内在动机都有促进作用（Deci & Ryan, 2000），同时大量的文献表明，个体的动机水平将显著影响其任务表现（Patall et al., 2008），因此得到如下假设：

H3：个体在"自主反馈"实验条件下的按键成功率显著高于个体在"无反馈"条件下的按键成功率。

实验结束后，我们请参与实验的被试完成了 6 分的语义差异量表，测度了个体在"无反馈"和"自主反馈"两种实验条件下在"游戏趣味程度"和"获胜信心"两个维度的主观感受。根据自我决定理论，个体在自主反馈实验情景下的自我决定感和胜任感较强、内在动机水平较强。因此，我们做出如下假设：

H4：相较于无反馈的情景，个体在自主反馈情景下认为任务更有趣。

H5：相较于无反馈的情景，个体在自主反馈情景下的获胜信心更强。

（二）神经层面的假设

在被试完成任务的同时，我们通过脑电设备记录下了被试在实验全过程中的大脑神经元电生理活动，以探索内在动机的神经表征。在研究二的基础上，根据研究三的实验设计，我们将复杂的动机过程划分为情景线索加工、任务启动准备以及任务绩效监控三个重要阶段，并试图找到更多可以客观测度个体动机水平的脑电指标。需要说明的是，本研究的"无反馈"实验条件下没有反馈结果的呈现环节；在"自主反馈"实验条件下，如果个体选择不查看反馈信息，也不会出现这一环节。因此本研究无法像研究二那样，从反馈结果期待和反馈结果加工两个阶段分别通过 SPN 和 d-FRN 两个指标测度个体的内在动机水平。这恰恰说明了寻找其他可以客观表征个体内在动机水平的脑电指标的重要性。

1. 情景线索加工阶段的假设

根据对相关的文献以及研究二在情景线索加工阶段的发现进行梳理，线索诱发的反馈相关负波（Cue-FRN）是这一阶段的重要脑电成分，它的波幅反映了情景线索偏离个体主观意愿的程度：偏离程度越大，诱发的 Cue-FRN 波幅越大。在本研究中，由于在自主反馈情景下，个体可以在每轮任务完成后，自主选择是否查看自己在本轮中的任务表现，相较于无反馈的实验情景，自主和胜任两种心理需要均获得了更好的满足。因此，我们预测个体在自主反馈情景下具有更强的内在动机，更加希望能看到自主反馈的情景线索。由此得到如下假设：

H6：相较于自主反馈的情景线索，个体看到无反馈的情景线索时会表现出更大的 Cue-FRN 波幅。

2. 任务启动准备阶段的假设

通过对刺激前负波（SPN）相关研究的进一步梳理，SPN 波幅大小本质上反映的是个体在刺激呈现前的注意力水平，即注意资源分配情况（Brunia & van Boxtel, 2004；van Boxtel & Böcker, 2004）。由于停止秒表任务的整体耗时较短（仅 3 秒左右），以及这一任务对于时间精度具有非常高的要求，如果个体希望在停止秒表任务中获得上佳表现，需要在任务启动之前就做好准备，等待屏幕中央的秒表从 0 秒开始走动。在研究二中，我们发现反馈结果期待阶段 SPN 的波幅可以很好地反映个体动机水平：个体的内在动机水平越强，就会对自己的任务表现有越高程度的期待，从而对反馈结果的呈现投入更多注意力资源、诱发更大的 SPN 波幅。与反馈结果期待阶段的 SPN 类似，我们认为任务启动准备阶段的 SPN 也可以很好地测度个体的动机水平：个体的内在动机水平越强，就会在任务启动前投入越高程度的注意力，从而诱发越大的 SPN 波幅。因此，对于任务启动准备阶段的脑电结果，我们做出如下假设：

H7：在任务启动前，相较于无反馈的实验条件，个体在自主反馈的实验条件下会诱发更大的 SPN 波幅。

3. 任务绩效监控阶段的假设

个体在完成任务的过程中会对自身任务绩效进行实时监控，认知神经科学已经有大量文献对这一重要认知过程进行探讨。错误相关负波（Error-related Negativity，ERN）是在个体按键行为前后出现的负向偏移的脑电波，当个体发生错误按键时，会诱发明显的 ERN 波幅（Falkenstein et al., 2000; Hewig et al., 2011）。研究显示，个体的任务绩效监控可以很好地反映在 ERN 的波幅上，而绩效监控的过程可以帮助个体对其行为进行不断改进。最近有越来越多的证据表明，ERN 不仅可以机械地反映个体的错误侦测，还可以表征犯错这一行为的动机水平。换言之，ERN 可以反映个体对于自身在不同情境下犯错的在意程度（Grützmann et al., 2014; Legault & Inzlicht, 2013）。举例来说，有实证研究表明，当个体的任务表现与更大数额的物质奖励挂钩，或者当个体了解到其他人会评估自己的任务表现，都会诱发更大的 ERN 波幅（Endrass et al., 2010; Ganushchak & Schiller, 2008; Hajcak et al., 2005; Kim et al., 2005）。在本研究中，由于"自主反馈"的实验条件更好地满足了个体自主、胜任的心理需要，从而会更好地激发个体的内在动机，相应的，个体会更加介怀自己在"自主反馈"模式下犯错。根据文献综述和理论推演，得到如下假设：

H8：在任务绩效监控阶段，相较于无反馈的实验条件，个体在自主反馈条件下的错误响应会诱发更大的 ERN 波幅。

（三）对于研究三假设的总结

接下来对以上行为、神经两个层面的假设进行列表总结。

表 5.1　　　　　　　　　对研究三假设的总结

假设对象	假设内容
行为层面	H1："自主反馈"的实验条件下，个体选择查看反馈信息的概率会显著高于选择不查看反馈信息的概率 H2："自主反馈"的实验条件下，个体任务成功时选择查看反馈结果的概率显著高于任务失败时选择查看反馈结果的概率 H3：个体在"自主反馈"实验条件下的按键成功率显著高于个体在"无反馈"条件下的按键成功率 H4：相较于无反馈的情景，个体在自主反馈情景下认为任务更有趣 H5：相较于无反馈的情景，个体在自主反馈情景下的获胜信心更强
神经层面	H6：相较于自主反馈的情景线索，个体看到无反馈的情景线索时会诱发更大的 Cue-FRN 波幅 H7：任务启动前，相较于无反馈的实验条件，个体在自主反馈的实验条件下会诱发更大的 SPN 波幅 H8：任务绩效监控阶段，相较于无反馈的实验条件，个体在自主反馈条件下的错误响应会诱发更大的 ERN 波幅

资料来源：本书作者整理。

三　研究方法

（一）实验被试

与前两项研究类似，研究三也通过浙江大学的校内论坛随机招募在校学生。研究三共招募 18 名同学作为志愿者参加 ERP 实验，其中男生 12 名；被试年龄在 20—26 岁，平均年龄为 22.00 岁，标准差为 1.37 岁。为了保证被试参加实验过程中对实验任务的新奇感，以及降低被试猜出实验目的的可能性，如果参加过本书中任何一项研究的实验，将不允许参加本实验。所有被试均自报是右利手（即非左撇子），视力或矫正视力正常（佩戴了合适度数的眼镜），并且没有神经或精神疾病史。实验过程通过了伦理委员会的核准。在实验开始前，每位参加实验的志愿者首先都了解了 ERP 的实验流程，然后签署了 ERP 实验知情同意书，声明自己了解 ERP 实验对人体无害，并自愿参加实验。

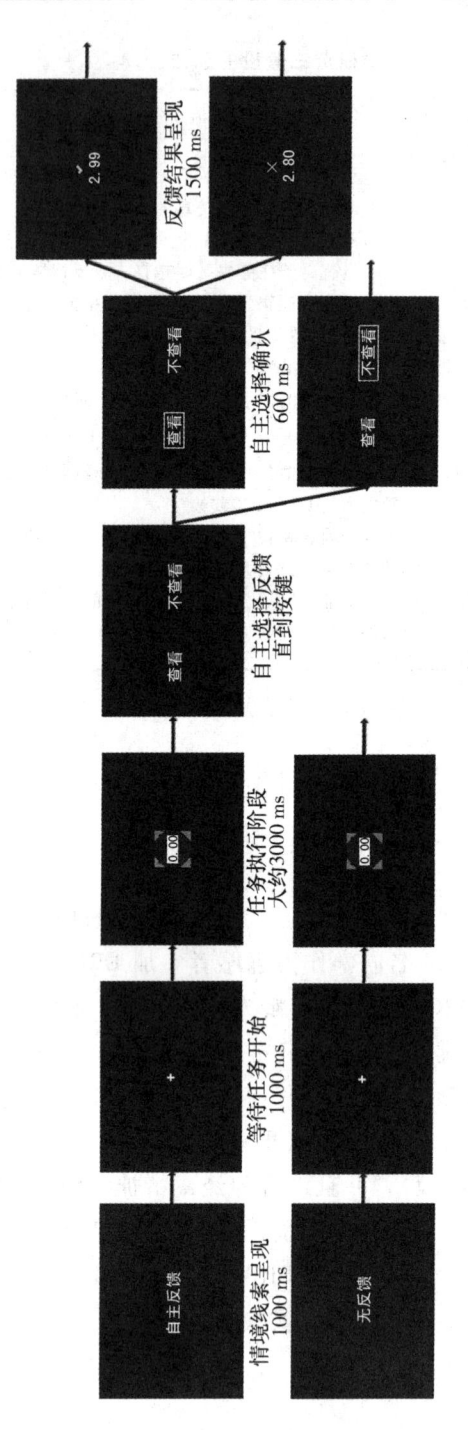

图 5.1 研究三的实验流程图

资料来源：本书作者整理。

（二）实验材料

本实验中需要被试完成的是"停止秒表"的小游戏。每轮游戏中，秒表会从 0 秒开始计时，游戏目标是尽可能准确地将秒表停在 3 秒。游戏共 120 轮，如果将秒表停在 2.95—3.05 秒范围内，则本轮挑战成功，否则该轮挑战失败。游戏分为两种模式，每轮游戏一开始，被试将看到游戏模式的提示。如果被试看到"无反馈"，则在完成本轮游戏后，不能选择查看额外反馈信息（被试通过按键完成任务的瞬间可以看到秒表停止走动的时间点，因此反馈信息只是对个体任务表现的额外确认）；反之，如果被试在某轮的一开始看到"自主反馈"，在完成本轮游戏后，可以自主选择是否查看本轮的额外反馈信息。整个实验中，"自主反馈"和"无反馈"轮次出现的顺序是随机打乱的。

情景线索呈现后，经过一段时间的等待，秒表图标会出现在屏幕中央并开始走动，这意味着停止秒表任务的开始。被试应密切关注秒表的走动，随时做好准备把秒表停下来。游戏过程中被试可以按任意键将秒表停下来。按键响应后，如果该轮为"无反馈"模式，将直接跳转到下一轮。如果该轮为"自主反馈"模式，屏幕上将呈现"查看"和"不查看"两个选项；如果被试希望查看本轮反馈信息，则应选择"查看"；反之，则选择"不查看"。做出选择后，被试的选择将加框做确认。

如果被试选择"不查看"，将直接跳转到下一轮游戏。如果被试选择了"查看"，一段黑屏过后，本轮的反馈信息将呈现在屏幕上。如果被试本轮游戏成功，正性的反馈（对号）以及按键对应的时间将用绿色字体显示；如果本轮游戏失败，负性的反馈（错号）以及按键对应时间将用红色字体显示。如果被试一不小心在某轮游戏中超过 5 秒未按键，则该轮游戏失败。

（三）实验过程

研究三也是一项脑电实验，实验前的准备工作与研究二相同，在此不再赘述。准备工作结束后，实验主试向被试提供纸质的实验过程描述和实验任务的介绍性说明，请被试签署实验知情书，并且解答被试可能提出的任何疑问。被试阅读完毕实验指导语之后进行预实验，熟悉实验流程以及实验中涉及的按键操作。主试会向被试再次强调，他们参与这一脑电实验获得的是固定报酬，与其任务表现无关。

实验结束后，被试将通过 6 分的语义差异量表对"自主反馈"和"无反馈"两种情况下停止秒表游戏的趣味性和个体在停止秒表游戏中获胜的信心进行主观评分。在被试离开实验室之前,我们支付了允诺的报酬。实验的脑电和行为数据记录与研究二相同,实验过程中,通过 NeuroScan 设备记录被试的大脑活动数据。具体参见研究二实验过程部分的介绍,在此不再赘述。

四 数据分析

(一) 行为数据分析

本实验通过 E-prime 2.0 软件(心理学软件公司,匹兹堡,美国)呈现实验刺激材料,并且记录下被试者按键结果与选择的行为数据,具体包括四个方面:(1)"自主反馈"模式下,个体选择查看反馈信息的比率;(2)"自主反馈"模式下,任务成功、失败后选择查看反馈信息的比率;(3)"自主反馈"和"无反馈"模式下的正确率;(4)"自主反馈"和"无反馈"模式下的主观评分。得到的行为结果根据统计学原则进行分析,具体的行为结果如下:

1. 自主反馈模式下,个体选择查看反馈信息的比率

表5.2 "自主反馈"模式下,个体选择查看、不查看反馈信息的比率

| | t 值 | 自由度 | p 值 | 均值 | 标准差 | 95% 置信区间 ||
						下限	上限
查看—不查看	4.120	17	0.001	0.306	0.315	0.149	0.462

资料来源:本书作者整理。

实验后对被试在自主反馈模式下,选择查看、不查看额外反馈信息的比率进行统计分析。选择查看反馈信息的比率均值为 65.28%;相应的,选择不查看反馈信息的比率均值为 34.72%。配对样本 T 检验结果显示,"自主反馈"模式下,个体选择查看、不查看反馈信息的比率存在显著差异 [$t(17) = 4.120, p = 0.001$]。

2. 个体任务成功、失败后选择查看反馈信息的比率

实验后对 18 名被试在"自主反馈"模式下,任务成功、失败后选择查看反馈信息的比率进行了统计分析。任务成功后选择查看反馈信息的比率均值为 81.73%,标准差为 0.167;任务失败后选择查看反馈信息的比率均

值为52.46%，标准差为0.231。配对样本T检验结果显示，任务成功、失败的情况下，个体选择查看反馈信息的比率存在显著差异[$t(17)=4.630$，$p<0.001$]。

表5.3 "自主反馈"模式下，任务成功、失败后个体选择查看反馈信息的比率

自主反馈—无反馈	t值	自由度	p值	均值	标准差	95%置信区间	
						下限	上限
任务成功—任务失败	4.630	17	0.000	0.293	0.268	0.159	0.426

资料来源：本书作者整理。

3. 停止秒表的正确率分析

实验后对停止秒表的正确率进行统计分析，"自主反馈"模式下的平均正确率为47.78%，标准差为0.147；"无反馈"情况下正确率为42.36%，标准差为0.129。配对样本T检验结果显示，两种情况下，被试估算时间的正确率存在显著差异[$t(17)=2.550$，$p=0.021$]。

表5.4 "自主反馈"与"无反馈"实验条件下估算时间的正确率

	t值	自由度	p值	均值	标准差	95%置信区间	
						下限	上限
自主反馈—无反馈	2.550	17	0.021	0.054	0.090	0.009	0.099

资料来源：本书作者整理。

4. 主观评分的统计分析

表5.5 "自主反馈"与"无反馈"实验条件下的主观评分结果

自主反馈—无反馈	配对差异					t值	自由度	p值
	均值	标准差	95%置信区间				
			下限	上限			
趣味程度	1.945	1.349	1.273	2.615	6.115	17	0.000
获胜信心	0.556	0.922	0.097	1.014	2.557	17	0.020

资料来源：本书作者整理。

主观评分数据显示，相较于"无反馈"的模式，被试认为"自主反馈"模式下的停止秒表任务更有趣[$M=1.945$，$SD=1.349$；$t(17)=$

6.115, $p < 0.001$], 并且具有更强的获胜信心 [M = 0.556, SD = 0.922; $t(17) = 2.557$, $p = 0.020$]。

(二) 脑电数据分析

脑电数据的基本分析方法与步骤已经在研究二中做了详细介绍,在此不再赘述。本实验采用了被试内设计,在停止秒表任务按键后,是否可以选择查看额外反馈信息是被试内因素。因此,在接下来对脑电成分进行分析的过程中,我们也将按照这种分类方式对数据进行统计分析。根据实验的假设,情景线索加工阶段线索呈现诱发的反馈相关负波(Cue-FRN)波幅、任务启动准备阶段的刺激前负波(SPN)的波幅以及任务绩效监控阶段的错误相关负波(ERN)的波幅是本研究重点关注的对象。

1. 情景线索加工阶段的脑电数据分析

在情景线索加工阶段,反映对情景线索的认知加工过程的主要脑电成分是线索诱发的反馈相关负波(Cue-FRN)。情景线索加工阶段的脑电数据根据实验条件不同划分为"自主反馈"和"无反馈"两类。根据FRN相关的研究成果的综述,FRN通常在前额区达到峰值(San Martín, 2012),因此,这里选取了F1、FZ、F2、FC1、FCZ和FC2共6个电极点对其进行分析,6个电极点在全脑的分布情况如图5.2所示。

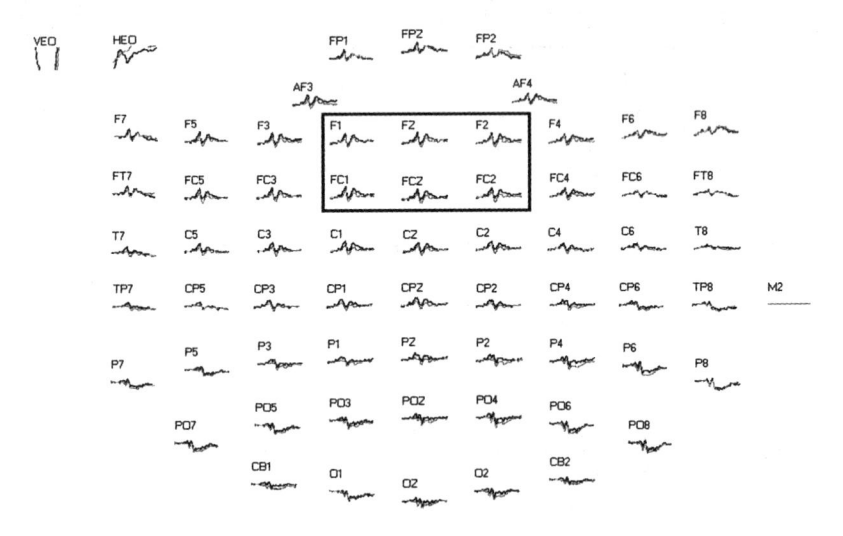

图5.2 64个电极点的分布情况以及Cue-FRN成分的统计分析选取的电极点
资料来源:本书作者整理。

在对 Cue-FRN 进行分析的时间窗选择上,我们基于以往研究以及本研究 Cue-FRN 成分的波形图,选取了时间窗 290—350 毫秒内(图 5.3 中的阴影部分)的脑电平均电压值进行统计分析。为了展示情景线索加工

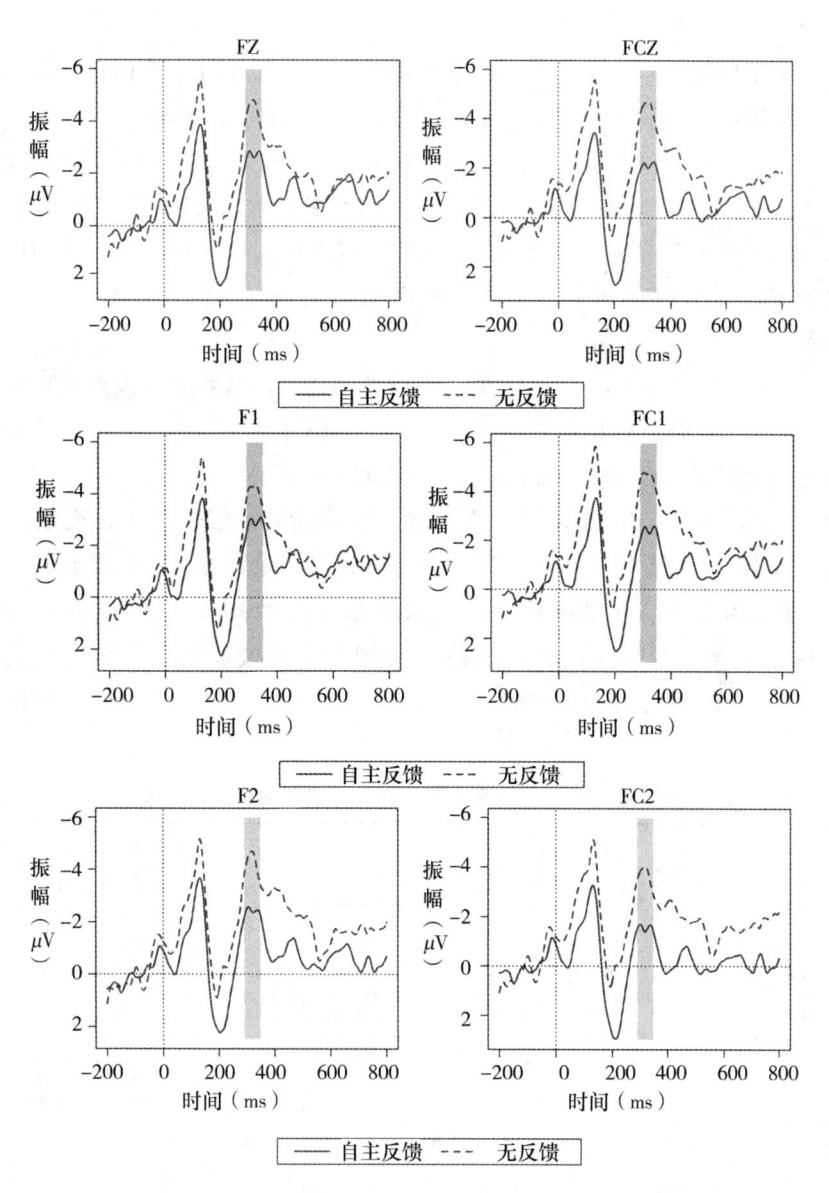

图 5.3 情景线索加工阶段 FZ、FCZ 等电极点 Cue-FRN 成分的波形图
资料来源:本书作者整理。

阶段 Cue-FRN 成分在不同实验条件下的波形和波幅情况，我们做出了 F1、FZ、F2、FC1、FCZ 和 FC2 共 6 个电极点的波形图，如图 5.3 所示。按照事件相关电位研究的惯例，纵轴的负坐标在上、正坐标在下（Luck，2005）。

为了分析"自主反馈"和"无反馈"两种实验条件下个体在情景线索加工阶段的大脑活动是否存在差异，我们对 6 个电极点的电压值做了 2（两种实验条件：自主反馈、无反馈）*6（6 个电极点：F1、FZ、F2、FC1、FCZ、FC2）的重复性测量方差分析。统计结果显示，反馈机制在 Cue-FRN 成分的振幅上存在显著的主效应（$F_{1,17} = 7.748$，$p = 0.013$，$\eta^2 = 0.313$）。两种实验条件下各个电极点的 Cue-FRN 成分的振幅均值、标准差如表 5.6 所示。

Cue-FRN 为脑电负波，数值越小、振幅越大。从 6 个电极点的均值上来看，"无反馈"的情景线索诱发的 Cue-FRN 振幅（均值 = $-4.237\ \mu V$）显著大于"自主反馈"的情景线索诱发的 Cue-FRN 振幅（均值 = $-2.355\ \mu V$）。结合 Cue-FRN 的认知含义，这一结果说明，相较于"无反馈"的情景线索，"自主反馈"是被试更希望看到的情景线索。对电极点的主效应进行分析发现，6 个电极点的主效应也是显著的（$F_{5,85} = 3.216$，$p = 0.042$，$\eta^2 = 0.553$），电极点和反馈机制的交互效应则不显著（$F_{5,85} = 1.278$，$p = 0.331$，$\eta^2 = 0.329$）。

表 5.6　两种实验条件下 6 个电极点 Cue-FRN 波幅的均值、标准差

电极点	自主反馈 均值	标准误差	95%置信区间 下限	95%置信区间 上限	无反馈 均值	标准误差	95%置信区间 下限	95%置信区间 上限
F1	-2.908	1.098	-5.226	-0.591	-4.109	1.170	-6.578	-1.641
FZ	-2.709	1.116	-5.064	-0.353	-4.422	1.333	-7.235	-1.610
F2	-2.419	1.153	-4.850	0.013	-4.231	1.304	-6.983	-1.479
FC1	-2.414	1.224	-4.995	0.168	-4.605	1.308	-7.365	-1.845
FCZ	-2.116	1.327	-4.915	0.683	-4.380	1.306	-7.136	-1.624
FC2	-1.562	1.220	-4.135	1.011	-3.677	1.235	-6.283	-1.071

资料来源：本书作者整理。

2. 任务启动准备阶段的脑电数据分析

任务启动准备阶段的脑电数据同样根据实验条件的不同划分为"自主反馈"和"无反馈"两类。根据实验范式和以往的研究成果，本阶段重点关注刺激前负波（SPN）。根据 SPN 的文献综述以及本研究的脑电结果图，选取时间窗为 -400 毫秒—0 毫秒，并取该段时间内的脑电平均电压做统计分析（Brunia et al., 2012）。由于 SPN 通常在前额区域振幅最大，选取 F1、FZ、F2、FC1、FCZ 和 FC2 共 6 个电极点做重复性测量方差分析，电极点在全脑的分布情况如图 5.4 所示。为展示任务启动准备阶段 SPN 成分在不同实验条件下的波形和波幅情况，我们做出了 F1、FZ、F2、FC1、FCZ 和 FC2 共 6 个电极点的波形图，如图 5.5 所示。按照事件相关电位研究的惯例，纵轴的负坐标在上、正坐标在下（Luck, 2005）。

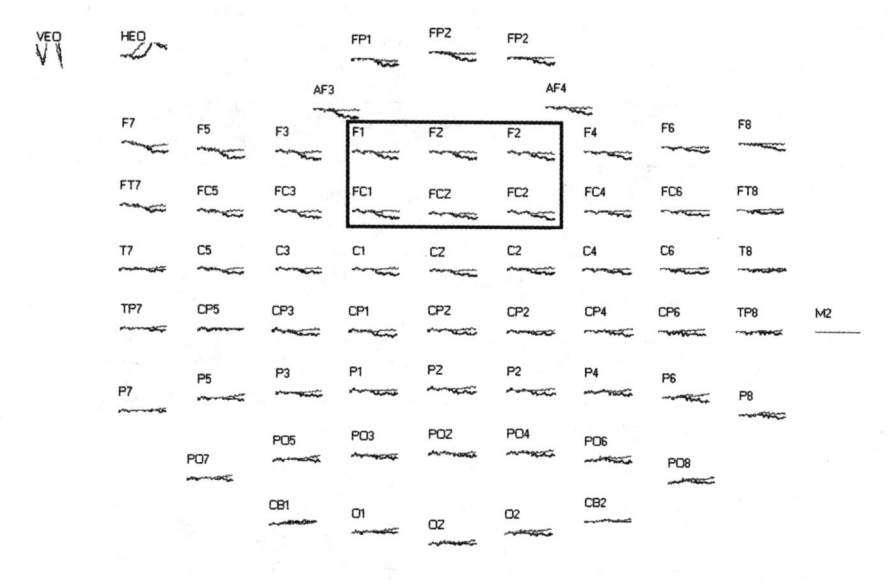

图 5.4　64 个电极点的分布情况以及 SPN 成分的统计分析选取的电极点
资料来源：本书作者整理。

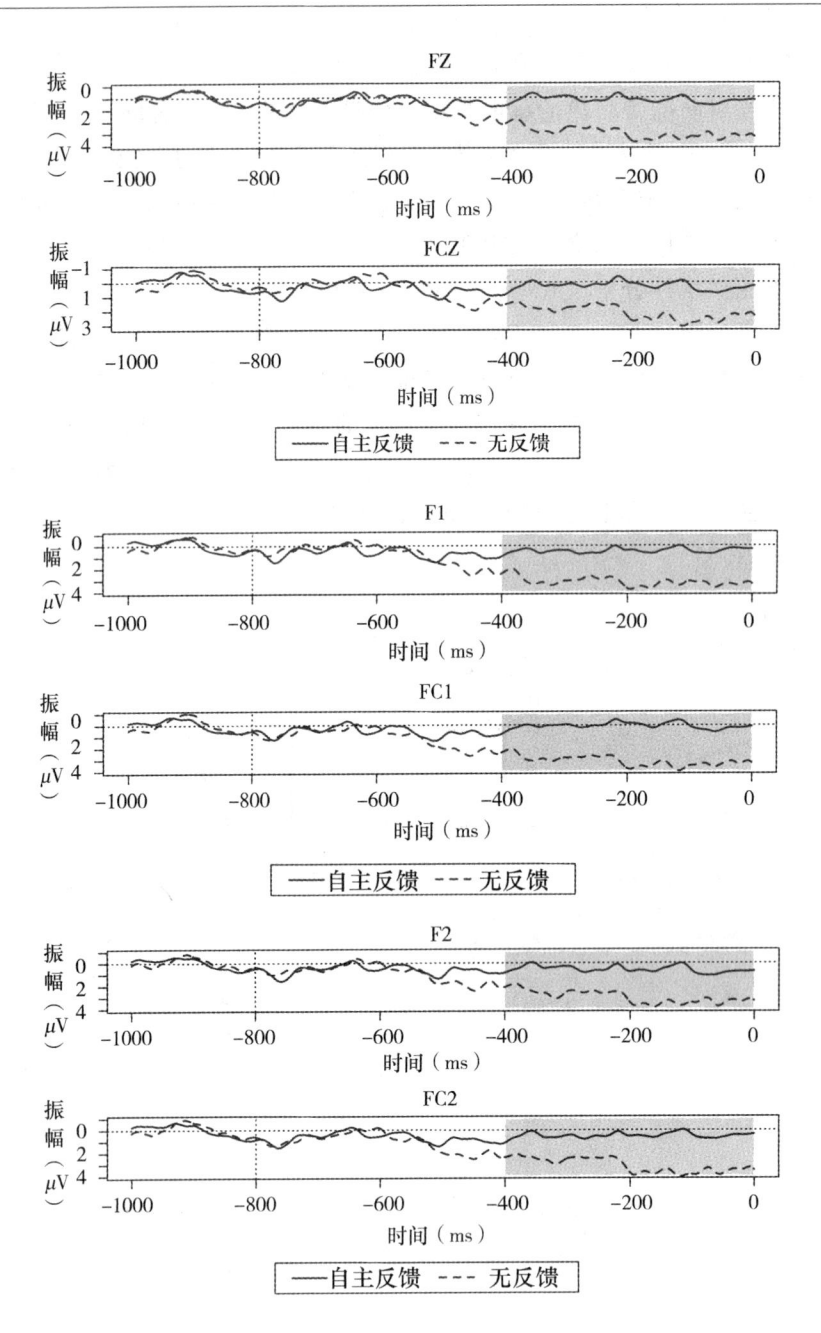

图 5.5 任务启动准备阶段 FZ、FCZ 等电极点 SPN 成分的波形图

资料来源：本书作者整理。

重复性测量方差分析结果显示，反馈机制在 SPN 成分振幅上的主效应显著（$F_{1,17} = 7.738$, $p = 0.013$, $\eta^2 = 0.313$）。"自主反馈"和"无反馈"的实验条件下各个电极点的 SPN 振幅的均值、标准差如表 5.7 所示。SPN 为脑电的负波，数值越小、振幅越大。从 6 个电极点的均值上来看，"自主反馈"实验条件下，在实验任务启动之前，个体对于任务启动在认知上的准备诱发的 SPN 波幅（均值 = 0.346 μV）显著大于"无反馈"实验条件下的 SPN 振幅（均值 = 2.931 μV）。

结合 SPN 成分的认知含义，这一结果说明个体在"自主反馈"的实验条件下，对于实验任务启动投入了更多的注意力、分配了更多的注意力资源、在认知上做了更好的准备。对电极点的主效应的统计分析发现，6 个电极点的主效应并不显著（$F_{5,85} = 2.646$, $p = 0.073$, $\eta^2 = 0.504$），电极点和反馈机制的交互效应也不显著（$F_{5,85} = 0.747$, $p = 0.602$, $\eta^2 = 0.223$）。

表 5.7　　两种实验条件下 6 个电极点 SPN 波幅的均值、标准差

电极点	自主反馈		自主反馈 95% 置信区间		无反馈		无反馈 95% 置信区间	
	均值	标准误差	下限	上限	均值	标准误差	下限	上限
F1	0.457	1.202	-2.079	2.993	3.147	0.914	1.218	5.076
FZ	0.198	1.161	-2.252	2.648	2.993	0.918	1.055	4.930
F2	0.575	1.181	-1.917	3.067	2.995	1.110	0.653	5.338
FC1	0.080	1.202	-2.455	2.616	3.161	0.920	1.219	5.102
FCZ	0.269	1.215	-2.295	2.833	2.176	0.887	0.306	4.047
FC2	0.495	1.280	-2.205	3.196	3.115	0.944	1.123	5.108

资料来源：本书作者整理。

3. 任务绩效监控阶段的脑电数据分析

被试通过按键完成停止秒表的实验任务的过程中，在错误按键瞬间的前后反映个体对任务绩效监控的是错误相关负波（ERN）。根据 ERN 相关研究成果的综述，ERN 通常在前额区域的振幅最大，因此，这里选取 F1、FZ、F2、FC1、FCZ 和 FC2 共 6 个电极点对其进行分析，6 个电极点在全脑的分布情况如图 5.6 所示。在对错误响应诱发的 ERN 成分进行统计分析的时间窗的选择上，我们基于对本研究得到的 ERN 成分

的波形图以及 ERN 成分的文献综述，选取时间窗 -20—80 毫秒内的脑电波平均电压值作为 ERN 成分振幅大小的指标进行了统计分析（Falkenstein et al., 2000; Hewig et al., 2011）。

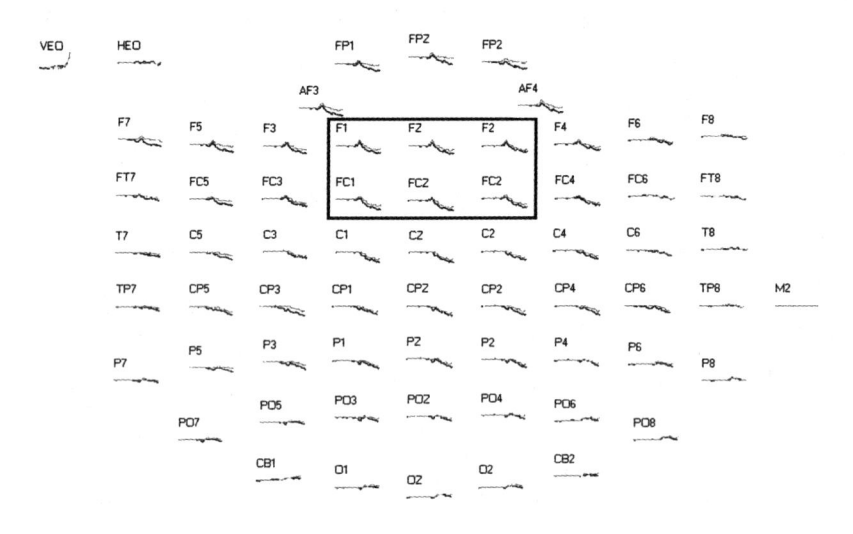

图 5.6　64 个电极点的分布情况以及 ERN 成分的统计分析选取的电极点
资料来源：本书作者整理。

任务绩效监控阶段的脑电数据同样根据实验条件的不同划分为"自主反馈"和"无反馈"两类。为展示任务绩效监控阶段错误响应诱发的 ERN 在不同实验条件下的波形和波幅情况，我们做出了 F1 等 6 个电极点的波形图，如图 5.7 所示。按照事件相关电位研究的惯例，纵轴的负坐标在上、正坐标在下（Luck, 2005）。

为了比较"自主反馈"和"无反馈"两种实验条件下任务绩效监控阶段的大脑活动是否存在显著差异，对 6 个点的电压值做了 2（两种反馈机制：自主反馈、无反馈）*6（6 个电极点：F1、FZ、F2、FC1、FCZ、FC2）的重复测量方差分析。统计结果显示，反馈机制在 ERN 成分的振幅上有显著的主效应（$F_{1,17}=6.698, p=0.019, \eta^2=0.283$）。两种实验情景下各个电极点 ERN 成分振幅的均值、标准差如表 5.8 所示。ERN 为脑电的负波，数值越小，振幅越大。从 6 个电极点的均值上来看，"自主反馈"实验条件下的错误响应诱发的 ERN 振幅（均值 = -3.668 μV）显著大于"无反馈"条件下的错误响应诱发的 ERN 振幅（均值 = -1.275 μV）。

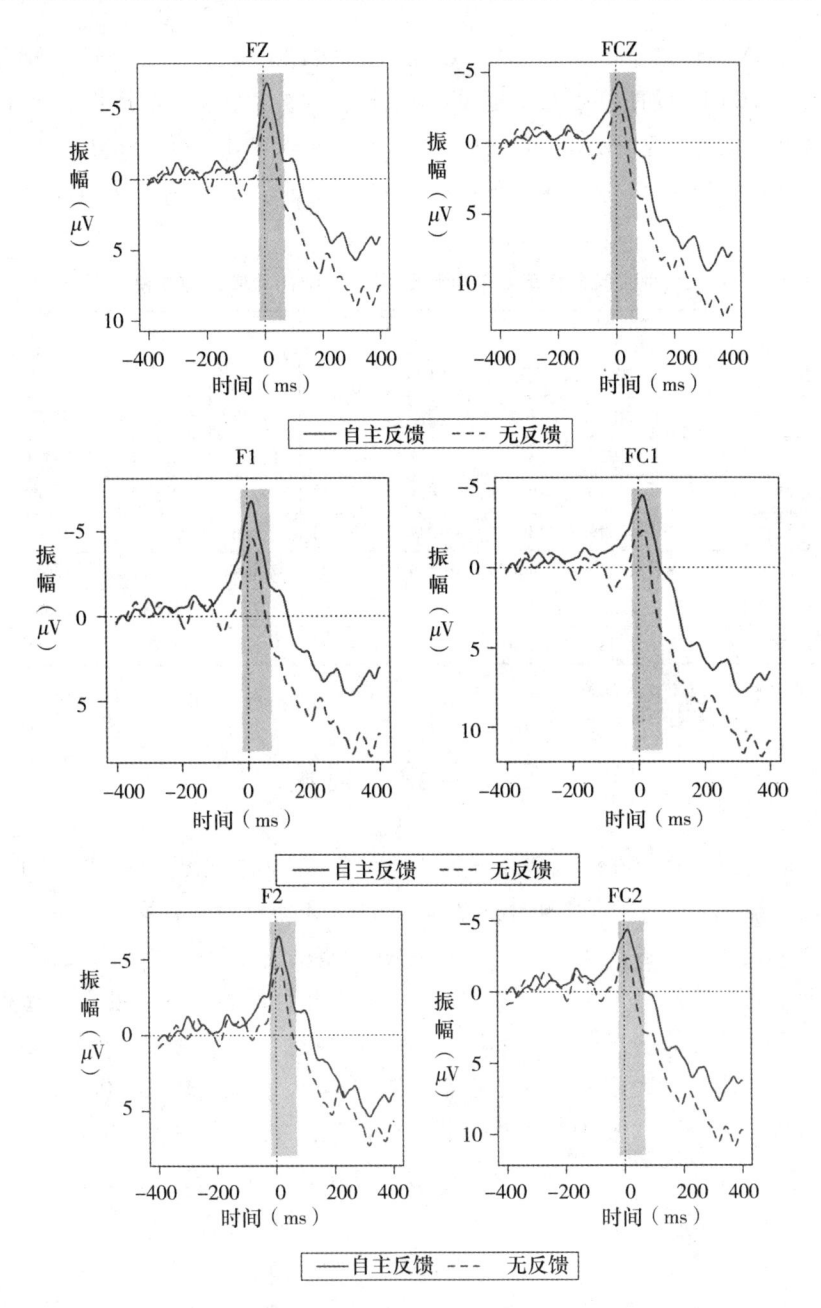

第五章 任务设计中的反馈机制与个体的内在动机　　155

图 5.7　任务绩效监控阶段 FZ、FCZ 等电极点 ERN 成分的波形图

资料来源：本书作者整理。

结合 ERN 的认知含义,这一结果说明,对于被试来说,"自主反馈"模式在情感、动机上更加相关,被试更加介怀自己在"自主反馈"的模式下犯错。6 个电极点的主效应也是显著的（$F_{5,85} = 9.697$, $p = 0.001$, $\eta^2 = 0.363$）,反馈模式与电极点的交互效应则不显著（$F_{5,85} = 1.153$, $p = 0.336$, $\eta^2 = 0.064$）。

表 5.8　两种实验条件下 6 个电极点 ERN 波幅的均值、标准差

电极点	自主反馈				无反馈			
	均值	标准误差	95% 置信区间		均值	标准误差	95% 置信区间	
			下限	上限			下限	上限
F1	-4.764	1.919	-8.812	-0.715	-2.364	1.180	-4.854	0.126
FZ	-4.556	1.819	-8.393	-0.718	-2.037	1.177	-4.521	0.447
F2	-4.432	1.679	-7.973	-0.890	-2.471	1.316	-5.249	0.306
FC1	-2.829	1.515	-6.025	0.368	-0.041	0.804	-1.738	1.655
FCZ	-2.574	1.553	-5.851	0.703	-0.262	0.767	-1.880	1.355
FC2	-2.852	1.485	-5.986	0.282	-0.475	1.101	-2.799	1.848

资料来源：本书作者整理。

五　结论与讨论

研究三中我们对被试选择查看额外反馈信息的机会进行操纵："自主反馈"模式下,个体在完成任务后可以自主选择是否查看反馈信息；"无反馈"模式下,被试则无法查看本轮的额外反馈信息。本研究关注任务设计中的反馈机制,而反馈信息是个体建立并且维系胜任感的重要途径。一方面,我们关注个体是否希望获得反馈信息,表现为在"自主反馈"和"无反馈"两种模式之间是否存在对"自主反馈"模式的偏好,以及在"自主反馈"的模式下选择查看反馈信息的概率是否高于选择不查看的概率。另一方面,在"自主反馈"模式下,我们关注个体选择查看反馈信息的决策是否受到自身任务表现的影响。具体来说,个体是否会为了满足自身胜任的心理需要,更多地选择在获胜时查看反馈信息。

本研究中,我们通过来自认知神经科学的证据探讨了"自主反馈"模式对于个体内在动机的促进作用。研究二中,我们发现情景线索加工阶段中 Cue-FRN 成分的振幅可以客观地表征个体的内在动机水平。本研究中,我们将继续应用这一指标测度个体的内在动机。除此之外,根据本研究具

体的实验范式,我们还将探索可以在任务启动准备、任务绩效监控两个阶段客观表征个体内在动机水平的认知神经科学指标。对于研究三涉及的全部研究假设的验证情况如表 5.9 所示。以下各小节将依次归纳研究三的研究结论,并对结论进行相应讨论。

表 5.9　　　　　　　　对于研究三假设验证情况的总结

假设对象	假 设 内 容	验证情况
行为层面	H1:"自主反馈"的实验条件下,个体选择查看反馈信息的概率显著地高于选择不查看反馈信息的概率	成立
	H2:"自主反馈"的实验条件下,个体任务成功时选择查看反馈结果的概率显著高于任务失败时选择查看反馈结果的概率	成立
	H3:个体在"自主反馈"实验条件下的按键成功率会显著地高于个体在"无反馈"条件下的按键成功率	成立
	H4:相较于无反馈的情景,个体在自主反馈情景下认为任务更有趣	成立
	H5:相较于无反馈的情景,个体在自主反馈情景下的获胜信心更强	成立
神经层面	H6:相较于自主反馈的情景线索,个体看到无反馈的情景线索时,会诱发更大的 Cue-FRN 波幅	成立
	H7:任务启动前,相较于无反馈的实验条件,个体在自主反馈的实验条件下会诱发更大的 SPN 波幅	成立
	H8:任务绩效监控阶段,相较于无反馈的实验条件,个体在自主反馈条件下的错误响应会诱发更大的 ERN 波幅	成立

资料来源:本书作者整理。

(一) 行为数据的结论与讨论

1. 行为数据的研究结论

本研究涉及的行为数据,主要包括四个部分:(1)"自主反馈"模式下,个体选择查看反馈信息的比率;(2)"自主反馈"模式下,任务成功、任务失败后选择查看反馈信息的比率;(3)"自主反馈"和"无反馈"模式下的正确率;(4)"自主反馈"和"无反馈"模式下的主观评分。

统计结果显示,"自主反馈"模式下,个体选择查看反馈信息的比率,显著高于选择不查看反馈信息的比率;"自主反馈"模式下,个体在任务成功后选择查看反馈信息的比率,显著高于任务失败时。正确率方面,"自主反馈"模式下的正确率显著高于"无反馈"的模式。主观评分方面,相较于"无反馈"的情形,被试认为"自主反馈"条件下的停止秒表任务更有趣;另外,在"自主反馈"模式下,个体具有更强的获胜信心。综上所述，假设 H1 至假设 H5 全部成立。

2. 对行为数据研究结论的讨论

研究三重点关注任务设计中与胜任心理需要的满足密切相关的反馈机制与个体内在动机水平之间的关系。与自主一样，胜任也被自我决定理论的学者们视为一项重要的心理需要，这一需要的满足对于个体的心理成长以及幸福感的获得具有重要意义（Deci & Ryan, 2000）。著名学者 Bandura 曾经指出，个体的自我效能感将在很大程度上影响个体的认知、情感与决策过程，对于个体向着既定目标努力的动机和意向也会产生重要的影响（Bandura, 1983）。反馈机制是影响个体胜任感的一项重要任务特征，然而，由于反馈信息存在正性、负性的不同效价，单纯提供反馈信息不一定能够起到激发个体内在动机的作用。本研究中，我们设置了"自主反馈"的机制，让个体有机会根据自身情况自主选择是否查看反馈信息。我们预期，这一机制可以很好地满足个体自主、胜任的基本心理需要，从而在最大程度上激发个体的内在动机。本书在行为和认知神经科学两个层面的证据证实了我们的假设。

（1）反馈信息的类型与个体的内在动机

在自我决定理论的框架中，学者们根据反馈信息的性质，将反馈信息划分为信息性反馈（Informational Feedback）和控制性反馈两种类别（Controlling Feedback）。通过信息性反馈，个体得以了解自己的任务表现：在哪些方面自己做得比较好，在哪些方面存在进一步改进的空间。控制性反馈强调的则是外在的标准以及结果本身。研究结果显示，信息性反馈可以帮助个体逐渐建立胜任感，从而激发个体的内在动机；控制性反馈则会削弱个体的自我决定感和胜任感，让个体过于关注结果本身，从而削弱个体的内在动机（Olson, 1986; Remedios et al., 2005）。

在本研究的实验指导语中，我们没有向被试强调需要尽可能地成功完成停止秒表任务，而是祝他们享受停止秒表游戏的过程。除此之外，个体的任务表现与他们最终获得的报酬数额无关。因此，本研究提供的是信息性的反馈信息，应当可以起到促进个体内在动机的作用。任务的趣味程度是内在动机量表中的核心问项之一（Deci et al., 1994）。来自任务趣味程度的主观评分以及认知神经科学的证据一致表明，个体有机会获得反馈信息时会表现出更高水平的内在动机。有趣的是，由于本研究采用的实验任务的特殊性，个体在完成任务时已经可以了解到自己的任务表现，但他们仍然希望有机会获得额外反馈信息。我们猜测这一现象产生的原因是：反馈环节作为个体任务表现的一种正式的确认，可以帮助个体建立胜任感。在前人研究的基础上，这一发现进一步证实了反馈信息特别是信息性的反馈，对于个体的积极作用（Olson，1986；Remedios et al.，2005）。

（2）自主选择维系个体的胜任感

在行为结论部分，本研究的一个有趣发现是，在"自主反馈"的实验条件下，个体倾向于在自己胜券在握时选择查看反馈信息；相应的，假如被试没能成功完成任务，他们倾向于选择不查看反馈信息。个体似乎通过在获胜时查看反馈信息，确认并且庆祝自己的胜利；通过在失败时尽可能地不查看反馈信息，规避任务失败带来的负性情绪。这一结果说明个体可以通过行使自主选择权维系自身的感知胜任水平。根据主观评分的结果，个体在"自主反馈"情况下对于在任务中取胜具有较强的信心，也从一个侧面佐证了上述结论。

这一发现也得到了实验后的访谈结果佐证。绝大多数参与实验的被试告知实验主试，当他们对自己在本轮中的任务表现较为满意时，倾向于查看自己的任务表现；假如确信自己在本轮任务中出现了明显失误，则倾向于不查看自己的任务表现，因为负性的反馈信息将对其自信心造成打击。

有趣的是，尽管个体在获胜时选择查看反馈信息的概率显著地高于失败时，他们并没有在获胜的全部轮次选择查看反馈信息，或者在失败的全部轮次选择不查看反馈信息。由于本实验的反馈结果是信息性的，我们猜测，个体偶尔在成功时选择不查看反馈信息，是为了避免自己骄傲；偶尔在失败时选择去查看反馈信息，可能是希望从失败中汲取教训、获得警醒，并且进行及时的调整（Deci & Ryan，1975；Kluger & DeNisi，1996）。当然，目前这只是我们的猜测，具体是不是这样的原因导致了这一有趣的现象，还有待未来研究的进一步验证。

（3）自主和胜任心理需要的满足增强了个体的内在动机

任务本身的趣味程度或个体在完成任务过程中的享受程度，是个体内在动机水平的核心问项（Deci et al.，1994）。本研究的主观评分的结果显示，个体认为在"自主反馈"的实验条件下，停止秒表的小游戏更有趣。这说明，相较于不能选择查看反馈信息的实验情景，当被试在完成任务之后可以自主选择是否查看反馈信息时，会表现出更强的内在动机。在停止秒表任务的正确率方面，内在动机水平上的差异也使得"自主反馈"情况下个体停止秒表的成功率显著地高于"无反馈"的实验条件。

根据自我决定理论,相较于"无反馈",个体在"自主反馈"情况下内在动机更强的原因是,"自主反馈"的实验情景更好地满足了个体自主和胜任两种心理需要。首先,在"自主反馈"的情况下,个体具有是否查看自身任务表现的自主选择权,这充分满足了个体自主的心理需要(Su & Reeve, 2011);其次,由于招募的全部被试在参加实验前都没有接触过停止秒表的小游戏,他们对于实验任务并不熟悉,正式的反馈信息对于他们进一步确认自己的任务表现并且通过不断的纠正错误和改进,逐渐建立起胜任感起到了至关重要的作用(换言之,在本研究中,信息性的反馈传达了有关胜任程度的信息)。从这一角度出发,"自主反馈"的实验情景也很好地满足了个体胜任的心理需要。除此之外,通过选择在什么情况下查看自己的反馈信息,个体可以确保自己更多地看到正性的反馈信息,这进一步增强了个体的胜任感(Chiviacowsky & Wulf, 2002;Fairbrother et al., 2012;Kaefer et al., 2014;Wulf, 2007)。因此,由于本研究中"自主反馈"的实验情景很好地同时满足了个体自主与胜任的心理需要,个体在"自主反馈"情景下完成停止秒表游戏的过程中表现出了更强的内在动机。

(二)脑电数据的结论与讨论

1. 脑电数据的研究结论

表 5.10   研究三神经层面的统计分析结果汇总

实验阶段	相关的 ERP 成分	ERP 成分波幅比较
情景线索加工	Cue-FRN	无反馈 > 自主反馈
任务启动准备	SPN	自主反馈 > 无反馈
任务绩效监控	ERN	自主反馈下任务失败 > 无反馈下任务失败

资料来源:本书作者整理。

本书在第四章中详细介绍了脑电数据的分析过程以及脑电成分的确定原则,根据这一原则以及以往研究,我们分别关注情景线索加工阶段的 Cue-FRN 成分、任务启动准备阶段的 SPN 成分和任务绩效监控阶段的 ERN 成分。主要得出了如下结论:

（1）在情景线索加工阶段，我们分析了"自主反馈"和"无反馈"两种情景线索诱发的 Cue-FRN 成分波幅的差异。重复性测量方差分析的统计结果显示，相较于"自主反馈"的情景线索，"无反馈"的情景提示诱发了更大的 Cue-FRN 波幅。因此，假设 H6 成立。

（2）在任务启动准备阶段，我们分析了"自主反馈"和"无反馈"两种情景下 SPN 成分在波幅上的差异。重复测量方差分析的统计结果显示，"自主反馈"的实验条件诱发了更大的 SPN 波幅，因此假设 H7 也成立。

（3）任务绩效监控阶段，我们比较了"自主反馈"和"无反馈"两种实验条件下，个体做出错误响应（按键错过了规定的成功区间）时 ERN 成分波幅上的差异。重复测量方差分析的统计结果显示，"自主反馈"条件下的错误响应诱发了更大的 ERN 波幅，因此假设 H8 也是成立的。

2. 对脑电研究结论的讨论

上一节中，我们对本研究在脑电层面的统计分析结果进行了总结。本小节中，我们将分别探讨情景线索加工阶段的 Cue-FRN 成分、任务启动准备阶段的 SPN 成分、任务绩效监控阶段的 ERN 成分及其认知含义。

（1）情景线索加工阶段脑电结果的讨论

在情景线索加工阶段中，情景线索的呈现诱发的 Cue-FRN 成分的波幅反映了个体对于情景线索本身的主观偏好。研究二中，由于不同的情景线索指向了不同的实验条件，我们提出这一成分的波幅可以对个体从事该项活动的内在动机水平做出良好预测，因此是一项能够客观表征个体内在动机水平的预测性指标。

在本研究中，与"自主反馈"的情景线索相比，"无反馈"的情景线索诱发了更为负性的 Cue-FRN 波幅，这说明"无反馈"是个体不希望看到的一种情境线索（Baker & Holroyd, 2009; Dunning & Hajcak, 2007; Jin et al., 2015; Liao et al., 2011; Osinsky et al., 2013; Walsh & Anderson, 2011）。结合本研究的行为结果，个体更喜欢"自主反馈"的实验条件的原因是这种模式很好地满足了个体自主和胜任的心理需要。由于 Cue-FRN 是个体内在动机水平的预测性指标，在被试真正开始完成实验任务之前，我们就可以通过这一成分的波幅预测个体完成任务过程中的动机水平。本研究中，"无反馈"情况下 Cue-FRN 的波幅更大，说明个体在"自主反馈"条件下的内在动机水平更强。主观评分结果显示,个体认为"自主反馈"模式下的停止秒表游戏更有趣,因此,这一结论与主观评分的结果也是一致的。

(2) 任务启动准备阶段脑电结果的讨论

在研究二中我们指出,反馈结果期待阶段的 SPN 成分以及反馈结果加工阶段的 d-FRN 成分的波幅,是可以客观表征个体内在动机水平的重要脑电指标。然而,在本研究的"无反馈"情景中,被试不能获得额外反馈信息;在"自主反馈"的情景中,假如被试选择不查看反馈信息,也不会收到反馈。因此,为了更好地应用认知神经科学技术手段探究个体的动机水平,我们需要将个体复杂的动机过程进一步拆分为更多的子阶段,并在这些子阶段探索其他可以客观表征个体内在动机水平的脑电指标。

本研究中,我们重点关注到任务启动之前,对任务启动的准备阶段。涉及 SPN 的大量文献表明,从本质上看,SPN 反映的是刺激材料呈现之前个体分配的注意力水平 (Brunia & van Boxtel, 2004)。绝大多数研究,包括我们在研究二中聚焦的都是反馈结果呈现之前个体对于反馈结果的期待诱发的 SPN (Kotani et al., 2015)。即将呈现的刺激材料对于个体来说的情感与动机效价是影响 SPN 波幅的重要因素:个体期待呈现的刺激材料,对于个体来说在情感与动机上越相关、越重要,就会诱发越大的 SPN 波幅 (Böcker et al., 1994)。

近年来,伴随着学者对 SPN 成分研究的不断深入,有越来越多的实证研究表明,在包含任务指令的刺激材料或者与任务绩效密切相关的靶刺激呈现之前,也会诱发明显的 SPN 波幅 (van Boxtel & Böcker, 2004)。2011 年正式出版的《事件相关电位研究手册》中就明确指出,SPN 是一种负慢波 (Brunia et al., 2011),而负慢波的功能是为接下来将要发生的事件或者即将做出的行为做好准备 (Luck & Kappenman, 2011)。本研究中,指向不同实验条件的情景线索消失后,经过一段时间的等待,秒表图标才会出现在屏幕中央并立即开始走动。因此,本研究中秒表图标的呈现意味着任务的启动,这一项刺激材料恰恰属于刚刚描述的类别(包含任务指令的刺激材料或者与任务绩效密切相关的靶刺激)。

本研究中,由于秒表图标这一刺激材料在"自主反馈"和"无反馈"两种情景下对于个体在情感和动机方面的相关性和重要程度也存在着差异,我们预期在任务启动准备阶段也能观察到与反馈结果期待阶段类似的SPN波形。本研究中采用的停止秒表任务需要个体精确地把握时间,由于3秒时间非常短暂、稍纵即逝,如果个体希望在停止秒表任务中获得上佳的表现,应当在秒表图标呈现之前做好充分的准备,随时准备完成任务。在本研究中,个体在"自主反馈"模式下的任务启动准备阶段表现出更大的SPN波幅,说明个体的精力更为集中、为实验任务的完成分配了更多的注意力资源。因此,本研究的行为结果以及情景线索加工阶段的Cue-FRN结果共同说明,个体可以自主选择是否查看反馈信息时会表现出更强的内在动机。至此,我们正式提出任务启动准备阶段中SPN波幅的大小可以成为另一项表征个体内在动机水平强弱的脑电指标,并且这一指标与个体任务的执行过程密切相关,而不是出现在个体完成任务之后的阶段。

(3) 任务绩效监控阶段脑电结果的讨论

为了灵活地调整自己的行为、最优化自身的行为响应,通常情况下,个体会对自己的行为和任务表现进行实时监控,并且将自身表现与自己设定的内在目标或者外部标准进行比较(Ridderinkhof et al.,2004)。大量文献显示,错误相关负波(ERN)与个体的绩效监控过程密切相关,这一脑电成分通常会出现在按键作答的瞬间或者略早于按键作答的时间,一般在按键作答后的50毫秒以内达到峰值(Ullsperger, Danielmeier et al., 2014; Ullsperger, Fischer et al., 2014)。学者们发现错误的行为响应会诱发明显的ERN波幅,因此,学者们提出ERN与个体发生错误的行为响应时对错误的认知加工过程密切相关,它的波幅反映了计划作答情况与实际作答情况的不匹配程度(Falkenstein et al., 2000; Hewig et al., 2011)。本研究采用了停止秒表的任务,任务执行过程中秒表在不停地走动。由于我们为任务设定了特定成功区间,被试在按键的瞬间会将自己的任务表现与外部标准进行比较,从而判定自己是否成功完成任务。因此,我们预测个体在错误响应(按键的具体时间点没有落入规定的成功区间)时,会诱发明显的ERN成分。在"自主反馈"和"无反馈"两种实验条件下,个体的错误响应均诱发了明显的ERN波幅,从而证实了我们的假设。

早年间,由于针对ERN成分的研究刚刚起步,学者们认为ERN成分单纯反映了错误的侦测过程。近年来,针对ERN成分的研究不断深入,越来越多的研究表明,人类的绩效监控系统对于各种情景因素都会产生积极响应，而这些因素对于人类绩效监控系统的影响会体现在 ERN 成分的波幅上（Grützmann et al., 2014; Legault & Inzlicht, 2013）。这些情景因素中，研究最为深入的是任务绩效对于个体的重要程度。实验过程中，研究者可以通过多种不同的实验操纵改变任务绩效对于个体的重要性，比如提供物质奖励（Endrass et al., 2010; Ganushchak & Schiller, 2008），给出强调准确性的实验指导语（Falkenstein et al., 2000），以及明确指出被试的任务绩效会受到来自主试的外部评估（Hajcak et al., 2005; Kim et al., 2005）。以上列出的几种实验操纵都强化了任务绩效对于个体的主观重要程度，从而增大了相应实验情景中个体发生错误按键响应时的 ERN 波幅（Riesel et al., 2013）。

举例来说，在一项最新的研究中，研究者告知实验被试，在一部分轮次中犯错会受到惩罚，而在另一部分轮次中，即使犯错也不会受到惩罚。研究者在有惩罚的犯错轮次中观察到更大的 ERN 波幅。基于这一发现他们指出，潜在惩罚增大了犯错的代价，从而增强了相应轮次的任务绩效对于个体的主观重要程度；在这些轮次中观察到了更大的 ERN 波幅，说明人类的绩效监控系统对于人们在完成任务过程中的动机水平是高度敏感的（Riesel et al., 2013）。

本研究中，综合来自行为以及神经层面的证据，个体在"自主反馈"的实验条件下具有更强的内在动机水平，因此，"自主反馈"模式下的任务绩效对个体来说的主观重要性更高。由于 ERN 被证明对于个体的动机水平高度敏感（Riesel et al., 2013），我们预测个体在"自主反馈"实验条件下的错误响应（按键的时间点没有落入规定的成功区间）会诱发出波幅更大的 ERN 成分，本研究在任务绩效监控阶段的 ERN 结果证实了我们的预测。这一发现进一步说明了 ERN 对任务绩效对于个体的主观重要程度高度敏感。因此，任务绩效监控阶段 ERN 成分的波幅也可以客观地表征个体在完成任务过程中的内在动机水平。

（三）综合讨论

1. 反馈信息对于个体的重要意义

自我决定理论自提出以来，绝大多数实证研究聚焦于自主心理需要的满足：研究怎样的外部环境，可以更好地满足个体的自主心理需要，从而增强其内在动机。相比之下，在自我决定理论框架内针对胜任的研究较少。为了填补这一研究空白，研究三探讨的是任务设计中与个体胜任需要的满足密切相关的反馈机制与个体内在动机之间的关系。为了更好地探讨反馈信息本身对于个体的重要意义，我们选择"停止秒表"作为实验任务。这一任务的特殊之处在于，个体在通过按键将秒表停下的一瞬间可以观察到秒表停止走动的具体时间点，从而清楚地了解到自己的任务表现。在这一实验任务中，反馈环节只是对个体任务表现的一种正式的再次确认，本身不能提供有关个体任务表现的更多信息。由于简单地提供反馈信息本身不一定能激发个体的内在动机、负性的反馈信息甚至可能削弱个体的内在动机（Deci & Ryan, 1975），我们设置了"自主反馈"的实验条件：通过观察个体选择查看以及选择不查看反馈信息的比率，可以了解到个体在充分了解自身的任务表现的情况下，是否还希望获得额外反馈信息；通过观察个体倾向于在怎样的情况下查看反馈信息，我们可以更好地理解反馈信息与个体胜任感之间建立的关系。

在本研究中我们发现，当个体有机会查看额外的反馈信息时，在大多数情况下，他们选择利用这种机会，对于自己的任务表现进行了再次确认。尽管已经充分了解自己的任务表现，但个体似乎需要通过反馈这一正式的环节进行强化。这一发现与工作设计中的工作特征模型以及工作动机的自我决定理论模型一致，二者均强调员工在工作过程中能够获得反馈信息的重要性。在组织的管理实践中，这一发现提醒管理者们应当针对员工在工作中的表现进行及时的反馈。

通过设置"自主反馈"的实验条件，本研究获得了一项非常有趣的发现：在充分了解自身任务表现的情况下，个体更加倾向于在成功完成任务后选择查看额外的反馈信息。大量研究显示，如果个体在任务中获得成功，个体会在正性的反馈信息中感受到对自己能力的肯定，从而增强自身的内在动机水平；反之，如果任务完成失败了，个体会在负性的反馈信息中感受到对自身能力的否定，从而削弱个体的内在动机水平（Reeve et al., 1985; Ryan et al., 1985; Vallerand & Reid, 1984）。因此，本研究的发现进一步证实了个体存在胜任的基本心理需要：即使已经充分了解自身的任务表现，个体仍然需要通过正性反馈信息建立并且维系自身的胜任感，从而保证自身面对一项任务时的内在动机保持在较高的水平。这一发现对于企业的管理实践也具有重要的启示：为了更好地满足员工胜任的心理需要、更好地激发员工在工作中的内在动机，企业的管理者除了应当给予员工及时的工作反馈，还应当注意反馈时机的选择。当员工表现出较高的工作绩效或者良好的工作态度时，应当及时给予正性反馈信息，对员工的工作表现给予积极的肯定；反之，当员工的工作绩效较低时，应当斟酌给予反馈信息的时机，避免打击员工的自信心、削弱员工的胜任感、降低员工工作动机。

2. 自主选择多种形式的体现

由于选择在促进个体内在动机上发挥的重要作用，选择权的提供（或管理授权）一直以来是工作设计中被广泛研究与实践的一项重要任务特征（许小东，2001；聂文达，2011）。在本书的三项核心研究中，自主选择一直是贯穿研究框架的一条主线。不同的是，自主选择在不同的研究中体现为不同的形式。研究一与研究二中，个体可以在两项难度相当的任务间进行自主选择，尽管这种选择对于最终的任务表现甚至没有影响（比如研究二），个体的自我决定感通过这种选择获得了很好的满足，从而增强了个体完成任务过程中的内在动机水平。有趣的是，两项研究的结果一致显示，选择除了可以满足个体自主的心理需要，还增强了个体的胜任感（Patall et al., 2008）。

研究三中，个体的自主选择则体现为，可以在完成任务之后自主选择是否查看额外的反馈信息。这项研究采用了"停止秒表"的实验任务，个体在按键的瞬间已经获知了自己的任务完成情况。在本研究中，尽管选择的过程也满足了个体的自我决定感，自主选择在这一过程中发挥的更重要的作用是：个体可以通过自主的选择是否查看反馈信息，建立并且维系自身的胜任感。

综合本书的三项研究，我们发现，在组织的工作设计中自主选择这一要素应当受到更大程度的重视：自主选择除了可以满足个体的自我决定感，还可以满足个体的胜任感。根据自我决定理论，自主和胜任是人类两种最基本的心理需要，它们获得满足的程度，将显著地影响个体的内在动机水平（Deci & Ryan, 2000；Ryan & Deci, 2000）。因此，在各项不同的任务特征中，自主选择可能在激发个体的内在动机方面发挥了举足轻重的作用。

本书的三项核心研究中，由于实验室研究的限制，自主选择体现为自主选择任务和自主选择反馈两种方式。然而，在企业的管理实践中，自主选择可以有更加丰富多样的体现。举例来说，企业的管理者除了可以在一定范围内赋予员工关于工作内容的选择权，还可以授权员工选择通过怎样的方式去完成工作。比如，企业可以在年终对员工进行全年的绩效考核，允许员工按照自身情况以及业务本身的特点，将全年的绩效考核指标合理地划分到不同的月份，而不是采用简单、平均的方式将绩效考核指标统一下达到每个月份。再比如，企业可以为员工制定具体的绩效考核指标，但不应对员工的接单数量做出严格的限制，可以允许员工按照自身的特点，灵活选择多接小单还是集中精力冲击大单。

企业的管理者还可以允许员工在工作时间的选择方面具有一定的灵活性，弹性工作制就是这一举措的成功案例。弹性工作制指的是在确保完成固定的工作任务或者达到固定的工作时间的前提下，员工可以自主地选择具体的工作时间甚至工作的地点，而不需要恪守严格、统一的上下班时间（魏翔，2008）。弹性工作制除了可以满足个体自主的心理需要，甚至可以满足个体的归属感：有了灵活的工作时间和工作地点，员工就可以有更多机会与自己关心的人、爱的人相处，从而感受到爱与关怀。归属也是人类一项重要的心理需要，归属感可以很好地维系个体的内在动机水平，这进一步说明了组织在工作设计中应当充分考虑与自主选择有关的要素。

3. 个体内在动机水平的认知神经科学表征：动机过程的认知加工模型

研究二中，我们应用认知神经科学的事件相关电位技术，探讨了任务设计中的自主选择与个体内在动机之间的关系，在通过反馈结果加工阶段的 d-FRN 成分测度个体内在动机水平的基础上，我们关注到情景线索加工阶段以及反馈结果期待阶段，并找到了 Cue-FRN 和 SPN 两项可以客观地表征个体内在动机水平的指标。

本研究中，我们对研究二进行了拓展延伸，探讨了任务设计中的反馈机制与个体内在动机之间的关系；在采用情景线索加工阶段的 Cue-FRN 成分作为预测性指标测度个体的内在动机水平的基础上，我们关注到复杂动机过程的另外两个重要阶段——任务启动准备阶段和任务绩效监控阶段，并在这两个阶段分别找到 SPN 成分、ERN 成分对个体的内在动机水平进行实时、客观表征。在对研究二、研究三的结论进行梳理和整合的基础上，我们提出了动机过程的认知加工模型，如图 5.8 所示。

如图 5.8 所示，个体在完成一项任务的过程中，复杂的动机过程可划分为情景线索加工、任务启动准备、任务绩效监控、反馈结果期待和反馈结果加工五个重要的阶段。

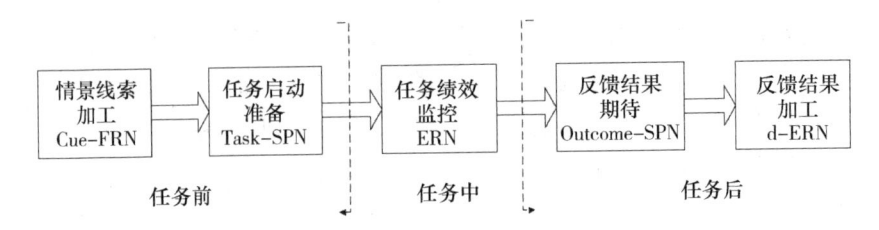

```
┌─────────┐   ┌─────────┐   ┌─────────┐   ┌─────────┐   ┌─────────┐
│ 情景线索 │   │ 任务启动 │   │ 任务绩效 │   │ 反馈结果 │   │ 反馈结果 │
│  加工   │⇒ │  准备   │⇒ │  监控   │⇒ │  期待   │⇒ │  加工   │
│ Cue-FRN │   │Task-SPN │   │  ERN    │   │Outcome- │   │  d-ERN  │
│         │   │         │   │         │   │  SPN    │   │         │
└─────────┘   └─────────┘   └─────────┘   └─────────┘   └─────────┘
      任务前                    任务中                     任务后
```

图 5.8 动机过程的认知加工模型

资料来源：本书作者整理。

（1）每个轮次的一开始，个体将看到指向该轮次的情景线索。根据工作设计理论和自我决定理论，不同任务（或者不同实验条件下的同一任务）本身在能够激发个体内在动机的程度上也存在着差异，而该阶段的 Cue-FRN 成分的波幅可以客观地反映个体对不同任务（或者不同实验条件、不同情景）的主观偏好。个体越是偏好一项任务，指向这项任务的情景线索的呈现就会诱发越小的 Cue-FRN 波幅。由于个体的偏好将直接影响到完成任务过程中的内在动机水平，Cue-FRN 是个体内在动机水平的一项预测性指标。通过测度本阶段 Cue-FRN 成分的波幅，可以对个体的内在动机水平进行合理、可靠的预测。

（2）如果一项任务可以较好地激发个体的内在动机，在这项任务正式开始前，个体会为完成任务做好充分的准备。这一阶段 SPN 成分的波幅可以直接反映个体注意力资源的分配情况：在任务启动之前，个体精力越集中、投入的注意力资源越多，就会诱发越大的 SPN 波幅。因此，这一指标也可以很好地反映个体的内在动机水平：个体的内在动机越强就会越集中注意力，从而表现出越大的 SPN。为了与反馈结果期待阶段的 SPN 进行区分，本模型中我们将这一阶段的 SPN 成分称为 Task-SPN，即在任务启动前的认知准备过程中诱发的 SPN。

（3）个体在完成任务的过程中，会对自身的任务完成情况进行实时监控，而发生错误响应（任务绩效偏离既定目标）时，会诱发明显的 ERN 成分。对个体来说，不同的任务（或者不同实验条件、不同情景下的同一任务）中的任务绩效在情感、动机等方面的主观重要程度存在着差异，而这种差异会显著地影响 ERN 成分的波幅：个体越看重自己在一项任务中的任务绩效，在完成这项任务的过程中犯错就会诱发越大的 ERN 波幅。因此，ERN 是任务执行过程中可以客观地表征个体内在动机水平的一项重要的脑电指标。

（4）个体完成任务之后、反馈结果呈现之前的一个重要阶段是反馈结果期待。在这一阶段，个体对于反馈结果会投入预期性的注意力，投入的注意力资源越多，换言之，个体对于反馈结果的期待程度越高，就会诱发越大的 SPN 波幅。为了与任务启动准备阶段的 SPN 进行区分，本模型中，我们将本阶段的 SPN 成分称为 Outcome-SPN，即个体对于反馈结果的期待诱发的 SPN。相关文献显示，SPN 对于动机水平是高度敏感的，动机水平越高，个体就会越在意、越关注反馈结果，从而在反馈结果呈现之前投入越多的注意力（Böcker et al., 1994）。因此，SPN 是反馈结果期待阶段表征个体内在动机水平的重要脑电指标。

（5）反馈结果加工阶段是动机过程的认知加工模型中的最后一个阶段。在这一阶段将会呈现有关个体任务完成情况的反馈信息。国际上第一篇探讨个体内在动机问题的 ERP 研究是由本书作者所在团队完成的，我们在研究中正是通过观察不同实验条件下 d-FRN 的波幅，实现在任务过程中对个体内在动机水平的测度（Ma, Jin, Meng et al., 2014）。通过 d-FRN 成分的波幅测度个体内在动机水平的基本逻辑是，FRN 成分对于反馈结果的情感、动机效价是高度敏感的。对于个体来说，任务的反馈结果在情感和动机上越重要，就会诱发越大的 d-FRN 波幅。这一论证的逻辑也获得了近年发表在认知神经科学领域顶尖期刊 *NeuroImage* 上的实证研究的证实（DePasque & Tricomi, 2015）。因此，本书的研究发现为 d-FRN 可以客观表征个体的内在动机水平提供了最新的实证证据。

4. 个体内在动机水平的认知神经科学表征：脑电指标与实验任务的选择

在本书的研究二、研究三开展之前，国际范围内只有一篇专门探讨个体内在动机问题的 ERP 研究（Ma, Jin, Meng et al., 2014）；如果希望研究个体的内在动机，也只能诉诸反馈结果加工阶段的 d-FRN 成分。本研究中，尽管我们将个体的复杂动机过程划分为五个重要的阶段，并且找到了更多可以客观表征个体内在动机水平的脑电指标，不同的脑电指标在应用上存在各自的局限性和限制条件。因此，对内在动机问题感兴趣的学者在应用 ERP 技术进行研究时，应根据自身研究目的选择恰当的认知加工阶段、并通过相应的脑电指标开展研究。接下来，我们将对上述脑电指标存在的限制条件进行讨论。

（1）反馈结果加工阶段 d-FRN 成分的限制条件。根据 FRN 的强化学习理论，FRN 波幅反映了结果偏离期望水平的程度，这一特性使得 FRN 波幅对于不同实验条件的试次数高度敏感（Holroyd & Coles, 2002）。因此，如果希望能客观地比较两种不同实验条件下 FRN 的差异，需要保证两种条件下的胜负基本均衡（即两种条件下的正确率均需要在 50% 左右）。否则，实验设计存在缺陷，即使观察到 FRN 波幅存在差异，也不能说明任何问题（San Martín, 2012）。研究二中，我们在正式实验前通过前测确定了适中的难度水平，并且在正式实验中，"有选择"和"无选择"两种实验条件下的正确率均在 50% 左右。因此，d-FRN 的大小可以很好地反映个体在两种条件下内在动机水平的差异。学者们在未来的研究中，如果希望通过 d-FRN 指标测度个体的内在动机，需要合理地设置任务难度。

（2）反馈结果期待阶段 SPN 成分的限制条件。由于反馈结果在这一阶段并未呈现，应用 SPN 指标测度个体的内在动机时，无须对任务的正确率进行控制。然而，如果希望通过这一指标测度内在动机，在实验任务的选择上具有特殊的要求。只有当个体在完成任务的过程中无法充分了解自己的任务表现或者对自身的任务表现缺乏把握时，才会在反馈环节之前对反馈结果的呈现产生期待。否则，如果个体在完成任务的过程中清楚地了解自身的任务表现，就难以产生这种期待，从而不会诱发明显的 SPN 成分。在本书采用的两项实验任务中，个体在完成"停止秒表"任务时可以看到秒表停下的准确时间点，在完成"估算时间"任务时，则难以判定自己是否成功完成了任务。这也是我们在研究二中选择了"估算时间"而非"停止秒表"任务的主要原因。

（3）任务绩效监控阶段 ERN 成分的限制条件。ERN 成分的波幅反映了个体对于自身任务绩效的实时监控，发生错误响应时会诱发明显的 ERN 成分。因此，通过对 ERN 成分的文献进行梳理，可以发现绝大多数针对 ERN 成分的研究选择的都是具有"标准答案"的快速响应任务；重要的是，个体在按键瞬间可以将自身的任务表现与"标准答案"进行实时对照，从而实现对自身任务绩效的实时监控（Luck & Kappenman, 2011）。研究三采用的"停止秒表"任务恰恰属于这一类别，被试在按键瞬间可以观察到秒表停止走动的具体时间点，并且与规定的成功区间进行对照，判定自身的任务表现是否合格。研究二采用的"估算时间"任务则不符合上述要求，这也是现有 ERP 文献中没有任何一项关注 ERN 成分的研究采用这一实验任务的原因。从这个角度看，如果未来学者希望应用ERP技术测度个体的内在动机水平，任务绩效监控阶段和反馈结果期待阶段在 ERP 研究中不能兼得，只能二选一。在具体研究中应当根据选定的认知加工阶段，选择、设计合理的实验任务。

5. 胜任心理需要与个体内在动机之间关系的最新研究进展

传统观点中，自我决定理论的学者们认为胜任心理需要的挫败会降低个体在活动中的内在动机水平（Ryan & Deci, 2017）。然而，在日常生活中有时我们却可以找到反例。我们常常遭遇或大或小的挫折，有时这种挫败感让我们偃旗息鼓、一蹶不振；但更多的情况下，我们不会被打倒，而会积极寻求机会，再度证明自己。举例来说，由于种种原因，我们在一场重要的面试中表现不佳，没能获得心仪的工作岗位。面试的结果已没有回旋的余地，这时我们或许会选择去打一场酣畅淋漓的羽毛球，在赛场上重拾信心与满足感。有人可能会说，这不科学，即使在羽毛球比赛中大获全胜，面试的结果也不会发生任何改变。话说的没错，然而，我们永远不能小觑这一举动在人们的心理重建中发挥的重要作用，它能够实实在在地帮助人们恢复之前受到挫败的胜任感。现实生活中的这一现象向我们生动地展示了胜任心理需要的恢复机制的存在：在发生胜任心理需要的挫败之后，人们会积极地进行自我调控、从而去恢复胜任感。而这，正是本书作者的研究团队有关胜任挫败的系列研究的起源（方慧，2018）。

自我决定理论认为，人是积极的有机体，具有先天的心理成长和发展潜能，这种自我决定的潜能可以引导人们做出感兴趣的、对社会有价值的、有益于自身能力发展的行为，这种对自我决定的追求构成了人类行为的自主性动机。换言之，三种基本心理需要的满足将会提升个体的自主性动机（Ryan & Deci, 2017）。针对胜任感的满足的重要作用，学者们在包括教育、工作、医疗健康和体育在内的不同领域中开展了大量研究。这些研究的结论一致显示，胜任感满足可以带来更高的工作动机、工作满意度、生活满意度以及整体的幸福感（Van Den Broeck et al., 2016）。除了研究胜任感满足的积极作用，近年来有学者开始关注胜任感挫败的负面影响。胜任感挫败指的是个体感受到失败与不胜任、对自身的能力产生怀疑。当人们面对难度过高的挑战、收到负性反馈、受到针对性的批评或在社会比较中落下风时，通常会体验到胜任感的挫败（Bartholomew, 2014）。研究显示，胜任感的挫败通常会带来一系列的负性结果，包括职业倦怠、反生产工作行为、工作疏离和较低的自主性动机（Fang et al.，2017）。

考虑到胜任感满足在人们的心理成长与幸福感建立中发挥的重要作用，难以想象人们会在不做出任何防御反应的情况下被动地接受胜任感的挫败。近年来，逐渐有研究指出，基本心理需要挫败可能会引发心理需要的恢复过程（Aarts，2009）。在一项实验研究中，自主性受到挫败的被试在一项后续任务中对自主性相关的刺激材料投入了更高程度的注意力。此外，相比普通被试，先前在任务中体验到自主挫败的被试会在后续的任务中表现出更强的内在动机。当然，前提是他们在这项后续任务中能重新获得自主心理需要的满足（Radel et al.，2011）。

这一系列研究具有重要的学术价值，因为它们跳出了原有的研究框架，探究基本心理需要挫败的跨期影响，并且揭示了基本心理需要恢复机制的存在。尽管已有学者就自主需要挫败的跨期影响开展开拓性的研究，遗憾的是，在胜任需要挫败方面，类似研究还是一片空白。在一项高等教育情境的田野研究和一项认知神经科学的实验室研究中，本书作者带领研究团队探索了历经胜任感挫败后个体胜任感的恢复机制，特别是先前的胜任感挫败与个体在后续活动中的自主性动机之间的关系。这两项研究分别于 2017 年 12 月和 2018 年 8 月发表在知名 SSCI 期刊《心理学前沿》（*Frontiers in Psychology*）（Fang et al.，2017）和《人类神经科学前沿》（*Frontiers in Human Neuroscience*）（Fang et al.，2018）。

本书作者的第一项田野研究，是在我国南方的一所综合性大学开展的，来自 11 个不同专业的 680 名大二学生参与了这项研究。《中国近代史纲要》（历史课）是我国本科生的一门必修课，相较《高等数学》等课程而言，历史课难度不高。在研究开展的高校中，历史课被安排在上午的第三、第四节。因此，在上历史课之前，同学们首先要参加《高等数学》《数学分析》《会计学原理》《大学英语》等不同课程的教学。统计结果显示，相比前面的课程，历史课的胜任需要挫败程度较低。参与实验的学生在前面课程结束后、历史课开始之前的间隙，以自愿的形式填写了有关前面课程与历史课的课堂感受的问卷。问卷中设置问项测度了同学们在两门课中感受到的胜任挫败程度和内在动机水平（Fang et al.，2017）。

研究结果显示，无论是在前面的课程还是历史课中，同学们在课堂中感受到的胜任需要挫败与内在动机水平都显著负相关，且问卷题目的顺序、专业、班级等因素与内在动机均不相关。有趣的是，当探究同学们在前面课程中的胜任需要挫败与历史课中的内在动机之间的关系时，笔者发现：当前面课程中的胜任挫败程度较低时，无法通过其预测历史课中的内在动机；一旦前面课程中的胜任挫败程度较高、超过一个临界点，则可以显著预测历史课中的内在动机——前面课程中的胜任挫败越强，在历史课中的内在动机就越强。内在动机是指个体为体验工作和活动本身所带来的快乐、满足感而自发、主动地从事某项工作或活动（Ryan & Deci, 2017）。因而，这项研究发现，假如同学们在历史课之前先上了一门难度较高的课程、胜任心理需要受到了挫败，那么他们会更加积极主动地投入到历史课的学习中。换言之，原本有些枯燥无味的历史课这一刻都变得那么有趣、有吸引力（Fang et al., 2017）。

这项研究第一次证实了个体在遭受较高程度的胜任需要挫败后存在恢复其胜任感的动机和过程（Fang et al., 2017）。之前针对自主性挫败的研究指出，这种恢复基本心理需要的动机可能发生在人类的潜意识中，且恢复过程不受个体自身认知过程的控制（Radel et al., 2011; Radel et al., 2013; Radel et al., 2014）。尽管在高校课堂上开展的这项研究带来了新鲜的学术发现，但也存在一定的局限性。一方面，本书作者是通过量表测度的同学们在不同课程中的内在动机。内在动机实际反映的是个体的一种心理状态，通过量表只能间接测度，不是源自大脑的直接响应，获得的数据容易受到外部因素的影响，从而偏离内在动机的真实水平。另一方面，由于在这项研究中，个体胜任需要的挫败不是被直接操纵的，无法建立起先前的胜任需要挫败与个体在后续任务中内在动机水平之间的因果关系。

为了更深入地探究个体胜任需要的恢复机制，本书作者开展了一项基于认知神经科学的实验室实验（Fang et al., 2018）。这项研究采用被试间的实验设计：两组被试均需完成两阶段的实验，并且在实验的第一阶段和第二阶段分别完成估算时间任务和停止秒表任务，唯一的区别在于第一阶段任务的难度设置。实验组在第一阶段完成的是高难度的估算时间任务，平均成功率在15%左右；控制组完成的则是中等难度任务，平均成功率在50%左右。之前的研究表明，通过任务难度的设置可以很好地操纵个体胜任需要的挫败。在第二阶段，两组被试完成的均为中等难度任务，在这种情况下，个体的胜任感可以获得最大程度的满足。

在这项研究中，本书作者通过反馈相关负波的差异波（d-FRN）的波幅来表征个体的自主性动机水平。根据情感/动机理论，d-FRN对于个体的动机水平高度敏感：个体的动机水平越高、对于任务结果就越在意，结果的反馈会诱发越大的 d-FRN 波幅。作者发现，相比控制组，先前的胜任感受到挫败的实验组在第二阶段表现出更大的 d-FRN 波幅，这表明他们在第二阶段具有更强的自主性动机。这一发现建立起先前的胜任需要挫败与个体在后续任务中内在动机水平之间的因果关系，也为胜任心理需要挫败的激励作用提供了来自认知神经科学的证据。

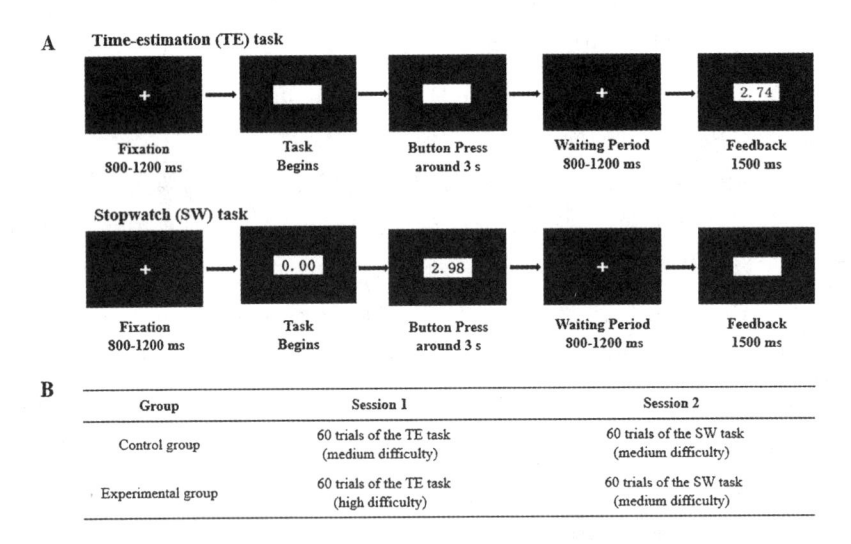

图 5.9 胜任需要挫败研究的基本实验范式。（A）估算时间任务以及停止秒表任务的基本流程。（B）实验设计以及胜任感挫败的操纵。

资料来源：Fang, H., He, B., Fu, H., Zhang, H., Mo, Z., and Meng, L.（2018）. A Surprising Source of Self-Motivation: Prior Competence Frustration Strengthens One's Motivation to Win in Another Competence-Supportive Activity. *Frontiers in Human Neuroscience* 12: 314.

有趣的是，在这项研究中本书作者还发现了影响个体胜任感恢复过程的一项个体差异因素。根据动机与激励问题的另一项主流理论——成就目标导向理论，个体可能会具有掌握、绩效两种截然不同的目标导向。掌握目标关注的是掌握相应的技能、获得自身的成长，绩效目标关注的则是在他人面前体现自身的能力。每个人都会或多或少地具有这两种目标导向，但其中一种导向会占据主导性地位。根据成就目标导向理论，设置掌握目标有助于个体的内在动机的提升，设置绩效目标则与外在动机高度相关（Kaplan & Maech, 2007）。这项研究中，作者发现个体的绩效目标导向与第二阶段中的 d-FRN 波幅显著相关。具体来说，个体绩效目标导向越高，第二阶段中的 d-FRN 波幅越小、自主性动机水平越低。该发现表明绩效目标导向会阻碍胜任感的恢复机制（Fang et al.，2018）。

这项研究发表后，在学术界引发了一定的关注。2018 年 10 月，自我决定理论的联合创始人 Richard Ryan 在社会心理学领域的顶尖期刊 *Journal of Personality* 上发表的综述性论文中，对于本研究的实验设计和研究结论进行了详细介绍（Ryan et al.，2019）。Ryan 指出，长期以来学术界较少关注到基本心理需要挫败对个体心理成长的作用，本书中的这项研究进一步证实了个体具有心理成长和自我发展的潜能：当个体的基本心理需要受挫时，可能会诱发恢复机制。

这一系列研究的发现对于管理实践也具有一定的指导、借鉴价值。现实生活中，有时企业雇员会面对高难度的挑战，如果用尽全力后依然业绩不佳，可能会对其胜任感造成挫败。假如胜任感的挫败已经发生，管理者应当努力创造机会让雇员恢复自身胜任感。如果接下来可以安排一项难度适中的工作、雇员踮踮脚可以够得到，其胜任感可以较好地得到恢复。雇员回馈给公司的则是出人意料的自主性动机，他们会在这项工作中更好地发挥自身的主观能动性，带来更高的工作绩效。值得说明的是，这一系列研究的发现并非要鼓励管理者故意挫败雇员的胜任感，毕竟当胜任感受到挫败时，人们在当前任务中的自主性动机和工作绩效实实在在地降低了。真正重要的是，一旦胜任感挫败的"悲剧"发生，我们应当如何去补救。除了企业的管理实践，其实该研究发现也适用于人们的自我调节。基本心理需要的满足至关重要，希望每一个个体都有机会从事感兴趣的、对社会有价值的、有益于自身能力发展的活动。

六　本章小结

在本书的研究框架中，研究三对研究一、研究二都进行了重要的拓展延伸。研究内容方面，在任务选择、任务难度的基础上，本研究重点关注了任务设计中与个体胜任心理需要的满足密切相关的反馈机制，并探讨了这一任务特征与个体的内在动机水平之间的关系。

个体在工作中的胜任感是通过反馈信息特别是正性的反馈信息逐步建立起来的。由于不同效价的反馈信息对个体胜任感的作用也存在着差异：

正性的反馈信息可以直接帮助个体建立起胜任感,从而增强个体的内在动机;然而,负性反馈通常会削弱个体的感知胜任程度,从而降低个体的内在动机。因此,如果只是单纯地给出反馈信息,不一定能起到促进个体内在动机的作用。基于以上原因,本研究中,我们设计了一种特殊的反馈信息提供模式,即自主反馈。在这种反馈机制下,个体在完成一项任务后可以自主选择是否查看反馈信息。研究结果显示,这种反馈模式同时满足了个体自主、胜任两项基本的心理需要,相较不给出反馈信息,在更大程度上激发了个体对任务本身的内在动机。

研究方法方面,本研究继续应用认知神经科学中的 ERP 技术,并在不同的认知加工阶段探索了能客观表征个体内在动机水平的更多脑电指标。具体来说,除了关注研究二找到的个体内在动机水平的预测性指标 Cue-FRN 之外,还关注了任务启动准备、任务绩效监控两个阶段,并探索到了 Task-SPN 和 ERN 两项脑电指标。这些发现对于整个认知神经科学领域特别是内在动机问题的认知神经科学研究做出了一定理论贡献,为这类问题的研究提供了新的视角。

本章的最后,我们综合讨论了本研究来自行为、神经两个层面的发现,并从反馈信息对于个体的重要意义、自主选择多种形式的体现以及个体内在动机水平的认知神经科学表征等方面进行了综合讨论,并且介绍了本书作者在胜任心理需要与个体内在动机之间关系方面的最新研究进展。其中,在对"反馈信息对于个体的重要意义"和"自主选择多种形式的体现"进行讨论的过程中,我们专注于为管理实践提供指导。本研究为管理实践提供的一项重要启示是企业的管理者除了应当给予员工及时的工作反馈,还应当注意反馈时机的选择:当员工表现出较高的工作绩效或者良好的工作态度时,应及时给予正性反馈信息,对员工的工作表现给予积极的肯定;反之,当员工的工作绩效较低时,应当斟酌给予反馈信息的时机,避免打击员工的自信心、削弱其胜任感、降低其工作动机。

在对"个体内在动机水平的认知神经科学表征"进行讨论的过程中,基于研究二和研究三的结论,我们建立了动机过程的认知加工模型,在复杂动机过程的不同阶段实现了对于个体内在动机水平的客观测度。此外,我们探讨了应用 ERP 技术研究个体的内在动机问题时,在脑电指标与实验任务的选择方面应注意的事项,从而为应用认知神经科学视角的内在动机问题研究提供了一定的理论指导。

第六章

研究结论与讨论

一 研究结论

本书从人力资源管理的工作设计理论以及动机问题的自我决定理论出发，采用任务设计的视角、考虑个体基本心理需要的满足，研究如何通过任务的内容与性质本身起到激发个体内在动机的目的。具体到研究方法上，本书采用认知神经科学实验与行为实验相结合的研究方法。因此工作设计是本书的研究视角，自我决定理论是理论基础，认知神经科学则是研究工具。

研究一采用行为学实验的方法，探讨了任务设计中与个体自主、胜任心理需要的满足密切相关的任务选择、任务难度两项任务特征与个体内在动机之间的关系。研究二在研究一的基础上，应用认知神经科学中的事件相关电位（ERP）技术开展实验，继续探讨了任务选择（主要与个体的自我决定感有关）与个体内在动机之间的关系。研究三则应用 ERP 技术探讨了反馈机制的设计（主要与个体的胜任感有关）与个体内在动机水平之间的关系。

本书通过综合考虑任务设计中影响个体内在动机的多种因素，以及对实验数据的多角度分析，获得丰富的研究结论。接下来，将分别对本书的主要结论进行探讨。

第一，在工作设计中，可以满足个体自主、胜任基本心理需要的任务特征会显著地影响个体的内在动机，在工作设计中，可以通过提供有关任务内容的选择权、设置合理的任务难度以及设计合理的反馈机制，充分激发个体的内在动机。

自我决定理论认为个体具有三种基本心理需要，分别是自主、胜任和归属。在这三种心理需要中，自主和胜任的满足对于个体内在动机的激发和维持起到了更为重要的作用。因此，本书主要探讨了在工作设计中可以满足个体自主、胜任心理需要的任务特征。

工作设计中，影响个体自主心理需要满足程度的主要因素是选择权的提供，这种选择权可以是有关任务内容的，也可以体现为自主选择通过怎样的方式去完成一项任务。由于后者在认知神经科学实验中难以操纵，在研究一、研究二中，我们提供给被试的是实验内容方面的选择：研究一中，个体面对的是两项难度水平相当的"找茬"任务；研究二中，个体面对的则是两项难度水平相当的估算时间任务。实验包含有选择、无选择两种不同的实验条件：有选择的实验条件下，允许被试在难度相当的两项实验任务之间做出选择；无选择的实验条件下，系统会为被试在两项任务间随机指定一项任务。来自认知神经科学和行为层面的证据共同显示，任务选择权的提供显著增强了个体的内在动机。

工作设计中，与个体的胜任感密切相关的任务特征包括任务难度的设置和反馈机制的设计。研究一中，我们准备了难度水平存在显著差异的两组"找茬"素材，"找茬"素材经过了精心制作以及预实验筛选，其中一组素材的难度水平居中，另一组素材的难度水平很高、超出了个体能力水平。个体在常规和困难两种模式下分别完成"找茬"任务，常规模式下使用中等难度素材，困难模式下除了使用高难度素材、答题时间也相应缩短。实验结果显示，个体在常规模式下的感知胜任程度更高、内在动机水平更强。这说明，任务难度的设置确实会影响个体的胜任感，也会影响到个体的内在动机水平。

来自工作特征模型和工作动机的自我决定理论模型的大量研究共同显示，反馈机制会对个体的胜任感产生重要的影响：相比无法获得反馈的情形，如果个体有机会了解到自己任务完成情况的反馈信息，会通过反馈信息逐渐建立起胜任感（Gagné & Deci, 2005; Hackman & Oldham, 1980）。然而，自我决定理论的研究显示，不同效价的反馈信息对个体胜任感的作用也存在着差异：正性的反馈信息可以直接帮助个体建立起胜任感，从而增强个体内在动机；然而，负性的反馈通常会削弱个体的感知胜任程度，从而降低个体的内在动机（Deci & Ryan, 2000）。因此，如果只是单纯给出反馈信息，不一定能起到促进个体内在动机的作用；假如个体在一项任务中的表现欠佳，可能反而会起到相反的作用。

研究三中，为了更好满足个体胜任的基本心理需要，我们设计了一项特殊的反馈机制：自主反馈。在这种反馈机制下，个体可以在完成一项任务之后，自主选择是否查看本轮的反馈信息。这项研究中，我们采用了停止秒表的实验任务。在这项任务中秒表会从 0 秒开始走动，被试的目标是将秒表尽可能准确地停在 3 秒左右。由于在任务执行的过程中秒表一直在走动，被试在通过按键完成任务的瞬间可以看到秒表停下的具体时间点。尽管被试在完成停止秒表的任务时，已经充分了解自己在每轮中的任务表现，人们还是表现出对反馈信息的偏好：当有机会选择查看反馈信息时，个体在绝大多数轮次中都选择查看了额外的反馈信息。此外，来自行为层面和认知神经层面的结果一致显示，相比无反馈的情形，个体在自主反馈实验条件下具有更强的内在动机。有趣的是，个体在任务获胜的轮次中选择查看反馈信息的比率显著高于任务失败的轮次，这为个体具有胜任的基本心理需要提供了直接的证据，也提醒企业的管理者：除了应当及时给予员工工作反馈，还应当注意反馈时机的选择。

第二，选择除了可以满足个体的自我决定感，还可能增强个体的胜任感，因此，企业在管理实践中应当充分发挥选择对于个体内在动机的促进作用。

研究一中，我们还通过题项测度了个体在不同实验条件下的感知胜任水平。实验结果显示，除了适中的任务难度外，任务选择的提供也增强了个体的胜任感。在这项研究中，个体是在难度相同的两项任务之间做出选择；如果个体面对的是难度不同的几项任务，则可以根据自身的能力水平选择心仪的任务，从而进一步增强胜任感。除此之外，在研究三中，个体通过在每轮任务完成后自主选择是否查看额外的反馈信息，更多地在自己获胜的轮次中查看正性反馈信息，从而增强了胜任感。综合这两点可以发现，选择权的提供除了能直接满足个体的自我决定感，还可能带来胜任感的增强。根据自我决定理论，自主和胜任是人类两项具有普适性的基本心理需要，它们的满足将带来更强的内在动机。因此，企业的管理者在工作设计的实践中，应当进一步发挥个体的主观能动性，在允许的范围内授权给员工，从而充分发挥选择对个体内在动机的促进作用。

第三，个体的自我决定倾向会影响任务选择对其内在动机水平的促进作用大小，个体的自我决定倾向越高，任务选择对其内在动机的促进作用越大，管理者在进行管理实践的过程中，应当充分关注员工的个体差异。

研究一中我们关注了一项重要的个体差异。根据自我决定理论，与个体的内在动机密切相关的一项个体差异因素是个体的自我决定倾向，它反映了个体在日常生活中进行自我决定的一般倾向（Deci & Ryan, 2000）。这一研究中，我们首先发现任务选择可以显著增强个体的内在动机。在此基础上，我们通过成熟量表测度了个体的自我决定倾向，并将这一指标与个体在有、无任务选择实验条件下内在动机水平的差值进行了相关分析。结果显示，个体的自我决定倾向越高，选择对于个体内在动机的促进作用越大。这一结果说明，任务选择对于个体内在动机的促进作用大小存在着个体差异，而个体的自我决定倾向是一项重要的影响因素。因此，企业在管理实践中应当充分关注员工的个体差异，以期达到最佳的激励效果。

第四，在任务的执行过程中，可以通过不同的认知加工阶段中相应的脑电指标实时、客观地测度个体的内在动机水平，学者在内在动机问题的研究中，可以参考本书中提出的动机问题的认知加工模型，采用认知神经科学视角开展研究。

与传统的行为观察和问卷测量相比，通过认知神经科学技术手段研究个体的内在动机问题可以在任务执行的过程中实时测度个体的内在动机水平，并且获得内在动机的更加客观的表征。然而，由于神经经济学和神经管理学的学者在这一领域进行的学术探索才刚刚开始，截至2014年，已发表的研究仅仅关注到了任务执行过程中的反馈结果加工阶段，通过这一阶段大脑纹状体的激活情况（fMRI研究）或d-FRN的波幅（ERP研究）表征个体的内在动机水平（Albrecht et al., 2014; DePasque & Tricomi, 2015; Ma, Jin, Meng et al., 2014; Marsden et al., 2015; Murayama et al., 2010）。本书的研究二、研究三中，我们根据具体的研究问题和采用的具体实验范式，将个体的任务执行过程划分为情景线索加工、任务启动准备、任务绩效监控、反馈结果期待和反馈结果加工五个阶段，并在每个阶段找到了可以客观表征个体内在动机水平的脑电指标。

在情景线索加工阶段，个体可以获知自己接下来将要完成的是怎样的实验任务或者将要通过怎样的方式完成一项实验任务。换言之，情景线索加工阶段是个体对于指向不同实验条件的线索进行加工的阶段。由于个体对于不同实验条件存在偏好，对于情景线索的加工可以很好地预测个体在不同的实验条件下完成任务时的内在动机水平。这一阶段中，情景线索呈现诱发的FRN成分的波幅（Cue-FRN的波幅）可以很好地反映个体的内在动机水平：如果一项实验任务或一种实验情景不能很好地诱发个体的内在动机，将诱发更大的 Cue-FRN 波幅；反之，如果个体面对一项实验任务表现出了较强的内在动机水平，会诱发较小的 Cue-FRN 波幅。Cue-FRN 是个体内在动机水平的一项预测性指标，在个体正式从事一项活动之前，就可以通过这一指标预测个体接下来的内在动机水平。

表 6.1　　　应用不同脑电指标研究个体内在动机问题的适用条件和注意事项

认知加工阶段	脑电指标	适 用 条 件	注意事项
情景线索加工	Cue-FRN	不同实验条件下的试次在整个实验内或者 Block 内乱序随机呈现，每一轮次实验开始之前呈现情景线索；如果每个 Block 对应不同的实验条件，则不适用	情景线索呈现之前应设置 800—100 毫秒随机黑屏
任务启动准备	Task-SPN	实验任务的完成需要充分集中注意力，并且个体有必要在任务开始之前做好准备；尽管加法、乘法运算等任务也需集中注意力，但无须在每轮任务开始前做好准备、只需在任务开始后保持专注即可，如果采用这类任务，不适合通过这一成分测度个体的内在动机水平	任务启动之前应设置固定时长等待时间，等待时间越长，测量效果越好，但也需要考虑实验整体时长；等待时间的设置一般以 1—2 秒为宜
任务绩效监控	ERN	只适用于个体完成按键响应的瞬间能了解自身任务的基本完成情况的情形，与反馈结果期待阶段的 SPN 成分一般不可兼得	根据个体的任务完成情况不同进行打码，重点关注错误响应的情况
反馈结果期待	Outcome-SPN	只适用于个体对于自身任务完成情况把握程度一般、需要通过反馈信息了解具体任务表现的情形，与任务绩效监控阶段的 ERN 成分一般不可兼得	与 Task-SPN 成分的注意事项一致
反馈结果加工	d-FRN	与 Outcome-SPN 成分的适用条件一致，除此之外，需要通过前测确保实验任务的正确率在 50% 左右	如果不打算同时分析反馈结果期待阶段的 SPN 成分，一般在其呈现前设置随机黑屏

资料来源：本书作者整理。

如果实验任务对被试的时间精准度要求较高或者任务作答时间非常有限（比如研究二中的估算时间任务和研究三中的停止秒表任务），任务启动的提示信息对于被试来说就十分重要。因此，在任务正式开始前的任务启动准备阶段，我们可以通过 SPN 指标测度个体在等待任务启动的线索呈现的过程中投入的注意力水平。个体的内在动机水平越强，就会在任务启动准备阶段越集中精力、分配越多的注意力资源，从而诱发出越大的 SPN 波幅。

任务绩效监控指的是在任务按键响应的瞬间，个体对于自身任务完成情况特别是错误响应的认知加工过程，这一阶段个体会对自身的任务绩效进行实时监控。由于人类的绩效监控系统对影响个体内在动机水平的各种情景因素都会产生积极响应，可以通过 ERN 的波幅测度个体的内在动机水平。个体发生错误响应诱发的 ERN 波幅越大，说明这种实验条件下的任务完成情况对于个体来说更重要、个体在这种情况下具有更强的内在动机；反之，ERN 波幅越小，说明个体越不在乎这种情况下自身的任务表现，个体的内在动机水平越低。

在反馈结果期待阶段，个体对于反馈结果呈现的期待会诱发 SPN 成分，它的波幅反映了个体对于动机性刺激材料的期待水平。如果个体在完成一项任务过程中具有更强的内在动机，个体会对反馈结果的呈现表现出更高程度的期待、投入更高的注意力水平，从而诱发更大的 SPN 波幅。

与作者所在团队聚焦内在动机问题的已发表的研究一致（Ma, Jin, Meng et al., 2014），作者发现在反馈结果加工阶段，由反馈结果呈现诱发的 d-FRN 波幅可以很好地反映个体的内在动机水平。如果个体在一种实验条件下具有更强的内在动机，这种情况下的反馈结果对于被试来说，在情感和动机上就更重要，从而会诱发更大的 d-FRN 波幅。

综合研究二以及研究三的主要结论，本书作者提出了动机过程的认知加工模型，这一模型我们已经在上一章节中进行了详细介绍，在此不再赘述。值得说明的是，不同的脑电指标在应用方面存在各自的限制条件。因此，对内在动机问题感兴趣的学者在应用 ERP 技术进行研究时，应当根据自身研究目的选择恰当的认知加工阶段，并通过相应的脑电指标开展研究。本节中，作者根据对介绍 ERP 成分的大量文献进行梳理以及自身在内在动机问题上的研究经验的总结，通过表 6.1 归纳了应用不同脑电指标研究个体内在动机问题的适用条件和注意事项，以期能为其他学者应用脑电技术研究个体的内在动机问题提供一定的参考。

二 理论贡献

本书通过认知神经科学实验与行为实验相结合的研究方法探讨了任务设计中的自我决定与个体内在动机之间的关系,并提供了来自认知神经科学的证据。本书是在以往研究的基础上开展的,对于认知神经科学以及管理学的理论主要做出了以下几点贡献:

第一,从工作/任务设计的视角出发研究个体内在动机的激发,丰富了管理学中激励问题的研究视角。

之前学术界对于内在动机研究的关注焦点是外界情境因素对个体内在动机的影响。比如,大量研究显示,外部的物质奖励对个体的内在动机有削弱作用(Murayama et al.,2010),部分研究显示,来自外部的口头表扬、精神激励、社会比较可以增强个体的内在动机(Deci,1971; Frederick-Recascino & Schuster-Smith,2003; Vallerand & Reid,1988; 暴占光,张向葵,2005; 金佳,2014; 李振云,2007; 任国防,张庆林,2004a; 任国防,张庆林,2004b)。如果把研究视线收回到组织行为学领域,大多数研究关注的是物质奖励机制的设置对员工外在动机的影响。本研究中,作者关注的是个体的内在动机。重要的是,作者的研究从工作设计的视角出发,研究如何对任务进行合理的设计,通过工作任务的内容与性质本身起到激发个体内在动机的作用。在针对个体的内在动机问题的研究中,这一视角较少为管理学的学者采用,因此本书丰富了管理学中激励问题的研究视角。

第二,建立起人力资源管理中的工作设计理论与动机问题的自我决定理论之间的联系,指出从满足个体基本心理需要的角度出发、进行合理的工作设计在促进个体内在动机方面发挥的重要作用。

在文献综述中我们介绍过,工作设计是人力资源管理中的一项重要职能,是确定企业雇员的工作内容、职责与工作关系的重要的管理活动。工作设计有四种不同的导向,其中,基于心理学导向的工作设计已经在组织激励中发挥起越来越重要的作用(许小东,2001)。尽管工作设计已开始应用于组织管理实践,为了对工作内容本身具备的内在激励因素进行总结,学者们也提出了工作特征模型;应当如何进行科学的工作设计、需要在工作设计中考虑哪些因素,更多地来自管理实践中的经验总结,较少对工作设计中需要考虑的个体基本心理需要进行理论性探讨，而动机问题的自我决定理论恰恰为这一问题（如工作特征模型中的几个重要维度）提供了重要的理论解释。

举例来说，工作特征模型中之所以设置了自主性维度，是因为这样的工作任务满足了个体自主的心理需要，会增强个体的内在动机；同样，这一模型中之所以设置反馈性维度，是因为有关员工工作表现的反馈信息特别是正性的反馈信息可以很好地满足个体胜任的心理需要，从而增强个体内在动机；技能多样性要求员工在完成一项工作的过程中体现出多种技术和能力（适度增强了工作任务的挑战性），任务完整性确保员工完整负责一项工作任务并看到最终成果（最终成果也是一种正性的反馈信息），二者都通过满足个体胜任感对个体的内在动机起到了促进作用。

因此，采用任务设计视角、基于自我决定理论的理论假设设计实验，本书为心理学导向的工作设计特别是工作特征模型的科学、合理性提供了来自认知神经科学的实证证据和理论依据。本书的研究结论也表明：以自我决定理论作为理论基础、从满足个体基本心理需要的角度出发进行合理的工作或任务设计，可以有效地激发个体的内在动机，这也是内在动机问题研究的一个重要方向。

第三，通过认知神经科学指标测度个体的内在动机水平，对经典的行为测量方法是有机的补充，本书将任务执行过程划分为与动机密切相关的若干阶段，并找到可以实时、客观地表征内在动机的脑电指标，从而建立起动机过程的认知加工模型，为该问题的认知神经科学研究提供了一系列可拓展延伸的实验范式。

在动机相关问题的研究中，如何对个体的内在动机水平进行科学的测度，一直是困扰学者的一个重要问题。随着对动机问题研究的不断深入，学术界已形成两种常见的测度个体内在动机水平的方法：一种是行为观测法，观察被试自愿完成一项实验任务的次数或时长；另一种方法是通过量表测量（Guay et al., 2000; Vansteenkiste & Deci, 2003）。两种方法都存在一定不足之处，比如经典版本的行为观测法只适用于被试间设计的实验，对研究的开展造成了一定限制。量表测量依靠的则是个体对于自身内在动机水平（实质上是一种心理特征）的主观评估，一方面是对内在动机的事后测量；另一方面依赖于个体的主观评判，在对内在动机这一较难准确把握问题的测度上，容易造成较大的测量偏差。

认知神经科学的发展，为学者实时、客观地测度个体的内在动机水平提供了新的可能。之前发表的研究已证实个体对于反馈结果在认知加工上的差异，可以很好地表征个体的内在动机水平（Albrecht et al., 2014; DePasque & Tricomi, 2015; Ma, Jin, Meng et al., 2014; Marsden et al., 2015; Murayama et al., 2010）。然而，任务执行是一个复杂的过程，这几项研究只关注了其中的反馈结果加工一个阶段。本书在这几项研究的基础上，把个体的任务执行过程划分为情景线索加工、任务启动准备、任务绩效监控、反馈结果期待和反馈结果加工五个阶段，并找到了 Cue-FRN、Task-SPN、ERN、Outcome-SPN 以及 d-FRN 五个稳定、可靠的脑电指标，分别在各个子阶段表征个体的内在动机水平。在本书的基础上，未来研究内在动机问题的学者可以根据具体的研究问题和研究范式，灵活选用相关指标，对个体的内在动机问题进行更加深入的探索。

应用认知神经科学技术手段探究个体内在动机问题的一大难点是实验范式的设计。由于这一领域已发表的研究非常少，本书作为一项探索性的研究，将为后续研究的实验范式设计提供重要的参考。举例来说，由于大多数的 ERP 研究只关注了任务执行过程中的反馈结果加工阶段，在被试通过按键完成任务之后、反馈结果呈现之前，通常会设定时长 800—1000 毫秒的随机黑屏。然而，如果还希望关注反馈结果期待阶段，则应将等待反馈结果呈现的黑屏时间设定为固定值（例如 1000 毫秒、1500 毫秒、2000 毫秒，等待时间越长，SPN 成分越明显，但考虑被试的疲劳因素，需要根据实验总时长灵活选择），原因是明确反馈结果将在多久之后呈现是形成 SPN 的先决条件之一（如果被试无法明确了解反馈结果将在何时呈现，无法在等待阶段持续、有效地分配注意力资源）。

如果希望通过任务启动准备阶段的 Task-SPN 成分测度个体的内在动机，也要注意类似的问题。绝大多数现有的研究仅仅关注反馈结果加工阶段的 d-FRN 成分，没有探讨个体在任务启动之前对于任务启动提示分配的预期性的注意力资源。因此，这些研究在任务情景线索以及任务启动提示之间设置了 600—800 毫秒的随机黑屏，目的是增加实验任务的不确定性、增加实验难度。但是，如果希望在任务启动的准备阶段通过 Task-SPN 成分的波幅测度个体的内在动机水平，一般应将黑屏的时间设定为 1000 毫秒以上的固定值，明确告知被试实验任务将在多久之后开始，从而让被试有机会做好认知上的准备。

再举一个例子，研究二和研究三分别采用了估算时间和停止秒表作为实验任务。尽管两个实验任务存在一定的相似性，二者存在着重要的差异：在停止秒表任务中，秒表是实时走动的，被试在按键瞬间可以了解到自己的任务完成情况。因此，如果希望通过反馈结果加工阶段的d-FRN指标测度个体内在动机水平，它不是最适合的实验任务（尽管之前发表的几项研究采用了这项任务）。研究三中，我们关注的是（正性的）反馈信息对个体胜任感的满足，我们预期个体在充分了解自身任务表现的情况下，仍然会通过选择查看反馈信息建立起、维系好自己的胜任感，因此停止秒表反而是合适的实验任务。

没有任何一个实验范式可以同时满足对个体内在动机问题的全部研究需求。举例来说，尽管反馈结果加工阶段的d-FRN成分可以很好地表征个体内在动机水平（Ma, Jin, Meng et al., 2014），但反馈信息的提供方式本身就是影响个体的胜任感和内在动机的重要因素。如果希望对这一因素进行研究（如本书的研究三），就需要在任务执行过程中的其他阶段诉诸其他脑电指标。学者们在后续研究中可以根据具体研究问题，参考本书的实验范式和脑电指标设计新的实验。

第四，为动机问题的自我决定理论提供了来自认知神经科学的实证证据。

自我决定理论认为个体有自主、胜任、归属三种基本心理需要。这些心理需要特别是前两种基本心理需要获得满足的程度，可以很好地预测个体的内在动机水平（Deci & Ryan, 2000）。将自我决定理论引入管理学研究之后，创始人之一的Deci还提出了工作动机的自我决定理论模型，并指出影响员工内在工作动机的因素包括情境因素（工作的内容与性质、工作氛围）以及个体差异两类（Gagné & Deci, 2005）。本书通过三项实验研究探讨了任务的内容与性质以及个体的自我决定倾向对于内在动机的影响，为这一模型提供了新的实证证据。特别的，本书的研究二和研究三是应用事件相关电位技术开展的认知神经科学实验，通过可以实时、客观测度个体内在动机水平的脑电指标，说明在任务设计中与个体自主、胜任的基本心理需要的满足程度密切相关的任务特征确实会对个体的内在动机水平产生重要的影响，从而为自我决定理论提供了来自认知神经科学的实证证据。另外，根据我们对相关文献的检索，本书也是第一项对自我决定理论进行直接检验的认知神经科学研究。

三 对管理实践的建议

根据对本研究的主要结论以及理论贡献的总结,我们对管理实践提出以下几条建议:

第一,企业管理者在进行管理实践时,应当加强对员工的内在动机问题的重视。

在 20 世纪 50 年代之前,学者们研究的大多是外部动机问题,关注的仅仅是外部情境因素对个体动机的激发。20 世纪 70 年代开始,内在动机这一概念首先出现在心理学研究中,后来逐渐进入管理学学者的视野。然而,由于内在动机概念提出时间较晚,在管理实践中还没有获得足够的重视,管理者们还是习惯于更多地依靠对薪酬制度的设计,实现对员工外部动机的激发(金佳,2014)。

尽管外部的金钱奖励可以有效促进员工的外部工作动机,在短时间内提高企业的整体绩效,员工的内在动机与其幸福感、工作满意度、组织忠诚度等指标均有密切的联系,在长远来看,甚至可能对企业的整体绩效产生更加深远的影响(阮爱君,2011;孙岚,秦启文,张永红,2008;王璇,李健,2007;谢犁,2009)。每个企业都可以通过提高薪酬吸引人才,然而,员工真正感兴趣的、可以体现其能力水平的工作任务可能影响其内在动机。在双方开出的薪酬水平都足够有吸引力的情况下,员工甚至可能会因为一份工作可以更好地激发自己的内在动机,主动放弃另一份提供更高薪水的岗位。如果员工对一项特定的工作任务的内在动机足够强,他甚至可能不计报酬地主动要求完成这项任务。除此之外,有大量的研究显示,外在动机对于完成需要创造力的工作任务来说作用并不大,对于需要发挥足够的主观能动性和创造力才能完成的工作来说,较高水平的内在动机才是不可或缺的(Amabile,1988;Amabile,1996;Amabile et al.,1996;杜鹏程,2010;张剑,郭德俊,2003a;张剑,郭德俊,2003c;张剑,郭德俊,2006)。

本书的研究对象是个体的内在动机,尽管我们没有对内在动机的积极作用进行过多研究,在对内在动机相关文献进行梳理的过程中,我们发现,员工的内在动机水平会对员工本身以及所在企业均产生重要影响(Gagné et al.,2004)。因此,未来管理学领域的激励研究,除外在动机外，也应当对员工的内在动机问题进行更多的学术探讨。同样，企业的管理者在管理实践中，也应当加强对员工内在动机问题的重视，通过合理的工作设计等举措激发员工内在工作动机。

第二，基于心理学导向的工作设计，应当在管理激励领域发挥更大的作用。

在管理学研究领域，对于员工内在动机影响因素的研究本身就少于对外在动机影响因素的研究（金佳，2014）。在针对员工内在动机的研究中，多数研究关注的又是外部环境因素对于员工内在动机的影响（如外部物质奖励对员工内在动机的削弱作用），采用工作设计的视角探讨员工内在动机问题的研究相对较少。工作本身也是具备激励作用的，管理实践特别是跨国公司和知识型企业的管理实践，已经越来越重视工作设计这一重要的管理职能。然而，工作设计受到重视的程度还远远不够，应当在管理激励领域中发挥起更大的作用。

心理学是工作设计的四种重要导向之一，心理学导向也是工作设计理念的最新发展。伴随着时代的不断发展，这一导向的工作设计，也代表了工作设计的未来发展趋势（聂文达，2011；孙健敏，2002）。本书的理论基础是动机的自我决定理论，因此，本书采用心理学导向进行任务设计，通过设计可以满足个体自主、胜任心理需要的工作任务，实现对个体内在动机的有效激发。把本研究的成果推广到管理学实践中，本研究的成果也会为心理学导向的工作设计在管理激励中的应用提供一定的实践指导。

第三，企业的管理者应当充分关注员工基本心理需要的满足以及个体差异。

近年来，随着人本主义思想的兴起和发展，管理学家开始对组织中的人产生浓厚的兴趣，将人视为具有主观能动性的积极的个体。然而在管理实践中，仍然有很多管理者仅仅把员工视作替企业生产产品的机器，缺少对员工的人文关怀。本书的基础理论是自我决定理论，这一理论认为自主、胜任和归属感是人类三种基本的心理需要，它们的满足将显著影响个体的幸福感以及自我成长。从这一理论出发，本书也发现，自主、胜任心理需要获得满足的程度，会显著影响个体的内在动机水平。在知识经济时代，人才才是企业在激烈的市场竞争中最重要的资本，因此，管理者应当对员工心理需要的满足引起足够的重视。

本书中，我们还发现个体的自我决定倾向将显著地影响任务选择对于个体内在动机的促进作用。这一发现说明，尽管自主是人类一种基本的心理需要，不同的人对于自我决定或者自主性支持环境的渴求程度存在差异。除此之外，处于不同人生阶段、不同社会地位、不同工作岗位的员工，在心理需要的类别和水平上也可能存在很大的差异。这提醒管理者在进行管理实践时，不能采取"一刀切"的简单粗暴的管理方式，而应当充分地考虑员工的个体差异，为其设计可以更好地满足其心理需要的工作任务，更好地增强员工在工作过程中的内在动机。除自我决定倾向之外，其他需要关注的个体差异还包括成就目标定向等。

四　研究的局限性

（一）实验样本的局限性

与国际范围内绝大多数的发表论文一致，本研究招募在校大学生参加实验（Picton，2000）。考虑到教育程度、所在行业、工作岗位和收入水平等个体差异因素可能对个体的内在动机产生影响，因此，如果有相关资源，未来在研究中可以考虑招募不同群体被试，探索其他个体差异因素对个体内在动机的影响。

另外，尽管招募12—20名被试是认知神经科学实验（包括fMRI和ERP）的国际惯例，这一样本数目相比管理学常见的问卷研究方法要少得多。认知神经科学的方法学研究已经证明，实验任务叠加次数与样本数量在脑电实验中是可以相互弥补的（Luck，2005），按照脑电研究指南，本研究中我们也针对每一实验条件进行了合理次数的叠加，每个实验条件包含了超过30个有效试次（Picton，2000），因此本书获得的结论是稳定、可靠的。然而，未来的研究如果经费和时间允许，可以考虑适当地增大被试数，以期获得更加稳定、可靠的实验结果。

（二）实验室研究对于真实管理情景模拟的不足

由于事件相关电位技术对于实验环境有着非常严格的限制，在实验室环境中很好地模拟管理情景是非常困难的，因而不得不对研究问题进行高度抽象和简化。举例来说，由于ERP实验对于叠加次数有一定的要求，考虑到总的实验时长限制，我们需要采用估算时间或停止秒表等单轮试次耗时较短的实验任务，这意味着被试不能通过耗时较长的实验任务，进入一种"沉浸"的状态，从而在任务过程中更好地体会到自主、胜任心理需要的满足；与实验相比，现实生活中的工作任务持续时间则一般较长。

除此之外，ERP 设备也对我们的实验设计造成了一定限制。现实工作过程中存在小组作业，在 ERP 研究中我们无法对多人小组作业进行很好的模拟（一般的科研单位只拥有一台或两台 ERP 设备）。因此，尽管我们希望通过这一研究为管理学实践提供指导建议，我们仍将研究问题界定为"任务设计中的自我决定与个体内在动机"，而不是"工作设计中的自我决定与员工的内在工作动机"。由于技术的壁垒短时间内难以突破，除了应用认知神经科学的研究方法探讨个体内在动机问题之外，未来管理学的内在动机问题研究可以结合多种不同的研究方法（比如问卷研究、现场实验），从而获得更丰富、可靠的结论。

五　本章小结

在本章中，我们首先将本书的三个子研究的成果整合在一起，从整体的角度出发，对全书的主要研究结论进行了概括。在此基础上，我们提炼了本书的理论贡献以及对管理实践的指导借鉴意义。最后，我们从实验的样本以及对管理情境的模拟两个方面讨论了本书的局限性。下一章中，本书作者将以"社会比较视角下的内在动机研究"为例，对内在动机问题未来的研究前景和研究方向进行展望。

第七章

研究展望：社会比较视角下的内在动机研究

一 研究问题

本书采用工作设计的视角、考虑个体基本心理需要的满足，探究如何通过任务的内容与性质本身起到激发个体内在动机的作用。值得注意的是，在本书涉及的三项实验中，被试都是独立完成的实验任务，实验全过程中均未涉及社会互动（孟亮，2016）。在日常生活中，人们经常会面对社会比较的情境，这是社会群体的一个核心特点。社会比较是指人们通过比较自身和他人的能力及观点来实现自我提升或提高主观幸福感的一种重要的心理过程（Festinger, 1954; Wills, 1981）。以往有研究表明，社会比较能促进自我提升，并在接下来的任务完成过程中影响个体的内在动机水平（Suls & Wheeler, 2000; Wayment & Taylor, 1995）。这一论点也获得了很多功能性磁共振成像（fMRI）研究的支持，当提供社会比较信息时，与奖赏加工相关的腹侧纹状体的激活水平会更高（Lindner et al., 2014; Bault, Joflly, Rustichini, & Coricelli, 2011; Fliessbach et al., 2007）。尽管这些研究表明社会比较是有益的，其他研究发现了社会比较潜在的不利影响。例如，部分经典的行为学实验表明，社会比较对个体接下来的任务完成动机存在削弱作用（Deci, Betley, Kahle, Abrams, & Porac, 1981; Jagacinski & Nicholls, 1987）。基于现有的研究结果，本书作者发现尽管社会比较提供的信息是有利的，但其并不总会导致个体动机水平的提升。因此，需要构建一个理论框架将这些看似矛盾的结果统一起来。

在当前的管理实践中，管理者较少对员工进行内在激励。实际上，在工作场所中，人们有将自身的工作绩效与他人进行比较的自然倾向。

如何合理利用该倾向，通过社会比较行为满足人们的基本心理需要，从而增强其内在工作动机，是管理心理学领域有待深入研究的重要问题。后续研究，即"社会比较视角下的内在动机研究"，将以自我决定理论为基础，研究个体的社会比较行为具备内在激励作用的前提条件。具体的，综合应用行为学实验、认知神经科学实验，探究社会比较环境的竞争性、对象的匹配性、行为的自主性对个体内在动机的影响。科学意义方面，后续研究建立起社会比较行为与内在动机之间的联系，特别关注社会比较过程对个体基本心理需要的满足，对于社会比较与内在动机研究都做出了重要拓展延伸。应用前景方面，为管理激励实践提供了全新的视角：管理者可以从工作氛围的营造、参照对象的选择、自主行为的支持三个方面出发，对员工的社会比较行为进行科学引导，从而充分激发其内在动机。

（一）研究背景

随着知识经济的迅猛发展，人力资本已经成为企业在激烈的市场竞争中的一项核心的竞争力，而人力资本的流失也逐渐成为困扰企业的难题。全球性管理咨询公司 Hay Group 的调查数据显示，未来几年间全球范围内企业员工的平均离职率可能会达到23%。假设一家企业有2000名员工，每年这将造成高达1500万元的人力成本。除此之外，过高的离职率也会打击在职员工的士气，降低员工的工作效率，从而对企业产生严重负面影响。造成离职率居高不下的原因有很多，其中重要的一点是当今企业员工内在激励的不足。正如美国著名食品公司 General Mill 前总裁 Frank 所说："你可以买到一个人的时间，你可以雇用一个人到指定的岗位工作，你甚至可以买到按时或按日计划的技术操作，但是你买不到热情、买不到主观能动性、买不到全身心的投入，而你又不得不设法去争取这些。"这段话形象地道出了工作场所中内在激励的重要性。遗憾的是，在管理者过于关注物质奖励、忽视员工内心诉求的今天，人们已经习惯于将工作单纯视为获取报酬的方式，对于工作内容本身缺少认同感和兴趣，难以从中获得成就感和自我满足。因此，假如其他公司开出更高薪酬，他们很可能会选择离职。这一残酷现实提醒管理者对员工内在动机的激发产生应有的重视。

社会比较是一种普遍存在的社会心理现象，在人类的相互作用过程中是不可避免的，对于组织中的人来说也不例外。然而，无论是管理学界还是业界，在研究内在工作动机时，似乎都习惯于把员工视为孤立的个体，未能充分关注到社会比较可能发挥的激励作用。2014 年，美国著名财经杂志 Forbes（《福布斯》）上发表了题为"The most powerful workplace motivator"（工作场所中最强大的激励手段）的报道，引发了全球读者的广泛关注。在这篇文章中，哈佛商学院助理教授 Ian Larkin 指出，工作场所中最强大的激励手段并不是薪酬，而是合理利用人们将自身工作绩效与他人进行比较的自然倾向。通过现场实验，Ian 发现社会比较会影响人们对于自身工作绩效的评价，人们会为了与同事的社会比较而主动放弃可观的物质报酬；此外，社会比较还决定了人们会在工作的过程中付出多少努力（Edelman & Larkin, 2014）。

动机问题的经典理论自我决定理论认为人们普遍具有自主、胜任等基本心理需要，而内在动机是满足个体的基本心理需要、诱发并且维持个体行为的驱动力（Ryan & Deci, 2000）。尽管社会比较和内在动机都是心理学和管理学的重要研究对象，目前较少有研究直接建立起二者之间的联系。对于社会比较究竟会激发还是削弱个体的内在动机，现有研究尚未获得一致的结论（Brickman & Bulman, 1977; Deci et al., 1981; Elliot & Harackiewicz, 1994; Tripathi, 1992; Vallerand et al., 1986; Wills, 1981）。为调和两派观点，有学者对该问题进行了进一步探索，指出社会比较环境的压迫性、个体在社会比较过程中的自我效能等因素对于社会比较对个体内在动机的影响起到了调节作用（Frederick-Recascino & Schuster-Smith, 2003; Reeve & Deci, 1996; Song et al., 2013）。遗憾的是，现有的研究还不成体系、不够系统。

受到自我决定理论的观点启发，通过对现有的研究结论进行梳理，本书作者认为社会比较能否起到激发个体内在动机的作用，取决于社会比较的过程能否满足个体的基本心理需要。假如企业的管理者从满足人们基本心理需要的角度出发、对社会比较机制进行合理的设计，可以充分调动人们的内在动机，成为它的助推器；反之，如果管理者没能对员工的社会比较行为进行科学的引导与管理，社会比较则很可能会成为内在工作动机的绊脚石。

后续研究以自我决定理论为基础，将社会比较行为引入内在工作动机问题研究，建立起二者之间的直接联系，研究社会比较能起到激励作用的前提条件，特别关注社会比较的过程对于个体基本心理需要的满足。具体的，综合应用实验法和案例研究法，探究社会比较环境的竞争性、对象的匹配性、行为的自主性对个体内在动机的影响。值得说明的是，正如全球著名行为经济学家 Colin Camerer 指出的那样，由于众多客观原因，内在动机水平的强弱往往很难被量化。认知神经科学的不断发展让我们通过神经科学指标实时、相对客观地测量个体的内在动机成为可能，因而有机会进一步推动内在动机问题研究进展（Camerer, 2010）。本书作者在自身前期研究成果基础上（Ma et al., 2014; Ma et al., 2017; Meng & Ma, 2015; Meng et al., 2016），将继续采用事件相关电位技术（Event-related potential, ERP），通过脑电指标测量个体的内在动机水平。具体的，后续研究致力于解答以下研究问题：

（1）应当如何营造工作氛围？社会比较环境的竞争性对内在动机的影响。

（2）应当如何选择参照对象？社会比较对象的匹配性对内在动机的影响。

（3）如何管理社会比较行为？社会比较行为的自主性对内在动机的影响。

（4）在管理实践中如何对员工的社会比较行为进行引导，从而充分激发其内在动机？

（二）科学意义与应用前景

后续研究以动机问题经典的自我决定理论为理论基础，关注社会比较过程中的个体基本心理需要满足；从工作氛围的营造、参照对象的选择、自主行为的支持三个方面出发，分别研究社会比较环境的竞争性、对象的匹配性、行为的自主性对个体内在动机的影响。在个体内在动机水平的测量上，后续研究采用认知神经科学领域的事件相关电位技术。后续研究在管理学和认知神经科学交叉融合的前沿领域开展，兼具重要的科学意义和应用前景。

1. 科学意义

首先，后续研究将个体的社会比较行为引入内在动机问题的研究、直接建立起二者之间的联系，对于当前的社会比较和内在动机问题研究都进行了一定拓展延伸。内在动机问题的研究对象不再是孤立的个体，而是与所处环境以及环境中的其他个体进行社会互动；更重要的是，从自我决定理论出发，重点关注社会比较过程中个体基本心理需要的满足，深入探究个体的社会比较行为与其内在动机水平之间的复杂关系，对于前人不一致的相关研究结论给出合理的解释，进行体系化的梳理。

此外，后续研究是管理学与认知神经科学的交叉融合，通过认知神经科学的指标实时、更加客观地测度个体在社会互动过程中的内在动机水平，可以在一定程度上克服传统测量方法的不足，对于自我报告、自由选择两种目前的主流测量方法是有机补充。引入认知神经科学技术手段，有机会拓展内在动机问题的研究疆域，探究之前通过传统方法难以研究的问题。

2. 应用前景

如何有效地进行管理激励一直是困扰企业管理者的一项难题。在当前的管理实践中，管理者更多通过给予物质报酬的方式激励员工，缺少对员工内在工作动机的关注，没能充分考虑员工进行社会比较过程中的基本心理需要的满足。后续研究为企业的管理实践提供了全新的视角，让管理者意识到员工的社会比较行为能够为其所用：如果对员工的社会比较行为进行科学的引导与管理，通过社会比较过程满足其基本心理需要，它可以成为一把"利器"，充分调动员工的内在动机。后续研究的研究内容四是一项案例研究，将前面三项实验研究的结论应用于管理实践。因此，后续研究亦将为企业的管理激励实践提供指导。

（三）国内外研究现状评述

后续研究建立在以下几方面研究文献的基础上。

1. 自我决定理论：基本心理需要的满足与内在动机的激发

自我决定理论是美国著名心理学家 Edward Deci 和 Richard Ryan 在 20 世纪 80 年代正式提出的，目前已经成为最具学术影响力的主流动机理论之一。Deci 和 Ryan 认为，人类存在普适性、与生俱来的基本心理需要，它们不是通过后天习得的。通过对一系列实证研究中涉及的外部环境因素进行检验，他们甄别出自主、胜任和归属三种基本的心理需要（Ryan & Deci, 2017）。

自我决定理论关注的焦点是内在动机，试图对不同的社会环境因素对内在动机的影响做出解释。Deci 认为外部因素对内在动机的影响是通过个体对这一因素的认知评价实现的：当个体在外部因素中感受到自我决定和胜任感时，会表现出更强的内在动机（Deci & Ryan, 1975）。根据外部因素的特性，Deci 将其划分为信息性、控制性和去动机性三类。不同的外部因素，会对个体的自我决定和胜任感产生不同的影响，进而进一步影响个体内在动机。信息性的事件，比如任务完成情况的反馈信息可以帮助个体形成胜任感，从而激发内在动机。相反，控制性的事件（如来自上级的指令迫使个体按照特定的方式从事一项活动），会让个体感觉自己的行为是在别人的控制之下完成的；这种信息增强了个体对外部因果关系的知觉，削弱个体的自我决定感，从而降低个体的内在动机水平。研究者针对控制性外部因素进行了大量实证研究，结果显示，对个体犯错或者绩效不佳做出惩罚性的威胁、为任务规定严苛的期限或者为个体设置强制性的目标都会明显削弱其内在动机（Amoura et al., 2015; Fulton et al., 2013; Reeve, 2012）。第三种外界因素是去动机性的，这类因素可能会削弱个体的胜任感，从而降低其内在动机水平，这类因素的典型例子是来自他人的贬低性评价。

小结：根据自我决定理论，内在动机是满足个体基本心理需要、诱发并且维持个体行为的驱动力。该理论认为人们普遍具有自主、胜任等基本的心理需要，而外界因素对内在动机的影响是通过个体对这一因素的认知评价实现的：如果个体在外部因素中感受到自我决定感和胜任感，则会表现出更强的内在动机。自我决定理论为后续研究的开展奠定了坚实的理论基础。

2. 自我决定理论在管理领域的研究进展

自我决定理论认为，个体基本心理需要获得满足的程度，将对个体的幸福感和内在动机产生重要影响。放在组织的情景中，Barrad 等学者的研究结果显示，员工基本心理需要获得满足的程度，可以很好地预测他们的工作满意度和工作绩效（Baard et al., 2004）。2005 年，Marylène Gagné 与自我决定理论的联合创始人 Edward Deci 在组织行为学领域的顶尖期刊 *Journal of Organizational Behavior* 上共同发表了 "Self-determination theory and work motivation" 一文，标志着自我决定理论正式进入管理学的研究视野（Gagné & Deci, 2005）。目前这篇文章已经被引用超过 2.6 万次，对于工作动机研究产生了深远影响。具体的，管理学家关注的焦点是如何有效激发员工在工作中的积极性和主动性，已经在组织环境对员工的自主支持、管理者的管理风格、工作满意度、组织承诺和工作绩效等方面形成了一系列研究成果（Gagné，2014；刘靖东，钟伯光，姒刚彦，2013）。

小结：自我决定理论自进入管理学研究者的视野以来，已经对管理学界的工作动机研究产生了重要而深远的影响。在已有研究基础上，学者们提出工作动机的自我决定理论模型，总结了员工内在工作动机的影响因素以及内在工作动机的结果变量（Gagné & Deci，2005）。然而，需要指出的是，管理学领域应用自我决定理论的绝大多数研究都是基于问卷调查进行的，较少对研究问题进行高度抽象、在受控的实验情景中开展研究，这为后续研究的开展指明了方向。

3. 社会比较与工作动机的相关研究进展

尽管目前还没有形成明确的定义，社会心理学家认为，社会互动反映了人与人之间相互的刺激和响应的过程，而社会比较恰恰是社会互动中最普遍而重要的社会心理现象之一（Festinger，1954）。人们倾向于在比较性的社会环境中而不单单依据纯粹客观标准对自身进行界定，这一有趣的心理现象被 Festinger 定义为社会比较（Festinger，1954）。在现实的工作、生活中，为了更好地定义自身的社会特征（如能力），人们往往会与周围的其他人进行比较，这一过程包含认知、情感和行为等不同的成分（Suls & Wheeler，2000）。自社会比较的概念提出以来，该领域的研究已经经历了60多年的发展历程，涌现出一系列的研究成果。从研究内容的范围来看，与人类的自我相关的各方面，包括学业成绩、身体健康状况，都已经纳入了社会比较的研究范畴（Suls & Wheeler，2011）。

近年来，管理学家在组织的不同研究领域开始关注社会比较，从组织公平感、绩效评估、情感性工作行为到领导力研究（Greenberg，2007），其中与工作动机问题有关的是组织公平感和情感性工作行为。组织公平感方面，学者们发现企业员工在评判自己是否受到了不公正的对待时，也会考虑其他员工受到了怎样的对待。具体的，社会比较对分配公平感（Kobussen et al.，2014；Seta et al.，2006；贺伟，龙立荣，2011）、程序公平感（Colquitt et al.，2005；Searle et al.，2011）和互动公平感（Chen et al.，2013；Greenberg，2007）都会产生重要影响。从社会比较对分配公平感的影响出发，美国著名心理学家亚当斯提出的公平理论（Equity Theory）中明确涉及社会比较对员工外在工作动机的影响。他指出，员工获得激励的程度源自对自身和参照对象付出投入和获取报酬的比例的主观比较感觉（Adams，1965）。近年发表的一篇神经经济学论文第一次为公平理论提供了来自认知神经科学的证据，该研究为人们在付出不同程度的工作努力、对工作做出不同程度的贡献时，大脑如何对于收入分配进行认知加工提供了第一手的证据，证明了个人的贡献程度确实会影响对分配公平的感知（Cappelen et al.，2014）。在情感性工作行为方面，有研究显示下行的社会比较会为雇员带来正性的情感体验，而上行的社会比较会带来负性的情感体验（Smith，2000；Buunk & Gibbons，2007）。尽管情感体验与个体的工作动机有着密切的联系，遗憾的是，目前相关研究没能落脚到工作动机上。

尽管哈佛商学院助理教授 Ian Larkin 在著名财经期刊 *Forbes*（《福布斯》）上明确提出，工作场所中最强大的激励手段不是薪酬，而是有效利用人们将自身的工作绩效与他人进行比较的自然倾向；与社会比较对于外在工作动机影响的大量研究相比，即使将视角从管理学的组织研究拓宽至整个管理学、心理学领域，只有为数不多的几项研究探讨了社会比较对于个体内在动机的影响，目前的研究还不成体系。现有的有限研究显示，在特定情境下，社会比较可能具备激励作用；换言之，提供有关他人的任务完成情况的社会比较信息，可以增强个体完成一项任务的内在动机（Brickman and Bulman，1977；Elliot & Harackiewicz，1994；Wills，1981）。也有研究得出相反的结论，例如有学者指出，竞争性的社会比较反而会削弱个体的内在动机（Deci et al.，1981；Tripathi，1992；Vallerand et al.，1986）。为了调和两派看似矛盾的观点，有学者对这一问题进行了更为深入的探索，指出社会比较环境的压迫性、个体在社会比较过程中的自我效能等因素对于社会比较对个体内在动机的影响起到了调节的作用（Frederick-Recascino & Schuster-Smith，2003；Reeve & Deci，1996；Song et al.，2013）。

通过对现有研究结论进行梳理，本书作者发现社会比较能否起到激发个体内在动机的作用，取决于社会比较过程能否满足个体的基本心理需要。在非竞争性、非压迫性的社会比较环境中，个体的自我决定感得到了更好的满足；在与自身能力水平相当的人进行社会比较时，个体的胜任感得到了更好的满足；这两种情况下，社会比较都对个体的内在动机起到了促进作用。从管理者的角度看，将社会比较作为一种管理的手段，对于工作场所中员工的社会比较行为进行科学的引导和管理，可能会起到意想不到的激励效果。尽管已有少量的研究关注到不同因素的调节作用，现有的研究还不够系统，也没有直接落脚到社会比较过程对个体基本心理需要的满足上，这为后续研究指明了方向。

小结：社会比较是社会互动中最普遍而重要的社会心理现象之一。工作场所中，企业的雇员之间也在进行多种形式的社会互动，因此社会比较也引发了管理学家的研究兴趣。通过对现有研究进行梳理，作者发现相比社会比较对于个体外在动机影响的大量研究，社会比较对于个体内在动机的影响还没有引发管理学研究者的足够重视，目前的研究还不成体系，这将成为后续研究的立足点和突破口。在现有研究基础上，作者提出社会比较能否起到激发个体内在动机的作用，取决于社会比较的过程能否满足个体的基本心理需要。

4. 内在动机的认知神经科学研究进展

近年来，伴随着认知神经科学的不断发展，逐渐有学者尝试应用神经科学技术手段研究内在动机。国际范围内第一项探究个体内在动机的认知神经科学研究由日本学者 Murayama 等在 2010 年发表于顶尖期刊《美国科学院院报》。著名行为经济学家 Colin Camerer 随后撰文对该研究做出了高度评价。他指出，该研究为动机水平的定量化测量提供了很好的视角，此外，把学者们的注意力引入内在动机这一在经管领域非常重要、对于实践具有重要指导意义的选题（Camerer, 2010）。

Murayama 等人的研究发表后，有其他几组学者跟进了这一研究选题（Albrecht et al., 2014; DePasque & Tricomi, 2015; Marsden et al., 2015）。Albrecht 等人通过 fMRI 技术研究了口头鼓励对于个体内在动机的影响。结果显示，口头鼓励可以增强个体的内在动机水平，反映为口头鼓励会增强纹状体在反馈结果加工环节的激活程度。有趣的是，口头鼓励起到的作用是深远、可持续的，不再给予口头鼓励后这种效应依然存在（Albrecht et al., 2014）。DePasque 等人也应用 fMRI 技术研究内在动机问题，其研究成果进一步说明反馈结果加工阶段中纹状体的激活程度可以客观地表征个体的内在动机水平（DePasque & Tricomi, 2015）。

小结：2010 年，国际范围内第一项探究个体内在动机的神经科学研究发表于顶尖期刊《美国科学院院报》。该研究为内在动机问题的研究打开了新的思路，提供了新的研究视角。此后的短短几年时间，学者们应用

fMRI、ERP等技术手段找到了个体内在动机水平在认知神经科学层面上的更多表征，并涌现出一系列对于学术研究和实践应用具有重要启迪的研究成果，这其中包括本书作者从自我决定理论出发进行的一系列学术探索。在这一系列研究的基础上，后续研究将社会互动的情景引入内在动机问题的研究，探究社会比较行为对于个体内在动机的影响。

5. 研究现状评述

文献综述环节，作者首先介绍了内在动机问题研究的一项主流理论——自我决定理论，指出在工作和生活中自主、胜任等基本心理需要获得满足的程度决定个体的内在动机水平。接下来，作者回顾了自我决定理论进入管理学研究视野以来的研究进展。通过梳理社会比较与工作动机的相关研究，作者发现社会比较行为对于个体内在动机的影响还没有引发管理学者的足够重视，目前的研究还不成体系。最后作者介绍了认知神经科学在内在动机研究中的应用以及最新研究进展。上述几部分的文献为研究社会比较行为与个体内在动机之间的复杂关系奠定了坚实的基础，对于后续研究的开展具有重要的借鉴和参考价值。然而，需要指出的是，目前的研究在以下方面还有待完善和继续深化。

首先，内在动机的概念从心理学引入管理学领域以来，受到了广泛的关注。作为内在动机问题的主流理论，自我决定理论自进入管理学的研究视野以来，已经对管理学界的工作动机研究产生了重要而深远的影响。然而，现阶段应用自我决定理论的大多数管理学研究是基于问卷调查进行的，较少对研究问题进行高度抽象、在受控的实验室情景中开展研究。因此，后续研究将继续从自我决定理论出发，开展实验研究。

其次，社会比较是社会互动中最普遍而重要的社会心理现象之一。工作场所中，企业雇员之间也在进行多种形式的社会互动，因此，社会比较也引发了管理学家的研究兴趣。通过对现有研究进行梳理，作者发现社会比较行为对于个体内在动机的影响还没有引发管理学研究者的足够重视，现有的几项研究结论尚存在不一致之处。基于自我决定理论，作者提出，社会比较过程能否起到激发个体内在动机的作用，取决于它能否满足个体的基本心理需要。

最后，最近几年间，学界涌现出了一系列内在动机问题的认知神经科学研究成果。然而，它们大多把完成一项任务的人置于孤立的环境中、不与其他的活动参与者进行互动。社会互动情景的引入可能对互动参与者的认知加工过程产生重要影响，现有的可以较好地测度个体内在动机水平的神经科学指标，在社会互动情景中的适用性还需进一步检验。后续研究将应用认知神经科学的方法开展研究，在包含社会互动的情景中，进一步探索可以实时、客观测度互动参与者的内在动机水平的脑电指标，同时深入探究个体的社会比较行为对其内在动机水平的影响。

在以上文献基础上，后续研究将社会比较行为引入内在工作动机问题研究，重点关注社会比较过程中个体基本心理需要的满足；综合应用实验法和案例研究法，从工作氛围的营造、参照对象的选择、自主行为的支持三个方面分别探究社会比较环境的竞争性、对象的匹配性、行为的自主性对个体内在动机的影响，并致力于解答以下的研究问题：应当如何营造社会比较氛围？在社会比较中如何选择参照对象？如何管理个体的社会比较行为？如何在管理实践中对员工的社会比较行为进行合理的引导，从而充分激发其内在工作动机？

二 研究设计

（一）研究目标

在工作场所中，人们有将自身工作绩效与他人进行比较的自然倾向。如何合理利用这一倾向，通过社会比较行为满足人们的基本心理需要，从而增强其内在工作动机，是管理心理学领域有待深入研究的重要问题。相比基于公平理论的社会比较对于个体外在动机影响的大量研究，社会比较对于内在工作动机的影响还没有引发管理学者的足够重视：为数不多的几项研究还不成体系，结论也存在不一致之处。后续研究拟建立社会比较行为与内在动机间的直接联系，综合应用行为学、认知神经科学实验法和案例研究法，从工作氛围的营造、参照对象的选择、自主行为的支持三个方面出发，探究社会比较环境的竞争性、对象的匹配性、行为的自主性对个体内在工作动机的影响。后续研究亦将为管理激励的实践提供对策和建议。具体的，对后续研究的研究目标界定如表7.1所示。

表 7.1　　　　　　　　　后续研究的目标界定

研究维度	目　标　界　定
研究对象	内在动机
研究内容	社会比较对个体内在动机水平的影响
研究视角	管理心理学、认知神经科学
研究手段	行为实验、认知神经科学实验、案例研究
研究逻辑	研究逻辑链条（如图 7.1 所示）
研究问题	1. 应如何营造工作氛围？社会比较环境的竞争性对内在工作动机的影响 2. 应如何选择参照对象？社会比较对象的匹配性对内在工作动机的影响 3. 如何管理社会比较行为？社会比较行为的自主性对内在工作动机的影响 4. 管理实践中应如何引导社会比较行为，从而充分激发内在工作动机

资料来源：本书作者整理。

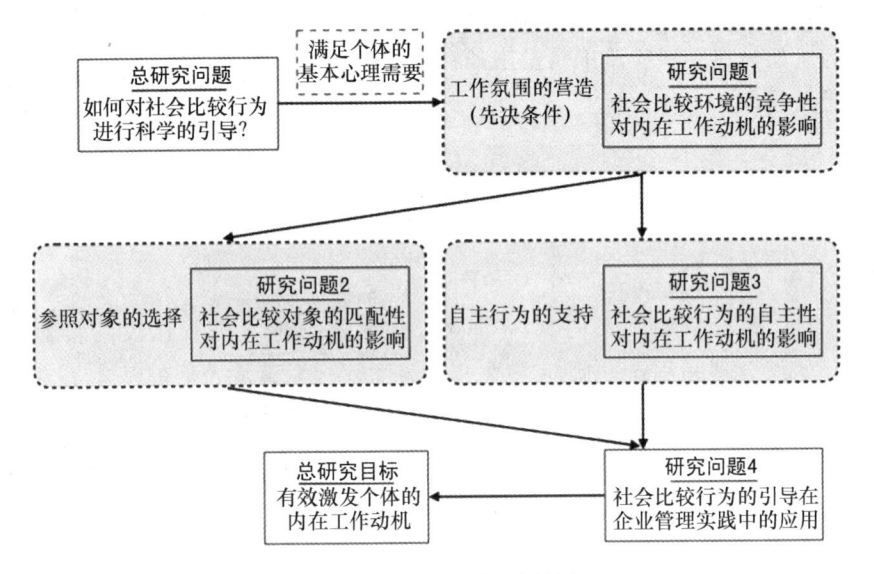

图 7.1　后续研究的逻辑链条

资料来源：本书作者整理。

（二）研究内容

后续研究由四项研究内容构成，总体的内容框架如图 7.2 所示。

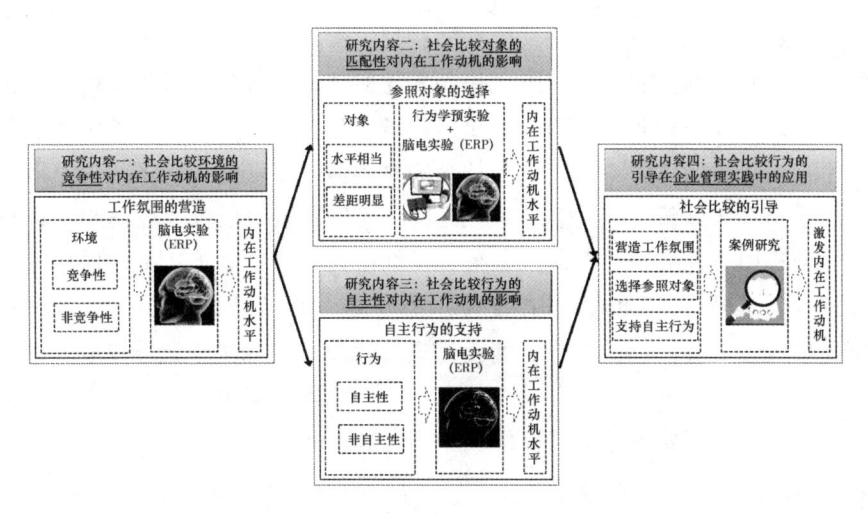

第七章 研究展望：社会比较视角下的内在动机研究　　203

图 7.2　后续研究的内容框架

资料来源：本书作者整理。

1. 工作氛围的营造：社会比较环境的竞争性对内在工作动机的影响

研究目标：现实的工作场景中，企业员工有时会处于竞争性的社会比较环境中。例如，很多单位在年终总结时会根据员工的业绩评定先进个人，但先进的指标有限。尽管竞争性的社会比较会增强个体的外在工作动机，根据自我决定理论，作者预测竞争环境会降低个体的自我决定感，从而削弱个体的内在动机；相反，非竞争性的社会比较是一种信息性的事件，让个体更好地了解自身水平和任务表现，可以帮助个体更好地建立胜任感，从而会增强个体的内在动机。研究内容一中，作者从工作氛围的营造出发，研究环境的竞争性对内在动机的影响。

研究设计：后续研究拟采用估算时间（Time Estimation）作为基本的实验任务。任务要求实验参与者在不借助任何外部工具的情况下尽可能准确地估算 3 秒长的时间区间。为了引入社会比较机制，后续研究将经典的估算时间任务改编为双人联机版本：存在社会比较的情况下，两名实验参与者各自独立完成时间估算后，屏幕上将呈现双方的任务完成情况。实验划分为 3 个组别，包括 2 个实验组和 1 个控制组，3 个组别的被试在实验的三个阶段分别完成不同类型的实验任务。具体的，实验组 1 的被试在第二阶段完成竞争性双人联机估算时间任务：任务设置胜利者、双方存在直接的竞争关系，除了估算的时间落入规定的成功区间内，任务参与者估算的时长还需要比对方更精确才能获胜；反馈阶段，将呈现双方的任务完成情况、本轮胜利归属以及双方截止到本轮的累计得分。实验组 2 的被试在第二阶段完成非竞争性的双人联机估算时间任务：任务不设置胜利者、双方不存在直接的竞争关系，只要估算的时间落入规定的成功区间内，即认定为成功。实验组 1、实验组 2 的被试在其他实验阶段以及控制组被试在实验全程中单独完成估算时间任务，反馈阶段只反馈本人在本轮的任务完成情况。实验全过程中，作者将通过 Neuroscan 64 导脑电设备记录被试的脑电信号。需要说明的是，在实验正式开始前，主持实验者告知全体被试实验分为三个阶段，但并不一次性介绍每一阶段的实验内容，具体的实验内容在每阶段开始前才进行介绍。

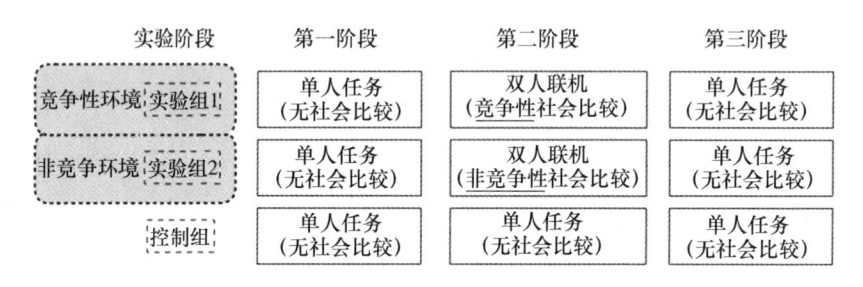

实验阶段	第一阶段	第二阶段	第三阶段
竞争性环境 实验组1	单人任务（无社会比较）	双人联机（竞争性社会比较）	单人任务（无社会比较）
非竞争环境 实验组2	单人任务（无社会比较）	双人联机（非竞争性社会比较）	单人任务（无社会比较）
控制组	单人任务（无社会比较）	单人任务（无社会比较）	单人任务（无社会比较）

图 7.3　研究内容一的实验设计

资料来源：本书作者整理。

具体实验流程如图 7.4 所示：①屏幕上呈现"＋"号，提示被试估算时间任务即将开始；②屏幕上出现任务图标，提醒被试应当立即开始估算时间；③被试认为距离任务图标出现的时间点已经过了 3 秒，按键确认；④（无社会比较）被试按键后，经过短暂等待，屏幕上将呈现其本轮的任务表现；（竞争性的社会比较）两名实验参与者均完成按键后，屏幕上呈现双方在本轮的任务完成情况、本轮胜利的归属以及双方截止到本轮的累计得分；（非竞争性社会比较）两名实验参与者均完成按键后，屏幕上呈现双方在本轮的任务完成情况，不涉及输赢。

数据处理：前人的大量研究结果显示，对于同一项工作任务，不同个体的内在动机水平各有差异。为探究竞争性/非竞争性社会比较的引入对于个体内在动机的影响，有必要在社会比较引入前、引入后，分别测量个体的内在动机水平。研究内容一中，作者在实验的第一阶段测量了三组被

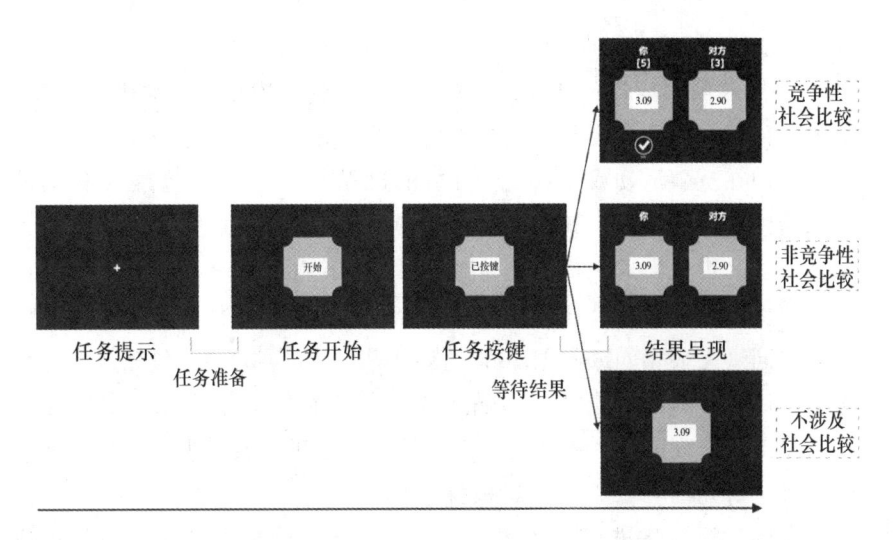

图 7.4 竞争性、非竞争性社会比较、无社会比较的实验流程

资料来源：本书作者整理。

试对于估算时间任务的初始内在动机水平，作为基线；此外，在实验第三阶段再次测量了三组被试的内在动机水平。第三阶段减去第一阶段的内在动机水平，反映了内在动机水平的改变。由于人们的内在动机存在自然的衰退过程（对任务逐渐熟悉、新鲜感逐渐消失），预计控制组被试的内在动机会略有衰退。根据自我决定理论，作者预测非竞争性社会比较的引入会增强内在动机、抵消内在动机的自然衰退，反映为内在动机的改变是正向的；相反，竞争性社会比较的引入会在内在动机的自然衰退基础上进一步削弱个体的内在动机，反映为内在动机的改变相比控制组更为负性。

作者在本书第五章中提出了"动机过程的认知加工模型"，将个体完成一项任务的过程划分为情景线索加工、任务启动准备、任务绩效监控、反馈结果期待以及反馈结果加工五个阶段，并且通过相应的脑电指标测度了个体的内在动机水平（Ma et al., 2014; Ma et al., 2017; Meng & Ma, 2015; Meng et al., 2016）。一系列相关研究显示，五个阶段中的错误相关负波（Error-related Negativity, ERN）、刺激前负波（Stimulus-preceding Negativity, SPN）以及反馈相关负波（Feedback-related Negativity, FRN）等脑电成分的波幅均与个体动机水平密切相关；在不涉及物质奖励的情况下，它们可以良好地表征个体在任务执行过程中的内在动机水平。在研究内容一的数据处理阶段，作者将通过 SPN 等脑电成分的波幅测量个体的内在动机。

2. 参照对象的选择：社会比较对象的匹配性对内在工作动机的影响

研究目标：自我决定理论认为胜任感的满足可以有效激发个体的内在动机：人们在从事活动或完成工作任务的过程中，如果遇到在自身能力范围内的恰到好处的挑战，其内在动机水平将达到峰值。社会比较信息传达了来自他人的挑战，这一机制会对个体胜任感产生重要影响；然而，从社会比较角度出发、针对胜任感的实验研究还较少见。工作场景中，可能出现同部门同事完成相同或类似工作任务的情形；同事间的工作完成情况相互透明，往往伴随着社会比较。由于不同员工在能力水平上可能存在差异，基于工作表现的社会比较将影响个体胜任心理需要满足，从而影响其内在动机。研究内容二中，作者根据个体的能力水平（估算时间任务中的初始表现）对被试进行分类和配对，将被试划分为水平相当和差距明显的组别，进而研究社会比较对象的匹配性对个体内在动机的影响。

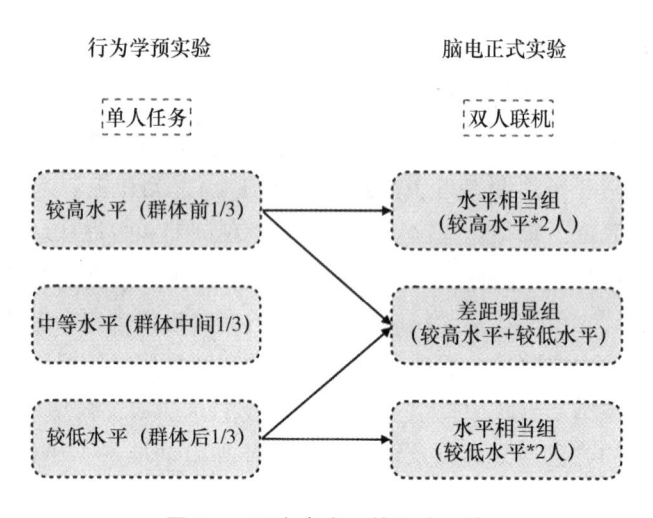

图 7.5 研究内容二的实验设计

资料来源：本书作者整理。

研究设计：研究内容二将继续采用双人联机的估算时间实验任务，招募陌生被试参加实验。研究内容一中，作者预测竞争性的社会比较将会削弱个体的内在动机。因此，研究内容二、研究内容三均采用非竞争性社会比较。脑电实验开始前，实验者将大规模招募被试参与行为预实验，完成单人版的估算时间任务。根据被试在整个被试群体中的相对任务表现，将被试划分为较高水平（任务表现在群体的前1/3）、中等水平以及较低水平（任务表现在群体的后1/3）三类。正式脑电实验中，从参与预实验的被试中挑选被试，形成以下三种组合：水平相当的较高水平组（较高+较高水平被试）、水平相当的较低水平组（较低+较低水平被试）、差距明显组（较高+较低水平被试）。脑电实验采用的实验任务和流程与研究内容一中非竞争性社会比较完全一致。实验全过程中，将通过 Neuroscan 64 导脑电设备记录被试的脑电信号。

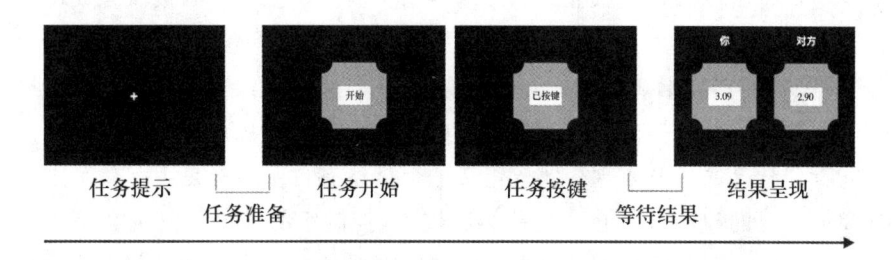

图 7.6 研究内容二的实验流程

资料来源：本书作者整理。

数据处理：数据处理阶段，将通过 SPN、FRN 等脑电成分的波幅表征个体内在动机。具体到研究内容二，分别分析较高水平、较低水平被试在与水平相当、差距明显参与者配对时的内在动机水平差异。根据自我决定理论，社会比较中获取的信息将帮助个体建立胜任感，两名参与者水平相当时，二者的胜任需要会获得较高程度的满足；参与者水平差距明显时，较高和较低水平参与者的胜任需要都不能获得充分满足——大幅落后削弱了较低水平一方的胜任感，大幅领先也不能充分满足较高水平一方的胜任感。由于胜任感直接影响个体内在动机，作者预测：任务参与者的社会比较对象是水平相当的参与者时，二者的内在动机较强；如果参照对象与个人能力差距明显，进行社会比较会降低二者的内在动机。

3. 自主行为的支持：社会比较行为的自主性对内在工作动机的影响

研究目标：自我决定理论认为，尽管影响个体内在动机的因素多种多样，但自主性是最基本的条件。尽管有大量研究探讨了自主支持的环境对个体内在动机的积极作用，通过文献检索本书作者发现，社会比较行为的自主性尚未引起广泛的学术关注。在工作场景中,有时企业员工会为了更好地满足自身的胜任感而主动进行社会比较,有时则被动接收社会比较信息,两种情况下个体的自我决定感存在显著差异。研究内容三中,我们从对自主性社会比较行为支持的角度出发,研究社会比较行为的自主性对于内在动机的影响。

研究设计:本研究继续采用估算时间任务,招募符合实验基本要求的被试参与脑电实验。为深入探究社会比较行为的自主性对内在动机的影响,本研究设置2个实验组和1个控制组,实验组1和实验组2的被试结对参与实验,控制组被试在组内结对参与实验。实验组1的被试完成每轮估算时间任务后,可以根据自身意愿自由选择是否查看另一名参与者(与其配对的实验组2被试)的任务表现(自主的社会比较);如果选择查看,双方的任务表现将同时呈现给配对的被试;如果选择不查看,双方仅能看到自己的任务表现。实验组2的被试没有自主选择是否查看对方任务完成情况的权利(非自主的社会比较);控制组的被试尽管也在组内结对参与实验,实际上完成的是单人版估算实验任务,实验全过程中只能获得包含自身任务完成情况的反馈结果,没有机会了解对方的任务表现。值得说明的是,为避免因实验中的地位不对等对被试心理产生微妙的影响,实验组1的被试不了解只有他们有权查看双方的任务完成情况,实验组2的被试则不了解是否反馈双方的任务完成情况是源自实验组1被试的选择。

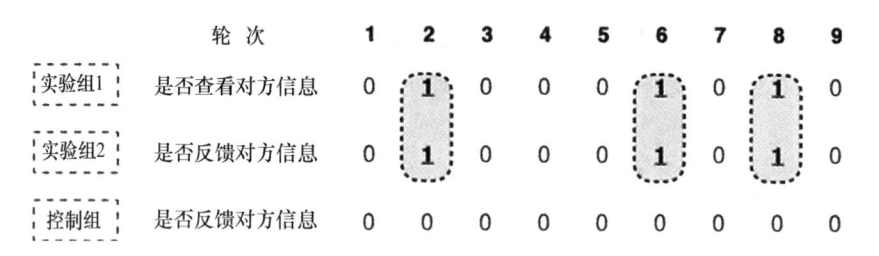

轮次	1	2	3	4	5	6	7	8	9
实验组1 是否查看对方信息	0	1	0	0	0	1	0	1	0
实验组2 是否反馈对方信息	0	1	0	0	0	1	0	1	0
控制组 是否反馈对方信息	0	0	0	0	0	0	0	0	0

图 7.7 研究内容三的实验设计(示例:1代表反馈双方的任务完成情况)

资料来源:本书作者整理。

具体的实验流程如图 7.8 所示:①屏幕上呈现"+"号,提示被试估算时间任务即将开始;②屏幕上出现任务图标,提醒被试应立即开始估算时间;③被试认为距离任务图标出现的时间点接近 3 秒时,按键确认;

④"是否查看对方的任务完成情况?"的提示出现在屏幕上,实验组1的被试根据自身的意愿自由选择;"即将反馈双方的任务完成情况?"字样出现在屏幕上,实验组2的被试等待对方做出选择;⑤如果实验组1被试选择"是",双方在本轮中的任务完成情况将呈现在屏幕上;如果选择"否",仅呈现各自在本轮中的任务表现。相比2个实验组,控制组完成的是单人版估算时间任务,实验流程此前已经介绍过,在此不再赘述。实验全过程中,将通过Neuroscan 64导脑电设备记录被试的脑电信号。

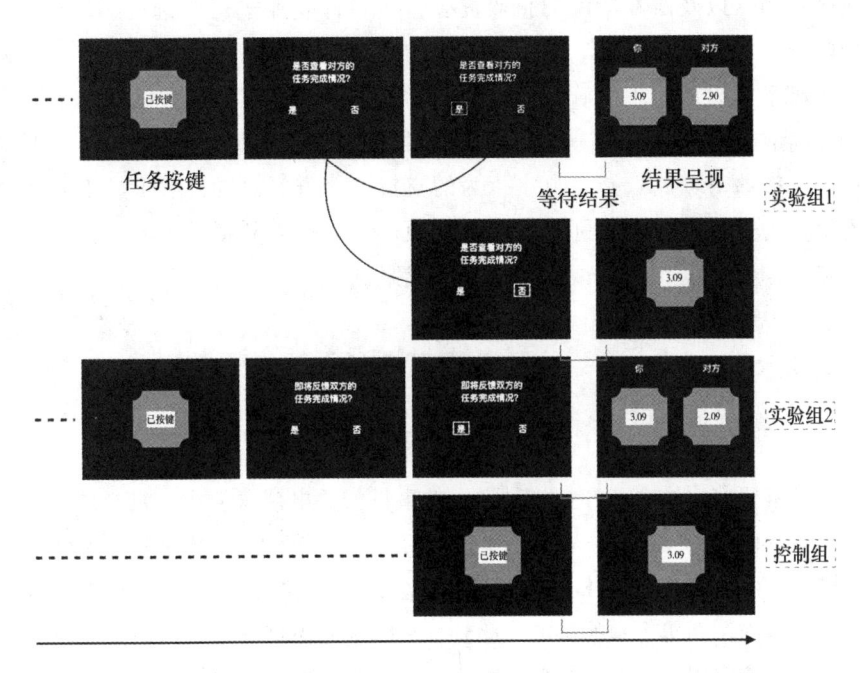

图7.8 研究内容三的实验流程（示意图，仅示意流程的核心阶段）
资料来源：本书作者整理。

数据处理：数据处理阶段，我们将通过SPN等脑电成分的波幅表征个体内在动机。研究内容三中，我们将比较个体在三种不同实验条件下（自主性社会比较、非自主性社会比较、无社会比较）的内在动机水平是否存在差异。我们预期，相比非自主性社会比较、无社会比较，个体在自主性社会比较情况下的内在动机水平最高。

4. 社会比较行为的引导在企业管理实践中的应用

研究目标：在前三项基础理论研究中，作者在受控的实验室情景中，从工作氛围的营造、参照对象的选择、自主行为的支持三个角度出发，分别研究了社会比较环境的竞争性、对象的匹配性、行为的自主性对于个体内在动机的影响。不同于其他基础学科，管理学研究是以应用为导向的。因此，研究成果最终要在管理实践中发挥出效果，才能充分体现出它的价值。研究内容四将通过一项案例研究，将前三项研究的成果应用于企业的管理激励实践。

研究思路：研究内容四的目标单位是中小型知识型企业。整合作者所在研究团队以及所在学院的企业资源，对目标企业进行筛选，形成包含5个单位左右的初步列表。对于列表中的单位进行现场调研，初步了解目标企业对于知识型员工的管理模式、激励手段以及员工的内在动机水平。选择目前改进空间最大的一家企业作为案例研究的试点单位，从工作氛围的营造、参照对象的选择、自主行为的支持三个方面出发，对于员工的社会比较行为进行引导。分别在试点前后通过经典量表测度员工的内在动机水平和工作满意度，判断试点效果、形成案例。

三　研究方案

（一）研究方法

后续研究将结合认知神经科学中的事件相关电位（脑电）实验（Event-related potential, ERP），从工作氛围的营造、参照对象的选择、自主行为的支持三方面出发，探究社会比较环境的竞争性、对象的匹配性、行为的自主性对个体内在动机水平的影响。此外，后续研究还将应用案例研究法，将实验研究结论应用于企业的管理激励实践，对个体的社会比较行为进行科学引导、从而充分激发其内在工作动机。主要研究方法介绍如下：

1. 行为学实验法

研究内容二的预实验为一项行为学实验，通过招募大量被试参与行为实验，为正式的认知神经科学实验（脑电实验）筛选符合实验要求的被试。

2. 认知神经科学实验法

研究内容一、内容二、内容三分别聚焦社会比较环境的竞争性、对象的匹配性、行为的自主性，探究可以充分激发个体内在动机的社会比较行为应当具备的特征和前提条件。这三项后续研究中，脑电指标的引入除了可以实时、客观地测度个体的内在动机，还可以从认知的层面揭示社会比较行为对内在动机产生影响的原因。

3. 案例研究法

研究内容四将实验研究的结论应用于企业的管理激励实践，对个体的社会比较行为进行科学的引导与管理，以期实现对其内在工作动机的激发。该后续研究是在企业管理实践中对前三项研究的结论进行检验，将产生一项管理案例。案例研究中，作者将通过自我决定理论体系的内在动机量表（Intrinsic Motivation Inventory）测量试点企业员工在社会比较行为引导前后的内在动机水平差异。

（二）技术路线

后续研究整体的技术路线如图 7.9 所示。研究内容一至研究内容四具体的技术路线分别介绍如下：

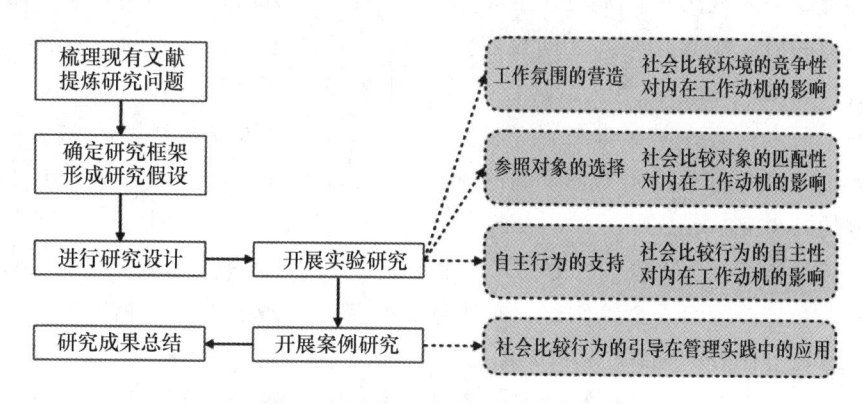

图 7.9　后续研究整体的技术路线图

资料来源：本书作者整理。

1. 工作氛围的营造：社会比较环境的竞争性对内在工作动机的影响

研究内容一是一项实验室环境中进行的脑电实验，探究社会比较环境的竞争性对内在动机的影响。被试分别在竞争性、非竞争性社会比较环境中完成多轮双人联机的估算时间任务。计划采用反馈结果期待阶段的 SPN 成分和反馈结果加工阶段的 FRN 成分测度个体的内在动机水平。

步骤一，文献梳理。研究内容一主要涉及自我决定理论体系的一项子理论——认知评价理论的相关文献。这一理论认为外界因素（包括社会比较）对于个体内在动机的影响是通过个体对这一因素的认知评价实现的。该理论的创始人之一 Deci 根据其特性，将外部因素划分为信息性、控制性、去动机性三类。其中，信息性的事件（如同伴的任务完成情况）可以帮助个体建立胜任感，增强内在动机水平；控制性的事件（如竞争的压力、上级的指令）会增强个体对于外部因果关系的知觉，削弱自我决定感，从而降低内在动机水平。现实工作场景中，社会比较可能发生在竞争性也可能发生在非竞争性的环境中。基于认知评价理论，作者预测非竞争性的社会比较机制的引入将增强个体的内在动机，竞争性社会比较机制的引入则会降低个体对于任务本身的内在动机水平。

步骤二，实验设计。与近年来内在动机问题的实验室研究保持一致，研究内容一采用估算时间作为实验任务。任务要求实验的参与者在不借助任何外部条件的情况下尽可能准确地估算 3 秒长的时间区间。估算时间任务启动后，如果被试感觉距离任务启动已经过去的时间恰好可以落入规定的时间区间内，他们应马上按键确认。根据本书作者之前的研究积累，时间区间规定为 2.85—3.15 秒，被试按键时间落入这一区间内则认定为成功，否则认定任务失败。为引入社会比较的机制，研究内容一将经典的估算时间任务改编为双人联机版本：两名实验参与者各自独立完成时间估算后，经过短暂等待，屏幕上将呈现双方的任务完成情况。

为研究社会比较机制的引入对于个体内在动机水平的影响，作者设计了 2 个实验组和 1 个控制组，每组被试均需要完成 3 个阶段的实验。其中，社会比较的机制在实验的第二阶段引入：实验组 1 的被试在第二阶段完成竞争性双人联机估算时间任务（区分胜负，按键落入 2.85—3.15 秒的区间内，并且相比对方更接近 3 秒的参与者获胜，第二阶段结束时，累计得分更高的被试取得最终的胜利）；实验组 2 的被试在第二阶段则完成非竞争性的双人联机估算时间任务（不区分胜负，按键落入 2.85—3.15 秒区间内即为任务成功）。2 个实验组在实验的第一阶段与第三阶段以及控制组在实验全程均完成单人版的估算时间任务。正式实验开始前，告知被试实验分为三个阶段；每一阶段实验开始前，告知被试本阶段实验的具体内容和规则。

被试：招募未参与过相关研究的在校本科生或研究生参与实验，共计招募 90 名被试，平均分配到实验组 1、实验组 2、控制组 3 个组别。分组时，注意均衡被试的性别、专业、学历。正式实验时，陌生的同性被试两两结对参与到实验中。

步骤三，前期准备。①根据实验实际需要，准备实验组1、实验组2、控制组3个版本的正式实验程序和预实验程序，在任务开始的瞬间、任务按键的瞬间、结果呈现的瞬间打码，便于后期分析 SPN、FRN 等脑电成分；②在计划开展脑电实验的一周前，通过校内论坛等渠道发布被试招募信息，对事件相关电位（脑电）技术进行简要介绍，说明实验设计已通过伦理委员会严格审查，详细列出实验的基本内容、可选时间段以及报酬信息，并留下自己的联系方式。有同学报名时，主动与其取得电话联系，对于报名者的精神状态以及之前参与实验情况进行了解和判断，并与符合研究要求的被试约定具体实验时间。

步骤四，实验实施。①实验当天，被试进入实验室后，首先签署脑电研究的实验知情书。此后，开始进行脑电实验的准备，请被试对头皮进行清洁，并完全吹干头发。准备工作完成之后，被试在实验主试的引导下进入隔音、隔光、隔磁的专业脑电实验室，主试为被试佩戴电极帽、粘贴外接电极并注射导电膏、降低头皮阻抗，阻抗降低到5000欧姆以下时，可以开始正式实验；②被试阅读实验流程的介绍材料，主试解答被试对于实验内容的疑问，被试进行几轮预实验、熟悉实验流程；③开始第一阶段的正式实验，3个组别的被试均完成30轮单人版的估算时间任务。具体的，每轮实验一开始，屏幕中央将呈现"+"号，提示本轮任务即将开始。短暂黑屏后，屏幕上将出现包含"开始"字样的任务图标，提示被试开始估算时间。如果被试感觉距离任务启动已经过去的时间恰好可以落入2.85—3.15秒的区间内，应马上按键确认，按键瞬间任务图标中的"开始"字样将变为"已按键"。经过短暂的等待，个人的任务表现将呈现在屏幕上。任务图标中包含具体按键的时间点，如果成功完成任务，时间信息将通过绿色字体显示；若任务失败，通过红色字体显示；④开始第二阶段的正式实验，其中控制组被试的实验流程与第一阶段完全相同；实验组2的被试在反馈环节将获得双方的任务表现信息，分别呈现在"你"和"对方"字样下方的任务图标中；实验组1的被试在反馈环节将获知双方任务表现信息和本轮任务胜利的归属情况，按键落入2.85—3.15秒的区间内、并且按键时间比对方更接近3秒的被试获胜，其按键时间信息通过绿色字体显示，另一参与者的按键时间信息通过红色字体显示（如果双方的按键时间均未落入给定的区间，均将通过红色字体显示），此外，截至本轮双方累计得分情况也将呈现在屏幕上（例如，你 [5]、对方 [3]）；⑤开始第三阶段的正式实验，3 个组别的被试均完成 30 轮单人版的估算时间任务，具体流程不再赘述。正式实验全程，通过 Neuroscan 64 导脑电设备记录下被试的脑电信号；全部实验结束之后，被试完成头皮清洁工作并领取之前约定的实验报酬。

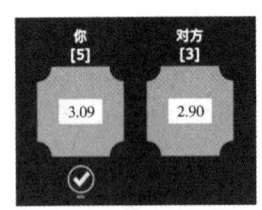

竞争性社会比较　　　　　非竞争性社会比较　　　　　不涉及社会比较

图 7.10　竞争性、非竞争性双人联机任务以及单人任务的反馈阶段示例
资料来源：本书作者整理。

步骤五，数据分析。①被试脑电数据的实时采集和记录，以及统计分析之前脑电数据的预处理通过美国神经软件实验室开发的脑电数据采集与分析软件 Scan 4.5 完成，具体的分析步骤包括将分段脑电数据合并、屏蔽受到明显扰动的脑电数据段、去除眼电影响、滤波、针对拟研究的脑电成分，截取分析的时间段、基线校正、转换参考电极、去伪迹、叠加平均。②根据 SPN、FRN 等脑电成分特点分别选择特定的时间窗和电极点的脑电数据进行统计分析，其中，SPN 一般选择任务启动之前或反馈结果呈现之前的 200 毫秒，FRN 则一般选择反馈结果呈现之后的 250—350 毫秒，SPN、FRN 等脑电成分一般均选择 Fz、FCz 等前额的电极点（需要根据脑地形图的具体情况进行调整）。将全部轮次的 SPN、FRN 数据分别叠加、平均，获得表征个体对于双人联机任务内在动机水平的 SPN、FRN 指标；③针对实验组 1、实验组 2、控制组 3 个组别，分别将第三阶段 SPN、FRN 等脑电成分的平均振幅减去第一阶段的平均振幅，获得内在动机的改变值△SPN、△FRN；④将实验组 1、实验 2 的△SPN、△FRN 分别与控制组的△SPN、△FRN（基线水平）进行比较，从而了解竞争性、非竞争性社会比较机制的引入对于个体内在动机水平产生的深远影响。

2. 参照对象的选择：社会比较对象的匹配性对内在工作动机的影响

研究内容二包含一个在实验室环境内进行的行为预实验和一项正式的脑电实验，探究社会比较对象的匹配性对内在动机的影响。为实现该目标，正式实验中被试分别与自身能力水平相当和差距明显的另一名同性陌生参与者共同完成双人联机的估算时间任务。研究内容二计划采用反馈结果期待阶段的 SPN 成分和反馈结果加工阶段的 FRN 成分测度个体的内在动机水平。

步骤一，文献梳理。研究内容二主要涉及两项经典的动机理论——自我决定理论以及沉浸理论（Flow Theory）。自我决定理论认为，胜任感的满足可以有效地增强个体的内在动机。社会比较的过程可能对个体的胜任感产生重要影响，然而，从社会比较角度出发针对胜任感的实验研究还较少见。相比自我决定理论，沉浸理论直接指出了任务的挑战性与个体的内在动机水平之间的关系：人们在从事一项活动的过程中，如果遇到了与自身能力水平相匹配的恰到好处的挑战时，个体的内在动机水平将达到峰值（Abuhamdeh & Csikszentmihalyi, 2013）。综合自我决定理论和沉浸理论，本书作者认为社会比较对象在能力方面的匹配性将影响个体感知到的挑战程度以及胜任感，从而对个体的内在动机水平产生重要的影响。

步骤二，实验设计。研究内容二继续采用估算时间的实验任务。通过正式脑电实验前的行为学预实验，根据被试在估算时间任务中的表现，将被试划分为较高水平、中等水平、较低水平三类。正式脑电实验中，按照预实验的结果将被试划分为水平相当和差距明显的组别。通过采集到的表征内在动机水平的脑电指标，对比个体在和与自身能力水平相匹配的对象以及与自身能力水平差异较大的对象进行社会比较时，完成任务过程中在内在动机上的差异。

被试：招募未参与过相关研究的在校本科生或研究生参与实验，行为学预实验的样本量为 240 名左右，确保能挑选出在估算时间任务中 60 名较高水平和 60 名较低水平有效被试参与脑电实验。在脑电实验分组时，除了要满足实验设计，还需均衡被试的性别、专业、学历。

步骤三，前期准备。①根据实验实际需要，准备行为学预实验和正式脑电实验的程序，程序中注意打码，为后期分析脑电数据做好准备；②根据行为学预实验的要求招募被试。

步骤四，预实验的实施。①行为学预实验采用单人版估算时间任务，招募240名被试到实验室完成多轮估算时间任务;②全部被试完成实验后,对被试在任务中的成功率进行排序,将被试划分为较高水平(成功率排在全部被试的前1/3)、中等水平(成功率排在全部被试的中间1/3)、较低水平(成功率排在全部被试的后1/3)三类;③根据被试所处的类别以及性别、年龄、专业等信息,考虑被试可行的脑电实验时间,对被试进行分组,具体分为以下三种组合:水平相当的较高水平组(较高水平被试+较高水平被试)、水平相当的较低水平组(较低水平被试+较低水平被试)、差距明显组(较高水平被试+较低水平被试);④根据被试的分组情况通知被试参与脑电实验的具体时间,根据被试的时间安排进行微调。

步骤五,正式实验实施。①实验当天做好脑电实验相关准备,请被试熟悉实验的流程;②开始正式实验,3种组合的被试均需完成多轮非竞争性双人联机估算时间任务,具体流程不再赘述。在实验的全过程中,通过Neuroscan 64导脑电设备记录下被试的脑电信号;③实验结束后,被试领取实验报酬。

步骤六,数据分析。①通过软件Scan 4.5完成被试脑电数据的预处理;②根据SPN、FRN等脑电成分的特点分别选择特定时间窗和电极点的脑电数据进行统计分析,获得通过脑电成分的振幅表征的个体内在动机水平数据;③比较高水平被试在和与自身能力相匹配的被试进行社会比较的情形下(较高水平被试+较高水平被试)以及与自身能力差异较大的被试进行社会比较的情形下(较高水平被试+较低水平被试)的内在动机水平差异;④比较低水平的被试在和与自身能力相匹配的被试进行社会比较的情形下(较低水平被试+较低水平被试)以及与自身能力差异较大的被试进行社会比较的情形下(较高水平被试+较低水平被试)的内在动机水平差异;⑤综合前几个步骤的统计分析结果,关注社会比较对象能力水平的匹配性是否会影响个体内在动机水平,得到研究的整体结论。

3. 自主行为的支持:社会比较行为的自主性对内在工作动机的影响

研究内容三是一项实验室环境内进行的脑电实验,探究社会比较行为的自主性对内在动机的影响。与前两项研究一致,采用任务启动准备阶段的SPN成分测度个体的内在动机水平。

步骤一,文献梳理。根据自我决定理论,自主的心理需要即自我决定的心理需要:个体希望在从事各种活动的过程中可以根据自身意愿进行自主选择,从而感受到对环境的一种控制感和自我决定感。该理论认为,尽

第七章 研究展望：社会比较视角下的内在动机研究　　217

管影响个体内在动机的因素多种多样，自主是最基本的条件。尽管有大量实验研究探讨了自主支持的环境对个体内在动机的积极作用，通过文献检索我们发现，社会比较行为的自主性尚未引起学者的足够重视，目前未能检索到相关研究。从该问题出发，研究内容三聚焦社会比较行为的自主性对个体内在动机的影响。

步骤二，实验设计。研究内容三继续采用估算时间的实验任务，包含2个实验组和1个控制组，实验组1和实验组2的被试结对参与实验，控制组被试在组内结对参与实验。实验组1的被试完成每轮估算时间任务后，可以根据自身的意愿自主选择是否查看另一名参与者（与其配对的实验组2被试）的任务表现（自主的社会比较）；如果选择查看，双方任务表现将同时呈现给配对的实验组1、实验组2被试；如果选择不查看，双方仅能看到自身的任务表现。实验组2的被试没有自主选择是否查看对方任务完成情况的权利（非自主性的社会比较）；控制组的被试尽管也在组内结对参与实验，实际上完成单人版的估算实验任务，实验的全过程中只能获得包含自身任务完成情况的反馈结果，无法了解对方的任务表现。

被试：招募未参与过相关研究的在校本科生或研究生参与脑电实验，实验组1、实验组2、控制组分别应保证25名以上的有效被试，被试招募时注意平衡其性别、专业、学历。

步骤三，前期准备。①根据实验的实际需要，准备实验程序，程序中注意打码，为分析脑电数据做好准备；②在计划开展脑电实验一周之前，通过校内论坛等渠道招募脑电被试。

步骤四，实验实施。①实验当天，做好脑电实验相关准备，请被试熟悉实验的流程；②进行2个实验组的实验，被试完成共计90轮双人联机估算时间任务。每轮实验一开始，屏幕中央将呈现"+"号，提示本轮任务即将开始。短暂黑屏后，屏幕上出现包含"开始"字样的任务图标，提示被试开始估算时间。如果被试感觉距离任务启动已经过去的时间恰好可以落入2.85—3.15秒的区间内，应马上按键确认，按键瞬间任务图标中的"开始"字样将变为"已按键"。接下来，"是否查看对方的任务的完成情况？"字样将呈现在屏幕上，实验组1的被试可以根据自身主观意愿，自主选择是否查看对方任务的完成情况；若希望查看，按与"是"选项对应的小键盘上的1号键；如果不希望查看，按与"否"选项对应的小键盘上的3号键。这一阶段中，实验组2被试看到的是"即将反馈双方的任务完成情况?"的提示信息,无须按键并且按键无效。如果实验组1被试选择"是",屏幕上将呈现双方在本轮中的任务完成情况;如果选择"否",两台电脑屏幕上将呈现不同的内容,两名参与者只能看到各自任务的完成情况;③进行控制组实验,控制组被试两两一组参与实验,完成单人版的估算时间任务,实验全过程中只能看到自身的任务完成情况,无法进行社会比较;④正式实验全程,通过Neuroscan 64导脑电设备记录脑电信号,实验结束之后,向被试支付与任务表现无关的固定数额报酬。

步骤六,数据分析。①通过软件Scan 4.5完成被试脑电数据的预处理;②根据SPN等脑电成分的特点选择特定时间窗和电极点的脑电数据进行统计分析,获得通过脑电成分振幅表征的个体的内在动机数据;③通过重复测量方差分析,对比实验组1与控制组被试的内在动机水平,了解自主性社会比较对个体内在动机的影响;④通过重复测量方差分析,对比实验组2与控制组被试的内在动机水平,了解非自主性社会比较对个体内在动机的影响;⑤统计分析3组被试的任务表现(即成功率),作为内在动机水平存在差异的佐证;⑥对实验组1被试的自主性社会比较行为进行统计分析,探究个体倾向于在什么情况下进行社会比较;⑦综合前几个步骤的统计分析结果,得到研究的整体结论。

4. 社会比较行为的引导在管理实践中的应用

之前作者从工作氛围的营造、参照对象的选择、自主行为的支持角度出发,分别研究了社会比较环境的竞争性、对象的匹配性、行为的自主性对于内在动机的影响。研究内容四是一项案例研究,将前三项基础理论研究的成果应用于企业的管理激励实践。

步骤一,确定目标企业。研究内容四提供管理解决方案的目标单位是中小型的知识型企业。研究团队具有丰富的企业资源,与大量企业建立了良好的合作关系,充分具备将理论研究成果应用于企业管理实践的条件。通过对企业进行筛选,形成包含5个单位左右的初步列表。对列表中的单位进行现场调研,初步了解目标企业对知识型员工的管理模式、激励手段以及员工的内在动机水平。选择目前在社会比较行为的引导方面改进空间最大的一家企业作为案例研究的试点单位。

步骤二,企业现场调研。目标企业确定之后,入驻企业进行更为深入的现场调研,特别要关注企业的工作氛围(员工之间是否存在明显的竞争关系)、同一工作小组中的员工是否存在能力悬殊的现象、企业的管理者是否硬性公开不同员工的工作绩效（员工是否处于被动的社会比较状态）。针对企业在管理实践中存在的实际问题，拟定相应的管理解决方案。在现场调研阶段，还应通过量表测量员工在试点前的内在动机水平和工作满意度等其他指标。内在动机测量方面，经典的量表包括 Amabile 等学者开发的量表、自我决定理论的联合创始人 Ryan 开发的内在动机量表以及 Guay 和 Vallerand 开发的情景动机量表等。本项目在自我决定理论的框架下开展研究，因此拟选择 Ryan 开发的内在动机量表。

步骤三，解决方案实施。向企业管理者汇报拟定的管理解决方案，从工作氛围的营造、参照对象的选择、自主行为的支持三个方面出发，给出如何科学引导员工的社会比较行为的建议。举例来说，应努力营造非竞争性的社会比较氛围：管理者仍然可以表彰工作表现出色的员工，但不应设定数额有限的表彰指标；换言之，所有表现出色的员工都可以受到表彰。此外，可以将工作小组中的员工进行重新分配，尽可能避免能力悬殊现象的产生。自主行为的支持方面，相比硬性公开不同员工的工作绩效，更应鼓励员工自主地了解他人的工作表现。

步骤四，实践效果评估。解决方案实施一段时间后，再次测量员工的内在动机水平以及工作满意度等其他指标。对实践效果进行评估，检验理论研究结论在管理实践中的适用性。

四 特色与创新

（一）研究选题的特色与创新

尽管内在动机的概念被从心理学引入管理学后，已经被广大的管理学家所了解和熟知，与大量关于外在动机的研究相比（如合理的薪酬方案和分配体系的制定），从内在动机的视角出发对激励问题进行的学术探讨少之又少。因此，该选题在管理学界具有广阔的发展空间，有机会成为激励问题研究新的学术增长点。同样是研究激励问题，与本书重点介绍的三项研究相比，后续研究关注的焦点是社会比较视角下个体的内在动机的激发，丰富了管理激励的研究视角。

（二）研究内容的特色与创新

后续研究聚焦于探究社会比较行为对个体内在动机的影响。一方面，将个体的社会比较行为引入内在动机问题的研究、直接建立起二者之间的联系，对于当前的内在动机问题研究进行了一定的拓展延伸：内在动机问题的研究对象不再是孤立的个体，而是与所处环境以及环境中的其他个体进行社会互动。另一方面，从对社会比较行为的引导角度开展研究，关注工作氛围的营造、参照对象的选择、自主行为的支持等因素对内在动机的激发作用，从研究深度上进一步推进了现有的社会比较研究。考虑到员工的社会比较行为可以为管理者所用，后续研究将为企业的管理激励实践提供可操作性较强的指导建议。

（三）研究方法的特色与创新

在管理学传统的行为研究中，个体的内在动机水平大多是通过量表测度的。然而，通过量表测度的内在动机指标，实质上是个体对自己之前动机水平的回溯和主观评价，在某些情况下，可能与个体真实的动机水平存在一定的偏差。应用认知神经科学的技术手段来研究个体的内在动机问题，是这一问题在研究方法上的创新，也使得认知神经科学在管理、经济学等领域的学术研究中真正有了用武之地——学者们可以利用它更加客观地测度那些通过行为学方法测量可能存在偏差的指标。相应的，客观测度问题的解决也有助于推动内在动机研究的进一步发展。此外，后续研究应用到了案例研究方法，较好地结合了理论研究与管理实践。

五　本章小结

本章中，作者在本书前三项研究的基础上将社会比较行为引入内在动机问题研究、建立起二者之间的直接联系，探究社会比较能起到激励作用的前提条件，特别关注社会比较的过程对于个体基本心理需要的满足。具体的，作为本书核心研究的拓展延伸，本章对"社会比较视角下的内在动机研究"进行了展望，在对研究问题进行明确界定的基础上，详细介绍了研究设计和研究方案。

参考文献

[1] 暴占光、张向葵:《自我决定认知动机理论研究概述》,《东北师大学报》2005年第6期,第142—147页。

[2] 岑延远:《基于自我决定理论的学习动机分析》,《教育评论》2012年第4期,第42—44页。

[3] 曾建权、郑丕谔、马艳华:《论知识经济时代的人力资源管理》,《管理科学学报》2000年第2期,第84—89页。

[4] 陈璐、张健:《SDT视角下的知识型员工的激励困境及对策研究》,《江苏商论》2014年第9期,第58—63页。

[5] 邓玉林:《知识型员工的激励机制研究》,博士学位论文,东南大学,2006年。

[6] 邓玉林、王文平:《基于人力资本产权的知识型员工激励机制研究》,《中国管理科学》2009年第17期,第151—156页。

[7] 杜鹏程:《内在激励对创新行为的影响机理:基于企业科技人力资源样本的实证研究》,博士学位论文,南京大学,2010年。

[8] 方慧:《胜任需要挫败对个体内在动机的影响机制研究:基于认知神经科学的视角》,博士学位论文,广东工业大学,2018年。

[9] 傅德印、黄健:《典型相关分析中的统计检验问题》,《统计研究》2008年第25期,第110—112页。

[10] 高洋:《企业知识型员工激励机制研究》,硕士学位论文,中国海洋大学,2006年。

[11] 郭桂梅、段兴民:《自我决定理论及其在组织行为领域的应用分析》,《经济管理》2008年第6期,第24—29页。

[12] 贺伟、龙立荣:《实际收入水平、收入内部比较与员工薪酬满意度

的关系——传统性和部门规模的调节作用》,《管理世界》2011年第211（4）期, 第98—110页。

[13] 胡天兵、吴国英:《知识经济与激励的创新》,《南京财经大学学报》2002年第2期, 第33—36页。

[14] 贾俊平:《统计学》, 清华大学出版社有限公司2006年版。

[15] 贾世伟:《人脑对反馈刺激加工的认知神经研究》, 硕士学位论文, 西南大学, 2008年。

[16] 蒋祺、马超:《工作特征模型研究回顾》,《广西质量监督导报》2007年第5期, 第85—86页。

[17] 金佳:《基于脑电信号分析的激励理论中内在与外在动机的机理研究》, 博士学位论文, 浙江大学, 2014年。

[18] 李江峰:《企业绩效考核有效性研究》,《学术交流》2006年第3期, 第85—87页。

[19] 李鹏、李红:《反馈负波及其理论解释》,《心理科学进展》2008年第16（5）期, 第705—711页。

[20] 李神英:《自我决定理论在企业管理中的应用》,《科协论坛》（下半月）2009年第6期, 第142页。

[21] 李四化、张力为:《错误相关负波影响因素研究述评》,《心理与行为研究》2015年第13期, 第570—576页。

[22] 李伟、梅继霞:《内在动机、工作投入与员工绩效：基于核心自我评价的调节效应》,《经济管理》2012年第9期, 第77—90页。

[23] 李振云:《实施有效表扬激发学生学习的内在动机》,《基础教育研究》2007年第2期, 第53—54页。

[24] 林桦:《自我决定理论——动机理论的新进展》,《湖南科技学院学报》2008a年第3期, 第72—73页。

[25] 林桦:《自我决定理论研究》, 硕士学位论文, 湖南师范大学, 2008b年。

[26] 刘春雷、张庆林:《错误加工的神经机制》,《心理科学进展》2009年第17期, 第341—348页。

[27] 刘惠军、纪海英、王英:《基本心理需要满足对医生工作倦怠和工作投入的预测作用》,《河北大学学报》（哲学社会科学版）2012年第37期, 第93—99页。

[28] 刘靖东、钟伯光、姒刚彦：《自我决定理论在中国人人群的应用》，《心理科学进展》2013 年第 10 期，第 1803—1813 页。

[29] 刘丽虹、李爱梅：《动机的自我决定理论及其在管理领域的应用》，《科技管理研究》2010 年第 15 期，第 115—119 页。

[30] 刘玉丽、张智君：《错误相关负电位（ERN）及其理论解释》，《应用心理学》2008 年第 14 期，第 180—186 页。

[31] 罗宾斯：《组织行为学精要》，电子工业出版社 2005 年版。

[32] 马椿荣：《自我决定理论研究综述》，《现代商业》2014 年第 27 期，第 280—282 页。

[33] 马晶：《西方企业激励理论述评》，《经济评论》2006 年第 6 期，第 152—157 页。

[34] 马庆国：《管理统计学》，科学出版社 2002 年版。

[35] 马庆国、王小毅：《认知神经科学、神经经济学与神经管理学》，《管理世界》2006a 年第 10 期，第 139—149 页。

[36] 马庆国、王小毅：《从神经经济学和神经营销学到神经管理学》，《管理工程学报》2006b 年第 20 期，第 129—132 页。

[37] 马庆国、付辉建、卞军：《神经工业工程：工业工程发展的新阶段》，《管理世界》2012 年第 6 期，第 163—179 页。

[38] 马岩：《IT 企业员工创新自我效能感、内在动机与创新行为之间的关系研究》，硕士学位论文，东北财经大学，2014 年。

[39] 马艳云：《西方学习动机理论的发展演变历程》，《教育史研究》2006 年第 67 期，第 87—89 页。

[40] 毛如琳：《知识经济时代企业激励机制的创新研究》，《商场现代化》2007 年第 11 期，第 312 页。

[41] 门一、樊耘、马贵梅等：《基于自我决定理论对新一代人力资本即兴行为形成机制的研究》，《管理评论》2015 年第 11 期，第 132—139 页。

[42] 孟亮：《基于自我决定理论的任务设计与个体的内在动机：认知神经科学视角的实证研究》，博士学位论文，浙江大学，2016 年。

[43] 聂文达：《工作设计、内外部动机在组织知识共享中的贡献研究》，硕士学位论文，东北财经大学，2011 年。

[44] 乔晓熔：《大学生感知到的"自主支持"问卷的修订与编制》，《文教

资料》2014a 年第 20 期，第 158—160 页。

[45] 乔晓熔：《大学生自我决定问卷的修订与改编》，《文教资料》2014b 年第 22 期，第 128—130 页。

[46] 卿涛、丛庆、罗键：《企业知识员工工作生活质量结构及测度研究》，《南开管理评论》2010 年第 1 期，第 146—154 页。

[47] 任国防、张庆林：《表扬与内在动机关系的新观点》，《西南师范大学学报》（人文社会科学版）2004a 年第 29 期，第 31—35 页。

[48] 任国防、张庆林：《表扬与内在动机关系的三种观点》，《心理科学》2004b 年第 27 期，第 1002—1004 页。

[49] 阮爱君：《激励体系对员工创新行为影响的实证研究——基于工作动机理论的分析》，《科技管理研究》2011 年第 31 期，第 151—156 页。

[50] 石雪梅、陈东旭：《基于内在激励的工作设计方法探讨》，《全国商情：经济理论研究》2012 年第 4 期，第 24—26 页。

[51] 苏勇、王淼、李辉：《工作设计对员工知识共享行为影响研究：以心理资本为中介变量》，《软科学》2011 年第 9 期，第 75—80 页。

[52] 孙建国：《论知识经济条件下知识型员工的激励》，《前沿》2001 年第 3 期，第 8—12 页。

[53] 孙健敏：《人力资源管理中工作设计的四种不同趋向》，《首都经济贸易大学学报》2002 年第 1 期，第 58—62 页。

[54] 孙开宏、季浏：《体育课上自主支持感、行为调节与课外锻炼意向之间的关系》，《体育学刊》2010 年第 17 期，第 64—68 页。

[55] 孙开宏、季浏、王春芳：《小学高年级女生体育课中的自主支持感与动机定向之间的关系：基本心理需要的中介作用》，《天津体育学院学报》2010 年第 5 期，第 410—413 页。

[56] 孙岚、秦启文、张永红：《工作动机理论新进展——自我决定理论》，《西南交通大学学报》（社会科学版）2008 年第 9 期，第 75—80 页。

[57] 孙艳：《浅析当前企业新员工培训中存在的问题及对策》，《现代商业》2013 年第 34 期，第 82—83 页。

[58] 唐本钰、张承芬：《自我决定理论研究及其对教育的启示》，《心理学探新》2005 年第 25 期，第 22—25 页。

[59] 王华丽：《酒店工作设计与员工满意度关系研究》，硕士学位论文，湖南师范大学，2012年。

[60] 王文平、邓玉林：《基于工作设计的知识型员工激励机制研究》，《系统工程学报》2008年第23期，第81—86页。

[61] 王璇、李健：《企业员工工作动机与组织回报探讨》，《商业时代》2007年第17期，第56页。

[62] 王娅：《动机的自我决定理论及在组织管理中的应用》，《亚太教育》2015年第1期，第138页。

[63] 王艳梅、赵希男：《考虑内在动机的工作设计与激励的模型分析》，《管理工程学报》2011年第25期，第111—115页。

[64] 王燕、郑雪：《自我决定研究述评》，《黑龙江教育学院学报》2008年第1期，第80—82页。

[65] 魏景汉、罗跃嘉：《认知事件相关脑电位教程》，经济日报出版社2002年版。

[66] 魏景汉：《事件相关电位原理与技术》，《生物技术通报》2010年第6期，第250页。

[67] 魏翔：《西方弹性工作制研究述评及其新进展探析》，《外国经济与管理》2008年第30期，第45—51页。

[68] 吴巍：《基于员工发展的工作设计方法研究》，硕士学位论文，东北师范大学，2012年。

[69] 夏惟怡：《自我决定就业动机及其作用机制研究》，硕士学位论文，复旦大学，2010年。

[70] 谢犁：《知识型员工工作动机与工作生活质量关系研究》，硕士学位论文，西南财经大学，2009年。

[71] 许小东：《现代工作设计理论评述》，《经济师》2001年第10期，第22—23页。

[72] 许拥旺、张卫、许夏旋：《大学生自我同一性与学校适应的关系：自我决定的中介作用》，《华南师范大学学报》（社会科学版）2015年第4期，第83—87页。

[73] 杨从杰、杨廷钫、易贵明：《知识型员工的非经济性激励因素及其激励效果研究》，《科技管理研究》2008年第28期，第191—193页。

[74] 杨红明：《基于工作特征的企事业单位员工内在动机和敬业度作用机制研究》，博士学位论文，华中科技大学，2010年。

[75] 袁媛、刘昌、沈汪兵：《反馈相关负波与社会关系认知》，《心理科学进展》2012年第20期，第1593—1603页。

[76] 恽广岚：《动机研究的新进展：自我决定理论》，《南通大学学报》（教育科学版）2005年第3期，第38—41页。

[77] 张爱卿：《20世纪动机心理研究的历史探索》，《华中师范大学学报》（人文社会科学版）1999年第3期，第30—35页。

[78] 张春雨、韦嘉、陈谢平等：《工作设计的新视角：员工的工作重塑》，《心理科学进展》2012年第20期，第1305—1313页。

[79] 张剑、郭德俊：《内部动机与外部动机的关系》，《心理科学进展》2003a年第11期，第545—550页。

[80] 张剑、郭德俊：《企业员工工作动机的结构研究》，《应用心理学》2003b年第9期，第3—8页。

[81] 张剑、郭德俊：《创造性与环境因素关系的社会心理学理论》，《心理科学》2003c年第26期，第263—267页。

[82] 张剑、郭德俊：《创造性组织情境的动机机制研究》，《中国管理科学》2006年第14期，第141—148页。

[83] 张剑、张微、冯俭：《领导者的自主支持与员工创造性绩效的关系》，《中国软科学》2010年第S1期，第62—69页。

[84] 张剑、张建兵、李跃、Edward Deci：《促进工作动机的有效路径：自我决定理论的观点》，《心理科学进展》2010年第5期，第752—759页。

[85] 张剑、张微、宋亚辉：《自我决定理论的发展及研究进展评述》，《北京科技大学学报》（社会科学版）2011年第4期，第131—137页。

[86] 张剑、张微、Edward Deci：《心理需要的满足与工作满意度：哪一个能够更好地预测工作绩效？》，《管理评论》2012年第6期，第98—104页。

[87] 张向葵、暴占光：《国外自我决定研究述评》，《中国特殊教育》2005年第9期，第78—81页。

[88] 张旭、樊耘、黄敏萍、颜静：《基于自我决定理论的组织承诺形成

机制模型构建：以自主需求成为主导需求为背景》，《南开管理评论》2013 年第 16（6）期，第 59—69 页。

[89] 张一弛、刘鹏、尹劲桦等：《工作特征模型：一项基于中国样本的检验》，《经济科学》2006 年第 4 期，第 117—125 页。

[90] 赵燕梅、张正堂、刘宁、丁明智：《自我决定理论的新发展评述》，《管理学报》2016 年第 13（7）期，第 1095—1104 页。

[91] 郑爱丽：《知识经济背景下知识型员工的激励》，《交通科技与经济》2007 年第 9 期，第 112—113 页。

[92] 郑佳、曾国平：《浅析我国中小企业绩效管理过程中的沟通问题》，《科技与管理》2007 年第 9 期，第 42—43 页。

[93] 周新绮：《知识经济时代的人力资源开发研究》，硕士学位论文，华中师范大学，2004 年。

[94] 朱湘如、刘昌：《前扣带回功能的冲突监测理论》，《心理科学进展》2005 年第 13 期，第 767—773 页。

[95] 朱晓娜、黄燕、李宗浩：《基本需要理论在中国运动员中的初步检验》，《天津体育学院学报》2011 年第 26 期，第 346—350 页。

[96] Aarts, H. Unravelling the motivational yarn: A framework for understanding the instigation of implicitly motivated behaviour resulting from deprivation and positive affect. *European Review of Social Psychology*, 2009, 20, 345–381.

[97] Adams, J. S. Inequity in social exchange. *Advances in Experimental Social Psychology*, 1965, 2, 267–299.

[98] Abuhamdeh, S. Advances in flow research. Germany: Springer. 2012, 109–121.

[99] Albrecht, K., Abeler, J., Weber, B., et al. The brain correlates of the effects of monetary and verbal rewards on intrinsic motivation. *Frontiers in Neuroscience*, 2014, 8: 303.

[100] Alderfer, C. P. Existence, relatedness, and growth: Human needs in organizational settings. New York: Free Press Existence. 1972.

[101] Amabile, T. M., DeJong, W., Lepper, M. R. Effects of externally imposed deadlines on subsequent intrinsic motivation. *Journal of Personality and Social Psychology*, 1976, 34（1），92–98.

[102] Amabile, T. M. Motivation and creativity: Effects of motivational orientation on creative writers. *Journal of Personality and Social Psychology*, 1985, 48 (2), 393 – 399.

[103] Amabile, T. M. A model of creativity and innovation in organizations. *Research in Organizational Behavior*, 1988, 10 (1), 123 – 167.

[104] Amabile, T. M. Motivational synergy: Toward new conceptualizations of intrinsic and extrinsic motivation in the workplace. *Human Resource Management Review*, 1993, 3 (3), 185 – 201.

[105] Amabile, T. Creativity in context: Update to "the social psychology of creativity". Boulder, CO: Westview Press. 1996.

[106] Amoura, C., Berjot, S., Gillet, N., et al. Effects of autonomy-supportive and controlling styles on situational self-determined motivation: Some unexpected results of the commitment procedure. *Psychological Reports*, 2015, 116 (1), 1 – 27.

[107] Amabile, T. M., Conti, R., Coon, H., et al. Assessing the work environment for creativity. *Academy of Management Journal*, 1996, 39 (5), 1154 – 1184.

[108] Baard, P. P., Deci, E. L., Ryan, R. M. Intrinsic Need Satisfaction: A Motivational Basis of Performance and Well-Being in Two Work Settings. *Journal of Applied Social Psychology*, 2004, 34 (10), 2045 – 2068.

[109] Baker, T. E. & Holroyd, C. B. Which way do I go? Neural activation in response to feedback and spatial processing in a virtual T-maze. *Cerebral Cortex*, 2009: 223.

[110] Bandura, A. Self-efficacy: toward a unifying theory of behavioral change. *Psychological Review*, 1977, 84 (2), 191 – 215.

[111] Bandura, A. Self-efficacy determinants of anticipated fears and calamities. *Journal of Personality and Social Psychology*, 1983, 45 (2), 464 – 469.

[112] Bartholomew, K. J., Ntoumanis, N., Cuevas, R., and Lonsdale, C. Job pressure and ill-health in physical education teachers: The mediating role of psychological need thwarting. *Teaching and Teacher*

Education, 2014, 37, 101 – 107.

[113] Bault, N., Joflly, M., Rustichini, A. & Coricelli, G. Medial prefrontal cortex and striatum mediate the influence of social comparison on the decision process. *Proceedings of the National Academy of Sciences*, 2011, 108 (38), 16044 – 16049.

[114] Bellé, N. Experimental evidence on the relationship between public service motivation and job performance. *Public Administration Review*, 2012, 73 (1), 143 – 153.

[115] Berlyne, D. E. Aesthetics and psychobiology. East Norwalk, CT: Appleton-Century-Crofts. 1971.

[116] Böcker, K. B., Brunia, C. H., van den Berg-Lenssen, M. M. A spatiotemporal dipole model of the stimulus preceding negativity (SPN) prior to feedback stimuli. *Brain Topography*, 1994, 7 (1), 71 – 88.

[117] Bono, J. E. & Judge, T. A. Self-concordance at work: Toward understanding the motivational effects of transformational leaders. *Academy of Management Journal*, 2003, 46 (5), 554 – 571.

[118] Botvinick, M. M., Braver, T. S., Barch, D. M., et al. Conflict monitoring and cognitive control. *Psychological Review*, 2001, 108 (3), 624 – 652.

[119] Breaugh, J. A. The measurement of work autonomy. *Human Relations*, 1985, 38 (6), 551 – 570.

[120] Brickman, P. & Bulman, R. J. Pleasure and pain in social comparison. In J. M. Suls & R. L. Miller (Eds.), Social Comparison Processes: Theoretical and Empirical Perspectives (pp. 149 – 186). Washington DC: Hemisphere. 1977.

[121] Brunia, C. & Damen, E. Distribution of slow brain potentials related to motor preparation and stimulus anticipation in a time estimation task. *Electroencephalography and Clinical Neurophysiology*, 1988, 69 (3), 234 – 243.

[122] Brunia, C. H. & van Boxtel, G. J. Anticipatory attention to verbal and non-verbal stimuli is reflected in a modality-specific SPN. *Experimental Brain Research*, 2004, 156 (2), 231 – 239.

[123] Brunia, C. H., van Boxtel, G. M., Böcker, K. B. Negative slow waves as indices of anticipation: The Bereitschaftspotential, the Contigent Negative Variation and the Stimulus-preceding Negativity. The Oxford Handbook of Event-related Potential Components. New York: Oxford University Press. 2011, 189 – 207.

[124] Bush, G., Luu, P., Posner, M. I. Cognitive and emotional influences in anterior cingulate cortex. *Trends in Cognitive Sciences*, 2000, 4 (6), 215 – 222.

[125] Buunk, B. P. & Gibbons, F. X. Social comparison: The end of a theory and the emergence of a field. *Organizational Behavior and Human Decision Processes*, 2007, 102 (1), 3 – 21.

[126] Camerer, C. F. Removing financial incentives demotivates the brain. *Proceedings of the National Academy of Sciences*, 2010, 107 (49), 20849 – 20850.

[127] Campion, M. A. Interdisciplinary approaches to job design: A constructive replication with extensions. *Journal of Applied Psychology*, 1988, 73 (3), 467 – 481.

[128] Cappelen, A. W., Eichele, T., Hugdahl, K., et al. Equity theory and fair inequality: A neuroeconomic study. *Proceedings of the National Academy of Sciences*, 2014, 111 (43), 15368 – 15372.

[129] Carter, C. S., Braver, T. S., Barch, D. M., et al. Anterior cingulate cortex, error detection, and the online monitoring of performance. *Science*, 1998, 280 (5364), 747 – 749.

[130] Cerasoli, C. P., Nicklin, J. M., Ford, M. T. Intrinsic motivation and extrinsic incentives jointly predict performance: A 40-year meta-analysis. *Psychological Bulletin*, 2014, 140 (4), 980 – 1008.

[131] Chen, C. Y., Mao, H. Y., Hsieh, A. T., et al. The relationship among interactive justice, leader-member exchange, and workplace friendship. *The Social Science Journal*, 2013, 50 (1), 89 – 95.

[132] Chirkov, V., Ryan, R. M., Kim, Y., et al. Differentiating autonomy from individualism and independence: a self-determination theory perspective on internalization of cultural orientations and well-being.

Journal of Personality and Social Psychology, 2003, 84 (1), 97 – 110.

[133] Chiviacowsky, S. & Wulf, G. Self-controlled feedback: Does it enhance learning because performers get feedback when they need it? Research Quarterly for Exercise and Sport, 2002, 73 (4), 408 – 415.

[134] Chwilla, D. J. & Brunia, C. H. Event-related potential correlates of non-motor anticipation. Biological Psychology, 1991, 32 (2), 125 – 141.

[135] Colquitt, J. A., Greenberg, J., Zapata-Phelan, C. P. What is organizational justice? An historical overview of the field. In J. Greenberg & J. A. Colquitt (Eds.), Handbook of Organizational Justice (pp. 3 – 56). Mahwah, NJ: Lawrence Erlbaum Associates. 2005.

[136] Cordova, D. I. & Lepper, M. R. Intrinsic motivation and the process of learning: Beneficial effects of contextualization, personalization, and choice. Journal of Educational Psychology, 1996, 88 (4), 715 – 730.

[137] Csikszentmihalyi, M. Play and intrinsic rewards. Journal of Humanistic Psychology, 1975, 15 (3), 41 – 63.

[138] Damen, E. & Brunia, C. Changes in heart rate and slow brain potentials related to motor preparation and stimulus anticipation in a time estimation task. Psychophysiology, 1987, 24 (6), 700 – 713.

[139] Damen, E. J. & Brunia, C. H. Is a stimulus conveying task-relevant information a sufficient condition to elicit a stimulus-preceding negativity? Psychophysiology, 1994, 31 (2), 129 – 139.

[140] Danner, F. W. & Lonky, E. A cognitive-developmental approach to the effects of rewards on intrinsic motivation. Child Development, 1981, 52 (3), 1043 – 1052.

[141] Debener, S., Ullsperger, M., Siegel, M., et al. Trial-by-trial coupling of concurrent electroencephalogram and functional magnetic resonance imaging identifies the dynamics of performance monitoring. The Journal of Neuroscience, 2005, 25 (50), 11730 – 11737.

[142] DeCharms, R. Personoi causation. New Jersey: Lawrence Eribaum Associates. 1968.

[143] Deci, E. L. Effects of externally mediated rewards on intrinsic motivation. *Journal of Personality and Social Psychology*, 1971, 18 (1), 105 – 115.

[144] Deci, E. L. & Cascio, W. F. Changes in Intrinsic Motivation as a Function of Negative Feedback and Threats (paper presented at the Eastern Psychological Association Meeting in Boston, Massachusetts). 1972.

[145] Deci, E. L. & Ryan, R. M. Intrinsic motivation. New York, NY: Plenum Press. 1975.

[146] Deci, E. L. & Ryan, R. M. The empirical exploration of intrinsic motivational processes. *Advances in Experimental Social Psychology*, 1980, 13 (2), 39 – 80.

[147] Deci, E. L., Betley, G., Kahle, J., et al. When trying to win: Competition and intrinsic motivation. *Personality and Social Psychology Bulletin*, 1981, 7 (1), 79 – 83.

[148] Deci, E. L. & Ryan, R. M. Intrinsic motivation and self-determination in human behavior. *Springer*. 1985a, 43 – 85.

[149] Deci, E. L. & Ryan, R. M. The general causality orientations scale: Self-determination in personality. *Journal of Research in Personality*, 1985b, 19 (2), 109 – 134.

[150] Deci, E. L. & Ryan, R. M. Intrinsic motivation and self-determination in human behavior (3rd printing ed.). New York, NY: Plenum Press. 1990.

[151] Deci, E. L., Eghrari, H., Patrick, B. C., et al. Facilitating internalization: The self-determination theory perspective. *Journal of Personality*, 1994, 62 (1), 119 – 142.

[152] Deci, E. L., Koestner, R., Ryan, R. M. A meta-analytic review of experiments examining the effects of extrinsic rewards on intrinsic motivation. *Psychological Bulletin*, 1999, 125 (6), 627 – 668, 692 – 700.

[153] Deci, E. L. & Ryan, R. M. The "what" and "why" of goal pursuits: Human needs and the self-determination of behavior. *Psychological*

Inquiry, 2000, 11 (4), 227 - 268.

[154] Deci, E. L. & Ryan, R. M., Gagné, M., et al. Need satisfaction, motivation, and well-being in the work organizations of a former eastern bloc country: A cross-cultural study of self-determination. *Personality and Social Psychology Bulletin*, 2001, 27 (8), 930 - 942.

[155] Deci, E. L. & Ryan, R. M. Overview of self-determination theory: An organismic dialectical perspective. Handbook of Self-determination Research. Rochester, NY: University Rochester Press. 2002, 3 - 33.

[156] Deckop, J. R. & Cirka, C. C. The risk and reward of a double-edged sword: Effects of a merit pay program on intrinsic motivation. *Nonprofit and Voluntary Sector Quarterly*, 2000, 29 (3), 400 - 418.

[157] DePasque, S. & Tricomi, E. Goals and task difficulty expectations modulate striatal responses to feedback. *Cognitive Affective & Behaviorial Neuroscience*, 2014, 14 (2), 610 - 620.

[158] DePasque, S. & Tricomi, E. Effects of intrinsic motivation on feedback processing during learning. *NeuroImage*, 2015, 119, 175 - 186.

[159] Donkers, F. C., Nieuwenhuis, S., van Boxtel, G. J. Mediofrontal negativities in the absence of responding. *Cognitive Brain Research*, 2005, 25 (3), 777 - 787.

[160] Donkers, F. C. & van Boxtel, G. J. Mediofrontal negativities to averted gains and losses in the slot-machine task: a further investigation. *Journal of Psychophysiology*, 2005, 19 (4), 256 - 262.

[161] Driskell, J. E. & Salas, E. Stress and human performance. Hove, England: Psychology Press. 2013.

[162] Dunning, J. P. & Hajcak, G. Error-related negativities elicited by monetary loss and cues that predict loss. *Neuroreport*, 2007, 18 (17), 1875-1878.

[163] Dweck, C. S. Motivational processes affecting learning. *American Psychologist*, 1986, 41 (10), 1040 - 1048.

[164] Dwyer, J. Effect of perceived choice of music on exercise intrinsic motivation. *New Zealand Journal of Sports Medicine*, 1997, 25, 16 - 17.

[165] Dysvik, A. & Kuvaas, B. Intrinsic motivation as a moderator on the relationship between perceived job autonomy and work performance. *European Journal of Work and Organizational Psychology*, 2011, 20 (3), 367 - 387.

[166] Dysvik, A. & Kuvaas, B. Intrinsic and extrinsic motivation as predictors of work effort: The moderating role of achievement goals. *British Journal of Social Psychology*, 2013, 52 (3), 412 - 430.

[167] Eccles, J. S. & Harold, R. D. Gender differences in sport involvement: Applying the Eccles' expectancy-value model. *Journal of Applied Sport Psychology*, 1991, 3 (1), 7 - 35.

[168] Eccles, J. S., Wigfield, A., Schiefele, U. Motivation to succeed. Social emotional and personality development. Hoboken, NJ: John Wiley & Sons Inc. 1998, 1017 - 1095.

[169] Eccles, J. S. & Wigfield, A. Motivational beliefs, values, and goals. *Annual Review of Psychology*, 2002, 53 (1), 109 - 132.

[170] Edelman, B. & Larkin, I. Social comparisons and deception across workplace hierarchies: Field and experimental evidence. *Organizational Science*, 2014, 26 (1), 78 - 98.

[171] Elliot, A. J. & Harackiewicz, J. M. Goal setting, achievement orientation, and intrinsic motivation: A mediational analysis. *Journal of Personality and Social Psychology*, 1994, 66 (5), 968 - 980.

[172] Elliot, A. J. & McGregor, H. A. A 2 × 2 achievement goal framework. *Journal of Personality and Social Psychology*, 2001, 80 (3), 501 - 519.

[173] Elliot, A. J. & Thrash, T. M. Approach-avoidance motivation in personality: approach and avoidance temperaments and goals. *Journal of Personality and Social Psychology*, 2002, 82 (5), 804 - 818.

[174] Endrass, T., Schuermann, B., Kaufmann, C., et al. Performance monitoring and error significance in patients with obsessive-compulsive disorder. *Biological Psychology*, 2010, 84 (2), 257 - 263.

[175] Fairbrother, J. T., Laughlin, D. D., Nguyen, T. V. Self-controlled feedback facilitates motor learning in both high and low activity

individuals. *Frontiers in Psychology*, 2012, 3: 323.

[176] Falkenstein, M., Hoormann, J., Christ, S., et al. ERP components on reaction errors and their functional significance: a tutorial. *Biological Psychology*, 2000, 51 (2), 87 – 107.

[177] Fang, H., He, B., Fu, H., and Meng, L. Being Eager to Prove Oneself: U-Shaped Relationship between Competence Frustration and Intrinsic Motivation in Another Activity. *Frontiers in Psychology*, 2017, 8: 2123.

[178] Fang, H., He, B., Fu, H., Zhang, H., Mo, Z., and Meng, L. A Surprising Source of Self-Motivation: Prior Competence Frustration Strengthens One's Motivation to Win in Another Competence-Supportive Activity. *Frontiers in Human Neuroscience*, 2018, 12: 314.

[179] Ferris, G. R., Hochwarter, W. A., Buckley, M. R., et al. Human resources management: Some new directions. *Journal of Management*, 1999, 25 (3), 385 – 415.

[180] Festinger, L. A theory of social comparison processes. *Human Relations*, 1954, 7, 117 – 140.

[181] Field, R. & Phillips, N. The Environmental Crisis in the Office: Why Aren't Managers Managing the Office Environment? *Journal of General Management*, 1992, 18 (1), 2013 – 2427.

[182] Fliessbach, K., Weber, B., Trautner, P., Dohmen, T., Sunde, U., Elger, C. E., ... Falk, A. Activity in the human ventral striatum social comparison affects reward-related brain. *Science*, 2007, 318, 1305 – 1308.

[183] Folger, R. & Kass, E. E. Social comparison and fairness: A counterfactual simulations perspective. In J. Suls & L. Wheeler (Eds.), Handbook of social comparison: Theory and research (pp. 423 – 441). New York, NY: Kluwer Academic/Plenum Press. 2000.

[184] Foti, D. & Hajcak, G. Genetic variation in dopamine moderates neural response during reward anticipation and delivery: Evidence from event-related potentials. *Psychophysiology*, 2012, 49 (5), 617 – 626.

[185] Frederick-Recascino, C. M. & Schuster-Smith, H. Competition and

intrinsic motivation in physical activity: A comparison of two groups. *Journal of Sport Behavior*, 2003, 26 (3), 240 – 254.

[186] Fuentemilla, L., Cucurell, D., Marco-Pallarés, J., et al. Electrophysiological correlates of anticipating improbable but desired events. *NeuroImage*, 2013, 78, 135 – 144.

[187] Fulton, L. V, Ivanitskaya, L. V, Bastian, N. D., et al. Frequent deadlines: Evaluating the effect of learner control on healthcare executives' performance in online learning. *Learning and Instruction*, 2013, 23, 24 – 32.

[188] Gael, S. The job analysis handbook for business, industry, and government. New York: John Wiley & Sons. 1988.

[189] Gagné, M., Boies, K., Koestner, R., et al. How work motivation is related to organizational commitment: a series of organizational studies. Manuscript, Concordia University. 2004.

[190] Gagné, M. & Deci, E. L. Self-determination theory and work motivation. *Journal of Organizational Behavior*, 2005, 26 (4), 331 – 362.

[191] Gagné, M. Self-determination Theory in the work domain: This is just the beginning. The Oxford handbook of work engagement, motivation, and self-determination theory. Oxford University Press. 2014.

[192] Ganushchak, L. Y. & Schiller, N. O. Motivation and semantic context affect brain error-monitoring activity: an event-related brain potentials study. *NeuroImage*, 2008, 39 (1), 395 – 405.

[193] Gehring, W. J. & Willoughby, A. R. The medial frontal cortex and the rapid processing of monetary gains and losses. *Science*, 2002, 295 (5563), 2279 – 2282.

[194] Gerhart, B. & Fang, M. Pay for (individual) performance: Issues, claims, evidence and the role of sorting effects. *Human Resource Management Review*, 2014, 24 (1), 41 – 52.

[195] Gibbons, R. Incentives between firms (and within). *Management Science*, 2005, 51 (1), 2 – 17.

[196] Gillet, N., Gagné, M., Sauvagère, S., et al. The role of supervisor

autonomy support, organizational support, and autonomous and controlled motivation in predicting employees' satisfaction and turnover intentions. *European Journal of Work and Organizational Psychology*, 2013, 22 (4), 450 – 460.

[197] Grandjean, E. & Vigliani, E. Ergonomic aspects of visual display terminals: proceedings of the international workshop, Milan: Taylor & Francis, Inc. 1980.

[198] Grant, A. M. Does intrinsic motivation fuel the prosocial fire? Motivational synergy in predicting persistence, performance, and productivity. *Journal of Applied Psychology*, 2008, 93 (1), 48.

[199] Greenberg, J., Ashton-James, C. E., Ashkanasy, N. M. Social comparison processes in organizations. *Organizational Behavior and Human Decision Processes*, 2007, 102 (1), 22 – 41.

[200] Grützmann, R., Endrass, T., Klawohn, J., et al. Response accuracy rating modulates ERN and Pe amplitudes. *Biological Psychology*, 2014, 96, 1 – 7.

[201] Guay, F., Vallerand, R. J., Blanchard, C. On the assessment of situational intrinsic and extrinsic motivation: The Situational Motivation Scale (SIMS). *Motivation and Emotion*, 2000, 24 (3), 175 – 213.

[202] Hackman, J. R. & Lawler, E. E. Employee reactions to job characteristics. *Journal of Applied Psychology*, 1971, 55 (3), 259 – 286.

[203] Hackman, J. R. & Oldham, G. R. Development of the job diagnostic survey. *Journal of Applied Psychology*, 1975, 60 (2), 159 – 170.

[204] Hackman, J. R. & Oldham, G. R. Motivation through the design of work: Test of a theory. *Organizational Behavior and Human Performance*, 1976, 16 (2), 250 – 279.

[205] Hackman, J. R. & Oldham, G. R. Work redesign. Reading, MA: Addison-Wesley. 1980.

[206] Hajcak, G., Moser, J. S., Yeung, N., et al. On the ERN and the significance of errors. *Psychophysiology*, 2005, 42 (2), 151 – 160.

[207] Harackiewicz, J. M. The effects of reward contingency and performance

feedback on intrinsic motivation. *Journal of Personality and Social Psychology*, 1979, 37 (8), 1352.

[208] Harackiewicz, J. M., Barron, K. E., Pintrich, P. R., et al. Revision of achievement goal theory: Necessary and illuminating. *Journal of Educational Psychology*, 2002, 94 (3), 638 – 645.

[209] Hardré, P. L. & Reeve, J. Training corporate managers to adopt a more autonomy-supportive motivating style toward employees: an intervention study. *International Journal of Training and Development*, 2009, 13 (3), 165 – 184.

[210] Herzberg, F. I. Work and the nature of man. Oxford, England: Oxford University Press. 1966.

[211] Hewig, J., Coles, M. G., Trippe, R. H., et al. Dissociation of Pe and ERN/Ne in the conscious recognition of an error. *Psychophysiology*, 2011, 48 (10), 1390 – 1396.

[212] Holroyd, C. B. & Coles, M. G. The neural basis of human error processing: reinforcement learning, dopamine, and the error-related negativity. *Psychological Review*, 2002, 109 (4), 679 – 709.

[213] Holroyd, C. B. & Coles, M. G. Dorsal anterior cingulate cortex integrates reinforcement history to guide voluntary behavior. *Cortex*, 2008, 44 (5), 548 – 559.

[214] Humphrey, S. E., Nahrgang, J. D., Morgeson, F. P. Integrating motivational, social, and contextual work design features: a meta-analytic summary and theoretical extension of the work design literature. *Journal of Applied Psychology*, 2007, 92 (5), 1332 – 1356.

[215] Jagacinski, C. & Nicholls, J. Competence and affect in task involvement and ego involvement: The impact of social comparison information. *Journal of Educational Psychology*, 1987, 79 (2), 107 – 114.

[216] Jamal, M. Job stress and job performance controversy: An empirical assessment. *Organizational Behavior and Human Performance*, 1984, 33 (1): 1 – 21.

[217] Jin, J., Yu, L., Ma, Q. Neural Basis of Intrinsic Motivation:

Evidence from Event-Related Potentials. *Computational Intelligence and Neuroscience*, 2015: 698725.

[218] Kaefer, A., Chiviacowsky, S., Meira Jr, C. D. M., et al. Self-controlled practice enhances motor learning in introverts and extroverts. *Research Quarterly for Exercise and Sport*, 2014, 85 (2), 226 – 233.

[219] Kaplan, A., and Maehr, M. L. The Contributions and Prospects of Goal Orientation Theory. *Educational Psychology Review*, 2007 (19): 141 – 184.

[220] Kasser, T., Davey, J., Ryan, R. M. Motivation and employee-supervisor discrepancies in a psychiatric vocational rehabilitation setting. *Rehabilitation Psychology*, 1992, 37 (3), 175 – 188.

[221] Kasser, T. & Ryan, R. M. A dark side of the American dream: correlates of financial success as a central life aspiration. *Journal of Personality and Social Psychology*, 1993, 65 (2), 410 – 422.

[222] Kasser, T. & Ryan, R. M. Further examining the American dream: Differential correlates of intrinsic and extrinsic goals. *Personality and Social Psychology Bulletin*, 1996, 22 (3), 280 – 287.

[223] Kim, E. Y., Iwaki, N., Uno, H., et al. Error-related negativity in children: effect of an observer. *Developmental Neuropsychology*, 2005, 28 (3), 871 – 883.

[224] Kluger, A. N. & DeNisi, A. The effects of feedback interventions on performance: a historical review, a meta-analysis, and a preliminary feedback intervention theory. *Psychological Bulletin*, 1996, 119 (2), 254 – 284.

[225] Kobussen, G., Kalagnanam, S., Vaidyanathan, G. The impact of better-than-average bias and relative performance pay on performance outcome satisfaction. *Accounting Perspectives*, 2014, 13 (1), 1 – 27.

[226] Kotani, Y. & Aihara, Y. The effect of stimulus discriminability on stimulus-preceding negativities prior to instructive and feedback stimuli. *Biological Psychology*, 1999, 50 (1), 1 – 18.

[227] Kotani, Y., Kishida, S., Hiraku, S., et al. Effects of information and reward on stimulus-preceding negativity prior to feedback stimuli.

Psychophysiology, 2003, 40 (5), 818 – 826.

[228] Kotani, Y., Ohgami, Y., Ishiwata, T., et al. Source analysis of stimulus-preceding negativity constrained by functional magnetic resonance imaging. *Biological Psychology*, 2015, 111, 53 – 64.

[229] Laffont, J. & Martimort, D. The theory of incentives: the principal-agent model. Princeton, NJ: Princeton University Press. 2009.

[230] Lawler, E. E. & Hall, D. T. Relationship of job characteristics to job involvement, satisfaction, and intrinsic motivation. *Journal of Applied Psychology*, 1970, 54 (4), 305 – 312.

[231] Legault, L. & Inzlicht, M. Self-determination, self-regulation, and the brain: Autonomy improves performance by enhancing neuroaffective responsiveness to self-regulation failure. *Journal of Personality and Social Psychology*, 2013, 105 (1), 123 – 138.

[232] Leotti, L. A. & Delgado, M. R. The inherent reward of choice. *Psychological Science*, 2011, 22 (10), 1310 – 1317.

[233] Liao, Y., Gramann, K., Feng, W., et al. This ought to be good: Brain activity accompanying positive and negative expectations and outcomes. *Psychophysiology*, 2011, 48 (10), 1412 – 1419.

[234] Lindner, M., Rudorf, S., Birg, R., Falk, A., Weber, B., ... Fliessbach, K. Neural patterns underlying social comparisons of personal performance. *Social Cognitive and Affective Neuroscience*, 2014, 10 (4), 569 – 576.

[235] Luck, S. J. Ten simple rules for designing ERP experiments. Event-related potentials: A methods Handbook. Boston: The MIT Press. 2005.

[236] Luck, S. J. & Kappenman, E. S. The Oxford handbook of event-related potential components. Oxford, England: Oxford University Press. 2011.

[237] Luo, Q., Wang, Y., Qu, C. The near-miss effect in slot-machine gambling: modulation of feedback-related negativity by subjective value. *Neuroreport*, 2011, 22 (18), 989 – 993.

[238] Ma, Q., Shen, Q., Xu, Q., et al. Empathic responses to others'

gains and losses: an electrophysiological investigation. *NeuroImage*, 2011, 54 (3), 2472 – 2480.

[239] Ma, Q., Jin, J., Meng, L., et al. The dark side of monetary incentive: how does extrinsic reward crowd out intrinsic motivation. *Neuroreport*, 2014, 25 (3), 194 – 198.

[240] Ma, Q., Meng, L., Wang, L., et al. I endeavor to make it: effort increases valuation of subsequent monetary reward. *Behavioural Brain Research*, 2014, 261, 1 – 7.

[241] Ma, Q., Meng, L., Shen, Q. You have my word: reciprocity expectation modulates feedback-related negativity in the trust game. *PloS One*, 2015, 10 (2): e119129.

[242] Ma, Q., Meng, L., Zhang, Z., et al. You did not mean it: Perceived good intentions alleviate sense of unfairness. *International Journal of Psychophysiology*, 2015, 96 (3), 183 – 190.

[243] Macias, C., Aronson, E., Hargreaves, W., et al. Transforming Dissatisfaction with Services into Self-Determination: A Social Psychological Perspective on Community Program Effectiveness. *Journal of Applied Social Psychology*, 2009, 39 (8), 1835 – 1859.

[244] Marsden, K. E., Ma, W. J., Deci, E. L., et al. Diminished neural responses predict enhanced intrinsic motivation and sensitivity to external incentive. *Cognitive, Affective, & Behavioral Neuroscience*, 2015, 15 (2), 276 – 286.

[245] Masaki, H., Takeuchi, S., Gehring, W. J., et al. Affective-motivational influences on feedback-related ERPs in a gambling task. *Brain Research*, 2006, 1105 (1), 110 – 121.

[246] Masaki, H., Yamazaki, K., Hackley, S. A. Stimulus-preceding negativity is modulated by action-outcome contingency. *Neuroreport*, 2010, 21 (4), 277 – 281.

[247] Maslow, A. H. A theory of human motivation. *Psychological Review*, 1943, 50 (4), 370 – 396.

[248] Maslow, A. H. The Instinctoid Nature of Basic Needs. *Journal of Personality*, 1954, 22 (3), 326 – 347.

[249] McAuley, E., Duncan, T., Tammen, V. V. Psychometric properties of the Intrinsic Motivation Inventory in a competitive sport setting: A confirmatory factor analysis. *Research Quarterly for Exercise and Sport*, 1989, 60 (1), 48-58.

[250] McClelland, D. C., Atkinson, J. W., Clark, R. A., et al. The achievement motive. Oxford, England: Irvington. 1976.

[251] McGregor, D. The human side of enterprise. New York, NY: McGraw-Hill. 1960.

[252] Meng, L. & Ma, Q. Live as we choose: The role of autonomy support in facilitating intrinsic motivation. *International Journal of Psychophysiology*, 2015, 98 (3), 441-447.

[253] Meng, L., Pei, G., Zheng, J., et al. Close games versus blowouts: Optimal challenge reinforces one's intrinsic motivation to win. *International Journal of Psychophysiology*, 2016, 110, 102-108.

[254] Miller, G. The good, the bad, and the anterior cingulate. *Science*, 2002, 295 (5563), 2193-2194.

[255] Miller, W. R. & Rollnick, S. Motivational interviewing: Helping people change. New York, NY: Guilford Press. 2012.

[256] Miltner, W. H., Braun, C. H., Coles, M. G. Event-related brain potentials following incorrect feedback in a time-estimation task: Evidence for a "generic" neural system for error detection. *Journal of Cognitive Neuroscience*, 1997, 9 (6), 788-798.

[257] Moris, J., Luque, D., Rodriguez-Fornells, A. Learning-induced modulations of the stimulus-preceding negativity. *Psychophysiology*, 2013, 50 (9), 931-939.

[258] Mossholder, K. W. Effects of externally mediated goal setting on intrinsic motivation: A laboratory experiment. *Journal of Applied Psychology*, 1980, 65 (2), 202-210.

[259] Murayama, K., Matsumoto, M., Izuma, K., et al. Neural basis of the undermining effect of monetary reward on intrinsic motivation. *Proceedings of the National Academy of Sciences*, 2010, 107 (49), 20911-20916.

[260] Nieuwenhuis, S., Holroyd, C. B., Mol, N., et al. Reinforcement-related brain potentials from medial frontal cortex: origins and functional significance. *Neuroscience & Biobehavioral Reviews*, 2004, 28 (4), 441-448.

[261] Nissley, H. R. Incentives and job design. *Industrial Management*, 1972, 14 (3), 1-8.

[262] Ohgami, Y., Kotani, Y., Hiraku, S., et al. Effects of reward and stimulus modality on stimulus-preceding negativity. *Psychophysiology*, 2004, 41 (5), 729-738.

[263] Olson, B. C. The effects of informational and controlling feedback on intrinsic motivation in competition. Doctoral dissertation, Texas Christian University. 1986.

[264] Olvet, D. M. & Hajcak, G. The error-related negativity (ERN) and psychopathology: Toward an endophenotype. *Clinical Psychology Review*, 2008, 28 (8), 1343-1354.

[265] Orlandi, B. & Barnes, R. M. Motion and time study: Design and measurement of work. Wiley. 1967.

[266] Osinsky, R., Mussel, P., Öhrlein, L., et al. A neural signature of the creation of social evaluation. *Social Cognitive and Affective Neuroscience*, 2013: 51.

[267] Osinsky, R., Seeger, J., Mussel, P., et al. Face-induced expectancies influence neural mechanisms of performance monitoring. *Cognitive Affective & Behaviorial Neuroscience*, 2016, 16 (2), 261-275.

[268] Parker, S. K., Ohly, S., Kanfer, R., et al. Designing motivating jobs. Work motivation: Past, present, and future. New York, NY: Routledge/Taylor & Francis Group. 2008, 233-284.

[269] Patall, E. A., Cooper, H., Robinson, J. C. The effects of choice on intrinsic motivation and related outcomes: a meta-analysis of research findings. *Psychological Bulletin*, 2008, 134 (2), 270-300.

[270] Paul, W. J. & Robertson, K. B. Job enrichment and employee motivation. Gower Press. 1970.

[271] Picton, T. W., Bentin, S., Berg, P., et al. Guidelines for using human event-related potentials to study cognition: recording standards and publication criteria. *Psychophysiology*, 2000, 37 (02), 127–152.

[272] Pornpattananangkul, N. & Nusslock, R. Motivated to win: Relationship between anticipatory and outcome reward-related neural activity. *Brain and Cognition*, 2015, 100, 21–40.

[273] Radel, R., Pelletier, L. G., Sarrazin, P., and Milyavskaya, M. (2011). Restoration process of the need for autonomy: the early alarm stage. *Journal of Personality and Social Psychology*, 101, 919–934.

[274] Radel, R., Pelletier, L., and Sarrazin, P. Restoration processes after need thwarting: When autonomy depends on competence. *Motivation and Emotion*, 2013, 37, 234–244.

[275] Radel, R., Pelletier, L., Baxter, D., Fournier, M., and Sarrazin, P. The paradoxical effect of controlling context on intrinsic motivation in another activity. *Learning and Instruction*, 2014, 29, 95–102.

[276] Rawsthorne, L. J. & Elliot, A. J. Achievement goals and intrinsic motivation: A meta-analytic review. *Personality and Social Psychology Review*, 1999, 3 (4), 326–344.

[277] Reeve, J., Olson, B. C., Cole, S. G. Motivation and performance: Two consequences of winning and losing in competition. *Motivation and Emotion*, 1985, 9 (3), 291–298.

[278] Reeve, J. & Deci, E. L. Elements of the competitive situation that affect intrinsic motivation. *Personality and Social Psychology Bulletin*, 1996, 22 (1), 24–33.

[279] Reeve, J. A Self-determination theory perspective on student engagement. In S. L. Christenson, et al. (Eds.), Handbook of Research on Student Engagement (pp. 149–172). New York, NY: Springer Science + Business Media. 2012.

[280] Reis, H. T., Sheldon, K. M., Gable, S. L., et al. Daily well-being: The role of autonomy, competence, and relatedness. *Personality and Social Psychology Bulletin*, 2000, 26 (4), 419–435.

[281] Remedios, R. , Ritchie, K. , Lieberman, D. A. I used to like it but now I don't: The effect of the transfer test in Northern Ireland on pupils' intrinsic motivation. *British Journal of Educational Psychology*, 2005, 75 (3), 435 – 452.

[282] Ridderinkhof, K. R. , Ullsperger, M. , Crone, E. A. , et al. The role of the medial frontal cortex in cognitive control. *Science*, 2004, 306 (5695), 443 – 447.

[283] Riesel, A. , Weinberg, A. , Endrass, T. , et al. The ERN is the ERN is the ERN? Convergent validity of error-related brain activity across different tasks. *Biological Psychology*, 2013, 93 (3), 377 – 385.

[284] Ryan, R. M. Control and information in the intrapersonal sphere: An extension of cognitive evaluation theory. *Journal of Personality and Social Psychology*, 1982, 43 (3), 450 – 461.

[285] Ryan, R. M. , Connell, J. P. , Deci, E. L. A motivational analysis of self-determination and self-regulation in education. *Research on motivation in education*, 1985, 2, 13 – 51.

[286] Ryan, R. M. , Stiller, J. D. , Lynch, J. H. Representations of relationships to teachers, parents, and friends as predictors of academic motivation and self-esteem. *The Journal of Early Adolescence*, 1994, 14 (2), 226 – 249.

[287] Ryan, R. M. & Frederick, C. On energy, personality, and health: Subjective vitality as a dynamic reflection of well-being. *Journal of Personality*, 1997, 65 (3), 529 – 565.

[288] Ryan, R. M. & Deci, E. L. Intrinsic and extrinsic motivations: Classic definitions and new directions. *Contemporary Educational Psychology*, 2000, 25 (1), 54 – 67.

[289] Ryan, R. M. The Oxford handbook of human motivation. Oxford, England: Oxford University Press. 2012.

[290] Ryan, R. M. & Deci, E. L. Self-determination theory: An introduction and overview. In: Self-determination Theory: Basic Psychological Needs in Motivation, Development and Wellness (pp. 3 – 25). New York, NY: Guilford Press. 2017.

[291] Ryan, R., Soenens, B., and Vansteenkiste, M. Reflections on self-determination theory as an organizing framework for personality psychology: Interfaces, integrations, issues, and unfinished business. *Journal of Personality*. 2019, 87 (1), 115 – 145.

[292] San Martín, R. Event-related potential studies of outcome processing and feedback-guided learning. *Frontiers in Human Neuroscience*, 2012, 6: 304.

[293] Searle, R., Den Hartog, D. N., Weibel, A, et al. Trust in the employer: The role of high-involvement work practices and procedural justice in European organizations. *The International Journal of Human Resource Management*, 2011, 22 (5), 1069 – 1092.

[294] Seta, J. J., Seta, C. E., McElroy, T. Better than better-than-average (or not): Elevated and depressed self-evaluations following unfavorable social comparisons. *Self and Identity*, 2006, 5, 51 – 72.

[295] Shamir, B., Zakay, E., Breinin, E., et al. Correlates of charismatic leader behavior in military units: Subordinates' attitudes, unit characteristics, and superiors' appraisals of leader performance. *Academy of Management Journal*, 1998, 41 (4), 387 – 409.

[296] Sheldon, K. M. & Kasser, T. Coherence and congruence: two aspects of personality integration. *Journal of Personality and Social Psychology*, 1995, 68 (3), 531 – 543.

[297] Sheldon, K. M., Ryan, R., Reis, H. T. What makes for a good day? Competence and autonomy in the day and in the person. *Personality and Social Psychology Bulletin*, 1996, 22, 1270 – 1279.

[298] Sheldon, K. M. & Kasser, T. Pursuing personal goals: Skills enable progress, but not all progress is beneficial. *Personality and Social Psychology Bulletin*, 1998, 24 (12), 1319 – 1331.

[299] Smith, R. H. Assimilative and contrastive emotional reactions to topward and downward social comparisons. In. J. Suls & L. Wheeler (Eds.), Handbook of social comparison: Theory and research (pp. 173 – 200). New York, NY: Kluwer Academic/Plenum Press. 2000.

[300] Song, H., Kim, J., Tenzek, K. E., et al. The effects of competition

and competitiveness upon intrinsic motivation in exergames. *Computers in Human Behavior*, 2013. 29 (4), 1702 – 1708.

[301] Steers, R. M. & Porter, L. W. Motivation and Work Behavior. New York, NY: McGraw-Hill. 1991.

[302] Steve, L. An introduction to the event-related potential technique. Boston: MIT Press. 2005.

[303] Stodden, D. F., Goodway, J. D., Langendorfer, S. J., et al. A developmental perspective on the role of motor skill competence in physical activity: An emergent relationship. *Quest*, 2008, 60 (2), 290 – 306.

[304] Su, Y. & Reeve, J. A meta-analysis of the effectiveness of intervention programs designed to support autonomy. *Educational Psychology Review*, 2011, 23 (1), 159 – 188.

[305] Suchan, B., Jokisch, D., Skotara, N., et al. Evaluation-related frontocentral negativity evoked by correct responses and errors. *Behavioural Brain Research*, 2007, 183 (2), 206 – 212.

[306] Suls, J. & Wheeler, L. A selective history of classical and neo-social comparison theory. In. J. Suls & L. Wheeler (Eds.), Handbook of social comparison: Theory and research (pp. 3 – 19). New York, NY: Kluwer Academic/Plenum Press. 2000.

[307] Suls, J. & Wheeler, L. Social comparison theory. In. P. V. Lange, A. W. Kruglanski & E. T. Higgins (Eds.), Handbook of theories of social psychology: Volume one (pp. 460 – 482). Thousand Oaks, CA: Sage Publications. 2011.

[308] Tafarodi, R. W., Milne, A. B., Smith, A. J. The confidence of choice: Evidence for an augmentation effect on self-perceived performance. *Personality and Social Psychology Bulletin*, 1999, 25 (11), 1405 – 1416.

[309] Tafarodi, R. W., Mehranvar, S., Panton, R. L., et al. Putting oneself in the task: Choice, personalization, and confidence. *Personality and Social Psychology Bulletin*, 2002, 28 (5), 648 – 658.

[310] Tricomi, E. M., Delgado, M. R., Fiez, J. A. Modulation of caudate

activity by action contingency. *Neuron*, 2004, 41 (2), 281 – 292.

[311] Tricomi, E., Delgado, M. R., McCandliss, B. D., et al. Performance feedback drives caudate activation in a phonological learning task. *Journal of Cognitive Neuroscience*, 2006, 18 (6), 1029 – 1043.

[312] Tripathi, K. N. Competition and intrinsic motivation. *The Journal of Social Psychology*, 1992, 132 (6), 709 – 715.

[313] Ullsperger, M., Danielmeier, C., Jocham, G. Neurophysiology of performance monitoring and adaptive behavior. *Physiological Reviews*, 2014, 94 (1), 35 – 79.

[314] Ullsperger, M., Fischer, A. G., Nigbur, R., et al. Neural mechanisms and temporal dynamics of performance monitoring. *Trends in Cognitive Sciences*, 2014, 18 (5), 259 – 267.

[315] Utman, C. H. Performance effects of motivational state: A meta-analysis. *Personality and Social Psychology Review*, 1997, 1 (2), 170 – 182.

[316] Vallerand, R. J. & Reid, G. On the causal effects of perceived competence on intrinsic motivation: A test of cognitive evaluation theory. *Journal of Sport Psychology*, 1984, 6 (1), 94 – 102.

[317] Vallerand, R. J., Gauvin, L. I., Halliwell, W. R. Negative effects of competition on children's intrinsic motivation. *The Journal of Social Psychology*, 1986, 126 (5), 649 – 656.

[318] Vallerand, R. J. & Reid, G. On the relative effects of positive and negative verbal feedback on males' and females' intrinsic motivation. *Canadian Journal of Behavioural Science*, 1988, 20 (3), 239 – 250.

[319] Vallerand, R. J. Deci and Ryan's self-determination theory: A view from the hierarchical model of intrinsic and extrinsic motivation. *Psychological Inquiry*, 2000, 11 (4), 312 – 318.

[320] van Boxtel, G. J. & Böcker, K. B. Cortical measures of anticipation. *Journal of Psychophysiology*, 2004, 18 (2), 61 – 76.

[321] Van Den Broeck, A., Ferris, D. L., Chang, C. – H., and Rosen, C. C. A Review of Self-Determination Theory's Basic Psychological

Needs at Work. *Journal of Management*, 2016. 42, 1195 – 1229.

[322] Vansteenkiste, M. & Deci, E. L. Competitively contingent rewards and intrinsic motivation: Can losers remain motivated? *Motivation and Emotion*, 2003, 27 (4), 273 – 299.

[323] Vansteenkiste, M., Lens, W., Deci, E. L. Intrinsic versus extrinsic goal contents in self-determination theory: Another look at the quality of academic motivation. *Educational Psychologist*, 2006, 41 (1), 19 – 31.

[324] Vidal, F., Hasbroucq, T., Grapperon, J., et al. Is the 'error negativity' specific to errors? *Biological Psychology*, 2000, 51 (2), 109 – 128.

[325] Walsh, M. M. & Anderson, J. R. Learning from delayed feedback: Neural responses in temporal credit assignment. *Cognitive, Affective, & Behavioral Neuroscience*, 2011, 11 (2), 131 – 143.

[326] Wang, L., Zheng, J., Meng, L., et al. Ingroup favoritism or the black sheep effect: perceived intentions modulate subjective responses to aggressive interactions. *Neuroscience Research*, 2016, 108, 46 – 54.

[327] Wang, Q., Meng, L., Liu, M., et al. How do social-based cues influence consumers' online purchase decisions? An event-related potential study. *Electronic Commerce Research*, 2016, 16, 1 – 26.

[328] Waterman, A. S. Two conceptions of happiness: Contrasts of personal expressiveness (eudaimonia) and hedonic enjoyment. *Journal of Personality and Social Psychology*, 1993, 64 (4), 678 – 691.

[329] Wayment, H. A. & Taylor, S. E. Self-evaluation processes: Motives, information use, and self-esteem. *Journal of Personality*, 1995. 63 (4), 729 – 757.

[330] Weibel, A., Rost, K., Osterloh, M. Pay for performance in the public sector-Benefits and (hidden) costs. *Journal of Public Administration Research and Theory*, 2009. 20, 387 – 412.

[331] Westman, M. & Eden, D. The inverted-U relationship between stress and performance: A field study. *Work & Stress*, 1996, 10 (2), 165 – 173.

[332] Wheeler, A. S. Effect of actual choice of music on females' aerobics intrinsic motivation. Dalhousie University. 1993.

[333] White, R. W. Motivation reconsidered: the concept of competence. *Psychological Review*, 1959, 66 (5): 297 – 333.

[334] Williams, G. C., Freedman, Z. R., Deci, E. L. Supporting autonomy to motivate patients with diabetes for glucose control. *Diabetes Care*, 1998, 21 (10), 1644 – 1651.

[335] Wills, T. A. Downward comparison principles in social psychology. *Psychological Bulletin*, 1981, 90 (2), 245 – 271.

[336] Wu, Y. Job stress and job performance among employees in the Taiwanese finance sector: The role of emotional intelligence. *Social Behavior and Personality*, 2011, 39 (1), 21 – 31.

[337] Wulf, G. Self-controlled practice enhances motor learning: implications for physiotherapy. *Physiotherapy*, 2007, 93 (2), 96 – 101.

[338] Yeung, N. & Sanfey, A. G. Independent coding of reward magnitude and valence in the human brain. *The Journal of Neuroscience*, 2004, 24 (28), 6258 – 6264.

[339] Yeung, N., Holroyd, C. B., Cohen, J. D. ERP correlates of feedback and reward processing in the presence and absence of response choice. *Cerebral Cortex*, 2005, 15 (5), 535 – 544.

[340] Yorks, L. Key elements in implementing job enrichment. *Personnel*, 1973, 50 (5), 45 – 52.

[341] Yu, R. & Zhou, X. Brain responses to outcomes of one's own and other's performance in a gambling task. *Neuroreport*, 2006, 17 (16), 1747 – 1751.

[342] Zhou, Z., Yu, R., Zhou, X. To do or not to do? Action enlarges the FRN and P300 effects in outcome evaluation. *Neuropsychologia*, 2010, 48 (12), 3606 – 3613.

[343] Zuckerman, M., Porac, J., Lathin, D., et al. On the importance of self-determination for intrinsically-motivated behavior. *Personality and Social Psychology Bulletin*, 1978, 4 (3), 443 – 446.

索　引

刺激前负波　13,14,17,55,114,127,136,141,148,151,205

错误相关负波　13,14,17,47,142,148,153,163,205

反馈相关负波　13,14,17,50,54,60,66,97,99—101,103,111,116,124,126,128,133,136,141,148,173,205

工作动机　1,2,4,15,21,23,28,30,40—43,45,87,88,91,165,166,171,176,178,186—188,190,192,193,195—198,200—203,206,207,210,211,215,216

工作设计　3,5—8,10—14,18—26,33—35,43—45,61,69,72,87,93,134,136—138,165—168,177—179,183,184,188,190,191

工作特征模型　11,14,25—27,43—45,72,137,165,178,183,184

基本心理需要　1,5,7—12,14,15,19,20,25,26,32—35,39,40,42—44,63,64,66,69,70,72,87,88,90—94,97,121,134,136,137,158,165,171—173,175,177,179,183,184,186,188,191—196,198—201,220

激励　1,3—5,8,11,12,14,17,19,23—27,35,40,43,73,87,94,129,130,134,174,180,183,187,188,191—193,195,198,199,201,210,211,218—220

内在动机　1,2,4—12,14,15,17—20,24—46,50,57—70,72—75,77,79,80,82—103,105,106,119,121—124,127—142,156—196,198—212,214—220

情感动机理论　14,15,47,49,50,52—54,57,116,128,131

任务设计　5—11,17—20,26,33,40,45,60,62—69,72—74,87,90,92—94,96,97,121,135—138,156,158,165,167,175,177,183,184,186,188,190

胜任　5,7—10,13,14,18,19,26,31—37,40,41,43,44,62—65,67—70,72—75,77,80,84—90,

93—97,99,121,128,134,135,137—142,156,158—161,164—166,171—179,184,186,188,190,193,195,196,198,200,203,206—208,212,215

事件相关电位 6,7,13—16,18,19,46,47,56,59,61,62,66,68,70,88,97,100,102,106,109,121,125,127,131,133,135,138,150,151,154,162,167,177,186,189,194,210,213

自我决定理论 5,9,13,14,18,19,27—29,32—35,37—45,61—64,67,69,72—74,77,78,87—89,91—94,96,98,102,123,131,134,135,137,140,158,160,164—166,168,171,175,177—180,183,184,186,188,192—197,200,203,205—207,211,215,216,219

自主 5,7—10,13—15,18—21,24,25,32—34,36—38,40—44,59,62—64,67—70,72—74,79,85—91,93—102,105,107,108,110,113—117,119—128,131,132,134—136,139—143,145—148,150,151,153,154,156—167,171—179,184,186,188—190,192—197,200—202,207—210,216—220

后 记

从选择内在动机作为博士期间的研究方向到现在，已经流转了五年的时光。这个冥冥之中的选择，可以说是无心插柳柳成荫，也可以说是柳暗花明又一村。回过头来看，这应该是我学术生涯乃至漫漫人生长河中最重要、最无悔的选择。攻读博士期间我经历过很长一段时间的迷茫和彷徨，相信每位读过博士学位的人都有同感。虽然在本科期间对于学术研究的兴趣就已经萌芽了，但真正进入博士阶段之后才发现学术研究和自己之前的认知有着很大的不同。可以说，选择读博，就选择了一种不同的生活方式：需要花大量的时间在文献阅读上，只有这样才能找到自己研究的立足点；而这也意味着，可以花在休闲娱乐和社交活动上的时间少之又少。了解并且适应学术生活的节奏之后，真正的挑战才刚刚开始：学术生涯是艰辛的，想要在学术上有所成就需要真正热爱科研，找到自己感兴趣的选题或研究领域；在从事这一选题的研究过程中，相比其他学者，还必须找到自身优势和独到之处，只有这样，才能突出重围、在学术圈真正立足。

我的研究领域是基于意义追寻的工作动机。选择这一选题有两个原因：一方面我是一个自我驱动的人，在工作和生活中一直坚持做自己感兴趣、认为有意义的事，我希望更好地去了解我自己；另一方面，在现实生活中很多人只是把工作视为一种获取报酬的方式，对工作内容本身缺少认同感和足够的兴趣，难以从工作中获得成就感和自我满足。我有一个美好的心愿，希望通过我的研究能让更多的人在工作中找到快乐、发现从事一项工作的内在动机。虽然我在直博生涯的前半段就开始思考这一研究选题，并且做了一些探索性研究，但一直没想清楚如何将我的研究搭建成一个大的研究框架、系统性地向前推进，因而在这一选题上的研究停滞了两年。转折点发生在我在斯坦福大学访学期间，在一次学术报告中，我第一次接触到自我决定理论。可以说这一理论重塑了我对人类动机的认识,当我的研究陷入泥淖时为我指明了前进的方向。如今,自我决定理论已不是我的全部,但它永远是点亮我生活的灯塔。生活就是这么奇妙,你永远不知道一个不经意间的举动或一条容易被忽略的信息会对你产生怎样的影响。我们能做的就是以开放、包容、乐观的心态去拥抱这个世界。

本书名为《重新设计工作:基本心理需要、内在动机与激励》,主体内容来自我的博士学位论文《基于自我决定理论的任务设计与个体的内在动机:认知神经科学视角的实证研究》。在相关研究的开展以及博士论文的写作过程中,我倾注了心血。让我感到欣慰和由衷荣幸的是,这篇论文获得了国内管理学界诸位专家、学者的充分肯定和认可。从获评2016年度唯一一篇"浙江大学管理学院优秀博士学位论文"到2017年入选"浙江大学优秀博士学位论文"并成为人文社会科学领域唯一的获奖论文,从2017年位列"浙江省优秀博士学位论文"获奖名单的首位到2018年受到首届"管理科学与工程学会优秀博士学位论文"的表彰,这篇论文给我带来了太多的鲜花和掌声,让我受宠若惊。我自知无以为报,唯有做好动机与激励的每一项研究,希望可以给这个世界带来一点点美好的改变。

经过对我在博士期间开展的研究进行复盘,我觉得这篇论文之所以获得学界的肯定和认可,最大的原因可能在于我应用认知神经科学的技术手段研究了管理学中内在动机这一重要的选题。一方面,尽管激励一直是管理学领域的重要议题,绝大多数学者关注的是如何通过设置合理的物质奖励激发个体的外在动机,对于内在动机一直关注较少、相关领域学术进展缓慢。另一方面,正如全球著名行为经济学家Colin Camerer指出的那样,由于众多客观原因,内在动机水平的强弱往往很难被量化,这在很大程度上限制了内在动机这一重要问题的学术进展,而认知神经科学的技术手段恰恰为内在动机的研究打开了一扇窗。国际范围内第一项研究个体内在动机问题的认知神经科学研究由日本学者Murayama等人于2010年发表在顶尖期刊《美国科学院院报》(*PNAS*)上。这项应用功能性磁共振成像(fMRI)技术的开创性研究的重要意义在于,它指出在反馈结果加工中大脑的认知加工活动可以很好地表征个体的内在动机水平,这为后来学者,包括我的研究打开了新思路。fMRI技术具有极高的空间分辨率、可以帮助学者了解个体在从事一项活动的过程中大脑不同区域的激活情况,但也有时间分辨率低的缺陷，无法区分开发生在 2000 毫秒以内的认知加工活动。相比之下，事件相关电位（ERP）技术具有极高的时间精度，可以准确地把个体在一项任务的执行过程中各个阶段大脑的认知加工活动区分开来。因此，我在攻读博士学位期间应用 ERP 技术探究了内在动机问题，将任务执行过程划分为与动机水平密切相关的若干阶段，并且找到能实时、客观表征内在动机水平的脑电指标，建立起动机过程的认知加工模型，也为内在动机问题的认知神经科学研究提供了一系列可以拓展延伸的实验范式。

自从选定工作动机与激励为研究方向，我一直在这一领域深耕，有越来越多的成果发表在 SSCI/SCI 收录的知名国际期刊，渐渐形成了自己的研究体系。我在攻读博士学位期间研究关注的焦点是如何通过科学、合理的工作设计满足个体的基本心理需要，从而有效激发个体的内在动机。这一系列的研究是在自我决定理论的框架下完成的，在学界首次应用认知神经科学方法对自我决定理论进行了检验，为该理论提供了来自认知神经科学上的直接证据。让我感到万分荣幸的是，自我决定理论的联合创始人 Richard Ryan 教授曾多次引用我在这一研究成果，并且在 2017 年出版的系统梳理自我决定理论几十年来研究进展的学术专著 *Self-determination Theory：Basic Psychological Needs in Motivation，Development and Wellness* 的前言中，介绍我为亚洲地区自我决定理论研究的中坚力量。2016 年，我在攻读博士学位时就受到了瑞士国家科学基金会邀请，评审内在动机相关的基金申请，可能也是因为 Live as we choose：The role of autonomy support in facilitating intrinsic motivation 等论文的发表，而受到了学界关注吧。

博士毕业之后，我对攻读博士学位期间的研究进行了拓展延伸，逐渐形成了另外三项相互关联但又彼此区分的研究内容。一方面，社会比较是一种普遍存在的社会心理现象，在人类的相互作用过程中是不可避免的，对于组织中的人来说也不例外。然而，无论是管理学界还是业界，在研究内在工作动机时，似乎都习惯于把员工视为孤立的个体，未能充分关注社会比较可能发挥的激励作用。在这一背景下，我将社会比较行为引入了内在动机问题研究、建立起二者之间的直接联系，探究社会比较能起到激励作用的前提条件，特别关注社会比较的过程对于个体基本心理需要的满足。这项研究内容获得了国家自然科学基金青年科学基金项目"基于自我决定理论的内在激励研究：社会比较视角"（批准号：71701131）的资助。作为本书核心研究的拓展延伸，在本书第七章中，我对"社会比较视角下的内在动机研究"进行了展望，详细介绍了研究设计和研究方案。这项研究亦有多篇 SSCI/SCI 论文发表，其中的一项成果曾被《哈佛商业评论》引用、介绍。

我对攻读博士学位期间研究做出的第二项拓展延伸，是探索基本心理需要挫败潜在的激励作用。之前大量的研究显示，胜任感的挫败通常会带来一系列的负性结果，包括职业倦怠、反生产工作行为、工作疏离和较低的自主性动机。考虑到胜任感满足在人们的心理成长与幸福感建立中发挥的重要作用，难以想象人们会在不做出任何防御反应的情况下被动地接受胜任感的挫败。在一项高等教育情境的田野研究和一项认知神经科学的实验室研究中，我探索了历经胜任感挫败后个体胜任感的恢复机制，特别是先前的胜任感挫败与个体在后续活动中的自主性动机之间的关系。这两项研究首次证实了个体在遭受较高程度的胜任需要挫败后存在恢复其胜任感的动机和过程。研究发表后不到两个月，自我决定理论的联合创始人 Richard Ryan 教授在社会心理学领域顶尖期刊 Journal of Personality 上发表的综述性论文中，对于本研究的实验设计和研究结论进行了详细介绍。Ryan 指出，长期以来学界较少关注到基本心理需要挫败对个体心理成长的作用，而我在自我决定理论的体系下开展的这项研究进一步证实了个体具有心理成长和自我发展的潜能：在个体的基本心理需要受到挫败之后，可能会诱发恢复机制，而这也是自主性动机的源泉。

最后一项拓展延伸跳出了自我决定理论的框架，但研究的依然是工作动机与激励问题。2016 年年底，国家自然科学基金委管理学部出版的《工商管理学科"十三五"发展战略与优先资助领域研究报告》一书中，将"基于意义追寻的工作动机研究"列为组织行为与组织文化学科领域的优先发展方向之一，这恰恰也是我博士毕业以来重点关注的研究议题。近年来，学者们逐渐认识到，除了由趣味性和兴趣驱动的内在动机之外，由对一项工作或活动所具备的意义驱动的外在自主性动机，同样是人们取之不尽用之不竭的动力源泉，并且对于个体主观幸福感的提升具有积极而举足轻重的作用。如果把个体基本心理需要的满足视为工作意义的一个维度，另一个重要维度则是一项工作对于他人乃至社会产生的积极影响。围绕这一研究内容，我的研究团队正在开展一系列有趣的行为学实验和田野实验。其中，有的研究发现让我们欣喜不已，希望早日可以与大家分享。

后　记

　　最后的最后，我想和大家说几句心里话。我热爱学术研究，希望自己的研究成果能获得国内外学者的认可，希望自己有能力影响到更多的学者从事工作动机领域的研究。我还有一个小小的心愿，期待能通过自己的研究，给这个世界带来一点点不同：我希冀越来越多的人能够在工作中发现快乐和自我价值；期望企业的管理者在追求利润的同时，能够关注到员工的内心诉求、给予员工更多的人文关怀，让人们在工作中获得自我实现。我坚信未来我们的工作和生活都会更加美好。

孟　亮

于上外湖畔

2018 年 11 月